中学生命科学史学与教

吴志强　韩　菲 ◎编著

安徽师范大学出版社
ANHUI NORMAL UNIVERSITY PRESS
·芜湖·

图书在版编目(CIP)数据

中学生命科学史学与教 / 吴志强,韩菲编著. —芜湖:安徽师范大学出版社,2022.10
ISBN 978-7-5676-5007-7

Ⅰ.①中… Ⅱ.①吴… ②韩… Ⅲ.①生命科学－生物学史－教学研究－中学 Ⅳ.①G633.91

中国版本图书馆CIP数据核字(2022)第173470号

中学生命科学史学与教

吴志强　韩　菲◇编著

责任编辑:童　睿　　　　　　责任校对:舒贵波

装帧设计:张德宝　冯君君　　责任印制:桑国磊

出版发行:安徽师范大学出版社

　　　　芜湖市北京东路1号安徽师范大学赭山校区　　邮政编码:241000

网　　　址:http://www.ahnupress.com

发 行 部:0553-3883578　5910327　5910310(传真)

印　　刷:江苏凤凰数码印务有限公司

版　　次:2022年10月第1版

印　　次:2022年10月第1次印刷

规　　格:787 mm × 1 092 mm　　　1/16

印　　张:15.5

字　　数:215千字

书　　号:ISBN 978-7-5676-5007-7

定　　价:56.00元

凡发现图书有质量问题,请与我社联系(联系电话:0553-5910315)

序

　　生物学学科核心素养包括生命观念、科学思维、科学探究和社会责任。它们之间是一个有机整体，其中生命观念的建立和科学思维的发展是相互作用、相互促进的，在教学中只有把生命观念和科学思维合理融合，才能更好地落实生物学学科核心素养。学习生物学科学史能使学生沿着科学家探索生物世界的道路，理解科学的本质以及科学研究的思路和方法，在此过程中获得生物学概念、规律和理论等，并进一步提炼和升华形成生命观念。可见，科学史是联系生命观念和科学思维的桥梁。

　　作为衔接中学生物学教学实践和理论的教研员，我深感科学史在生物学教学中的重要性。《普通高中生物学课程标准（2017年版2020年修订）》中要求教师应充分利用科学史来开展教学，但是在教学实践中教师对选择哪些科学史内容进入课堂，如何使用和设计科学史内容，使其更好地融入生物学教学中还有很多的困惑。这本书对以上问题进行了一些思考和探索。吴志强和韩菲两位老师，一位有着丰富的一线教学经验，一位来自师范院校，多年从事生物教学论的教学和研究，二者的合作相信一定会迸发出很多实践与理论的火花。

　　近年来，中学生物学教科书的编写越来越重视科学史内容的呈现，在质的提升和量的增加上都有了很大的进步。不仅仅以注释、补充阅读的形式，还越来越多地以贯穿性的正文形式出现，呈现的历史过程与内容越来越丰富。但是，教科书的用途限制了它不能对很多科学史内容进行详尽的描述和评价。因此，本书作为一种课外的补充或者教师备课的辅助资源，尽可能地展现真实的科学发现过程，对中学生物学教学具有重要意义。科学史的重要教育功能之一就是理解科学本质，而科学本质的每一个方面，都可以在科学史中找到佐证。书中的每一个科学史单元，不仅以生命科学史实为基础，从科学教学的角度进行解读，还尝试从科学知识、科学探究和科学事业三个维度对科学史实进行科学本质的分析，为读者从科学本质角度学习生物学科学史提供帮助。

　　本书可以作为高中校本课程的教材，也可以作为生物学教师、师范生等日常教学的参考用书。希望同学和教师们在阅读本书的过程中更多地能从学科核心素养的角度出发。生物学教学中的科学史从来都不是单纯的"科学史"，而是科学家研究过程中的所思所想，是科学思维训练的重要素材。

2022年3月

前　言

　　科学是一个发展的过程。科学史和科学教育是不可分割的整体。科学史的创始人萨顿认为科学史是自然科学与人文科学的之间的桥梁，它能够帮助学生获得自然科学的整体形象、人性的形象，从而全面理解科学，理解科学与人文的关系。《普通高中生物学课程标准（2017年版2020年修订）》中要求教师应充分利用科学史来开展教学。学习生物学科学史能使学生沿着科学家探索生物世界的道路，理解科学的本质和科学研究的思路和方法，学习科学家献身科学的精神。因此，在本书中主要解决三个问题：是什么——科学史是什么？为什么——我们为什么要在生物学教学中加入科学史的内容？怎么办——如何将科学史的内容更好地融入生物学的教学中？

　　科学史并没有一个准确的定义，因此我们需要从科学和历史两个层面去理解。首先是历史，这是一个复杂的概念。其一指的是人类的过去；其二是对人类过去的本质探索，是一种反思与解释。因此，不同的立场就会产生不同的解释与述说。就科学史而言，不同的"历史观"决定了科学史叙述的不同范围、内容与方向。其次是科学，这依然是一个有很多定义的概念。一般可以从两个角度来定义：科学是比较系统的自然知识，是某一时刻构成公认的科学知识的理论和数据；科学是由科学家的活动或行为构成的，是人类的一种活动。科学史家所关注更多的是第二种含义的科学。

　　从学科来讲科学史是一门相对较新的学科。它在成为一门独立的学科开始，就与教育密不可分，扮演着推动通识教育的角色，搭建了自然科学与人文科学之间的桥梁。19世纪，孔德提出科学史在通识教育中具有重要的作用。科学史之父萨顿深受孔德影响，在哈佛大学开设科学史课程，经历100多年的发展，科学史已经从自然哲学副产品身份逐步发展成科学教育的核心。

科学教育领域一直强调科学史教学的重要性。现代教育学家也普遍认为科学史与科学教学之间存在紧密的联系。当今的科学课程不应该是"在一个陌生的国度急速行军，来观看周围风景的时间都没有"，而应当是关于"科学的教育"。因为科学知识中不仅包含科学的事实、定律、理论等科学产物，还包含科学过程的知识，所以科学的教育中应该有过程的知识。只有这样，学生在学习科学时才有可能像科学家一样思考。

具体到生物学科，课程标准中的表述非常好地回答了这个问题：高中生物学课程是自然科学课程，学生在学习该课程中不仅要获得诸如细胞、遗传、进化等生物学方面的知识，还应该学习一些"关于自然科学的知识"。在科学教育领域，"关于自然科学的知识"也称为"科学本质"。高中生物学课程中适合教授的科学本质内容可以涉及"科学知识可能随着研究的深入而改变"，"科学工作依赖观察和推论"，"科学工作采用基于实证的范式"，"科学是创造性的工作"，"科学工作中要高度关注主观因素的影响"，"理论和定律赋予科学解释的能力，但两者不尽相同"以及"科学会受到社会和文化的影响"等。对科学本质的学习有助于学生建立生物学观念，了解科学知识产生的特点，把握自然科学的特点，并以此来辨别现实生活中的科学和非科学，从而促进生物学学科核心素养的达成。

马修斯总结了人们对科学史的科学教育作用的认识，概括了科学史具有如下功能：科学史能够促使学生更好地理解科学概念和科学方法；科学史的探讨能够将个人思考能力的发展与科学思维的发展联系起来；科学史具有内在的价值，科学与文化史的重要片断，如科学革命、达尔文的进化论、青霉素的发现等应该为所有学生所熟知；科学史是理解科学本质所必需的；科学史可以消除科学教材和科学课堂上常见的科学主义和教条主义；通过检视科学家的生活和时代，使科学学科变得人性化，减少其抽象性，让学生更易于参与其中；科学史可以在科学话题与科学学科以及其他学科之间建立联系；科学史显示出人类文明成就的综合和相互依存的本质。

如何在科学课程中融入科学史是科学教育发展中一个传统的而又不断变化的课题。在融入的过程中表现为四个层面：在教育理念的倡导、课程标准的规定、教材的融入和课堂教学中的体现。在此四个层次中，科学教材的融入是一个中间环节，它既是教育理念、课程标准的具体体现，又是对教师在课堂教学上融入科学史的提示和指导。基于最新版课标出版的高中生物学教科书，都融入了大量的科学史内容。但是，教科书由于篇幅所限只能简要地概述科学发现的历程，科学家的前仆后继与坚持不懈经常被一笔带过，给学生造成了科学发现都是偶然性的错觉。因此，本书作为一种课外的补充或者教师备课的辅助资源，尽可能地展现了真实的科学发现过程。全面地展示科学研究的过程，不仅仅是历史立场的需要，更是科学教育立场的需要。科学家研究过程中的所思所想，是科学思维训练的重要素材。科学史的重要教育功能之一就是理解科学本质，几乎科学本质的每一个方面都可以在科学史中找到佐证。通过科学史呈现以前的争论和质疑，明确建立与科学、技术、社会的联系，用显性语言帮助学生转变错误概念，将科学史教学的价值真正落到实处。

课堂教学中的体现依赖于教师对于科学史内容的理解与运用。《科学教学——科学史和科学哲学的贡献》一书曾经以"普利斯特利对于光合作用的研究"为例，介绍了科学史教学的三种方法，即历史片段法、历史探究法和跨学科教学法。

历史片段的介绍适合于任何层次的课程。在低年级阶段，可以以故事的形式解释相关历史，提升学生的学习兴趣，同时介绍的内容根据学生的程度进行调整。这个方法是教师经常采用的方法，但是科学史的教学不能仅仅停留于此。此外，还可以介绍科学家所处的时代背景，深入讨论科学、技术与社会的关系，这样才能够帮助学生更好地理解科学内容。

把科学史带入课堂更严格的方式是设法使实验课与历史故事结合，

即设法追踪实验科学路径，就是像科学家一样思考。在这个过程中，教师要进行有针对性的提问，引导学生进行充分的反思与讨论。参与这些活动的学生会获得成就感，提高技能并完善科学知识的结构。

科学家的研究往往不是一个学科的知识能够去解决的问题，需要多学科的融合。打破学科界限，完整呈现科学家之间思维的交流与碰撞是跨学科教学内容的一大特点。跨越学科内容不同领域的联系和智力工具，可以丰富他们的实践应用和对核心思想的理解，可以帮助学生更好地理解科学的本质，形成连贯的科学世界观。

本书共分为5章，基本与高中生物学的教学内容相对应，围绕生命科学史，为学生的学和教师的教提供帮助。本书的内容是基于编者多年在此领域的研究和积累，并收集和参考了国内外相关的研究成果。编者梳理这些资料的过程中，对生命科学史的内容有了更深层次的认识，多次调整编写的框架和内容，力求编写得更加科学准确。

本书的编写过程中得到多位老师的关心和同学们的帮助，如芜湖市第十二中学的罗震平老师、安徽师范大学生命科学学院研究生邵泽琳和王佳虹等，没有她们的协助，本书不会顺利与读者见面，在此一并感谢。本书的出版得到了芜湖市特色校本课程开发项目的资助，是"中学生命科学史"特色校本课程的研究成果。本书最后能够成功的出版离不开安徽师范出版社工作人员的大力支持，在此表示感谢！

希望本书可以作为高中校本课程的教材，也可以作为生物学教师、师范生等日常教学的参考用书。但是编者水平和精力有限，难免有错误或者疏漏之处，恳请读者批评指正。

目　录

第1章

分子与细胞

由于组成生物体的各种分子，

以特有的方式聚集在一起，

才产生了细胞的生命现象。

人类从来没有停止对微观世界的探索，

"三剑客"、毕希纳、科曼、弗里德曼、桑格……

这些巨匠造就一个个神话般的科学发现。

精细的细胞结构决定了生命特有的功能，

无酵母细胞酵解奠定酶的本质和解密酵解机制，

不要以为光合作用离不开的叶绿素只有a和b，

"连体实验"预测食欲抑制因子，找到人类"瘦"

的秘方，

而这些我们都要感谢那位发现测序的人。

第1节 探微细胞世界的"三剑客"

科学谜团

显微镜的发明使人类打开微观世界的大门，借助显微镜，人们看到动物体和植物体中各种各样的细胞。细胞是生命活动的基本单位。细胞虽小，但其结构却复杂而精巧，内部就像一个繁忙的工厂，在细胞质中有许多忙碌不停的"部门"。这些"部门"都有一定的结构，如线粒体、内质网、溶酶体、核糖体等，被统称为细胞器。它们是如何被发现的呢？发现过程中又使用了哪些先进的研究方法和技术？

除病毒外的一切生物都由细胞构成，细胞是有机体结构和功能的基本单位。1665年，英国科学家罗伯特·虎克利用自己发明的显微镜首次发现细胞，从而开启了细胞研究的大门。19世纪50年代施莱登和施旺提出的细胞学说，确立了细胞的重要性，并由此形成细胞生物学。随着新技术的发明及在生命科学领域的广泛应用，细胞生物学研究取得了质的飞跃。对细胞亚显微水平的结构和功能全面的认识和理解，标志着现代细胞生物学时期的到来，在此过程中许多科学家都做出了卓越贡献。比利时裔美国科学家阿尔伯特·克劳德（简称"克劳德"）、比利时科学家克里斯汀·德·迪夫（简称"德·迪夫"）和罗马尼亚裔美国科学家乔治·埃米尔·帕拉德（简称"帕拉德"）就是其中最著名的"三剑客"。他们因为发现细胞结构和功能组织而分享了1974年的诺贝尔生理学或医学奖。诺贝尔奖委员会的评价是"三人的研究成就为现代细胞生物学诞生发挥了重要作用"。

一、勇于探幽入微的克劳德铁匠——为全面深入研究细胞精细结构奠定基础

1899年，克劳德出生于比利时的布鲁塞尔，是一位著名的细胞生物学家。他发展了用于分析细胞结构的方法，建立了现代细胞生物学。克劳德原本是一个与科学研究毫无关系的铁匠，在学校读了几年书后，12岁就去了一家钢厂工作。第一次世界大战期间，克劳德服役于英国情报局，因为勇敢获得了奖章。战后为了做一名铁匠师傅而考入矿山学校，在学校接触到化学后，他萌生科学研究的想法。当时，比利时政府宣布参加过一战的老兵不需要高中文凭就可以上大学，于是克劳德申请就读列日大学的医学院。1928年，他顺利获得医学博士学位，并于次年前往柏林达拉姆的德皇凯撒威廉研究院继续博士后学习。1929年，他又加入纽约市洛克菲勒医学研究所继续研究工作。

在细胞学说创立后的100年间，人们对细胞的研究都只是停留在形态结构的简单描述水平，细胞内一团胶状物究竟为何，并未被人所知。克劳德决心把细胞内部的组分分离开。1930年，克劳德首先发明了细胞组分分离技术，采用不同转速对破碎的细胞进行离心，从而使研究人员可获得足够数量相对均匀的组织匀浆来进行细胞生物化学和形态学分析。这是一种沿用至今的定性定量分离细胞组分的经典方法。此外，他率先将电子显微镜作为亚细胞结构的研究工具应用到生命科学领域，这是他的又一项重大科学贡献。

1945年，克劳德和他的同事发表了培养细胞的第一张电子显微镜照片，首次发现了新的细胞亚显微结构——线粒体和内质网，并且成为第一次把线粒体定位为细胞"动力工厂"的人。这次重大突破开创建立了细胞生物学，开启了现代细胞生物学的一扇大门，为随后全面深入研究细胞精细结构奠定了基础。

二、具有敏锐洞察力的德·迪夫——发现溶酶体，开启"替代疗法"时代

德·迪夫出生于英国伦敦郊外的泰晤士迪顿，在安特卫普长大，精通英语、德语、法语和弗拉芒语四种语言。比利时人的父亲和德国人的母亲为躲避第一次世界大战，从比利时暂时搬到英国，直至1920年全家才搬回比利时。德·迪夫在安特卫普的圣母学院完成初等教育，并于1934年秋进入天主教勒芬大学主攻古代人文。大学期间，德·迪夫学习了拉丁文、哲学和数学等课程，但他逐渐发现自己对医学更感兴趣，从而树立终身从事科研的理想。1938年，德·迪夫毕业后一方面就读医学院并最终获得医学学位，另一方面开始研究胰岛素。在第二次世界大战期间，德·迪夫作为军医加入比利时军队。在法国南部执行任务时，被德军俘获，在随后押往战俘营时凭借熟练的德语成功逃脱。回到比利时后，德·迪夫继续开始他的实验研究。

1948年，德·迪夫在勒芬大学一边教授生物化学课，一边花费大量时间继续研究胰岛素的作用机制。德·迪夫在运用差速离心技术分离细胞时发现，6—磷酸葡萄糖酶总是与微粒体一起被分离。当时人们普遍认为，微粒体是一些破碎的线粒体，但德·迪夫却看到的是6—磷酸葡萄糖酶并不与线粒体一起被分离，而且采用细胞组分分级分离技术得到的酸性磷酸酶活性仅有用单纯酶纯化方法得到的十分之一。德·迪夫在一次实验中获得大量细胞组分，由于时间原因而暂时放置冰箱备用，但是五天后取出这些备用品时却惊奇地发现酶活性基本恢复。德·迪夫没有放过这一偶然现象，敏锐地意识到这种现象背后可能隐藏着一个巨大的秘密，因此全面转向酸性磷酸酶定位的研究。德·迪夫和他的同事发现除冷藏外，冷冻、加热和添加去污剂等操作均可提升匀浆中酸性磷酸酶活性，这些结果进一步印证该酶定位于膜包被的细胞器。德·迪夫设计一系列的鉴别实验，发现这种特殊的细胞结构内还含有一些小分子的酶类，并且能起到细胞内消化的作用。1955年，德·迪夫把这种细胞结构命名为"溶酶体"。不久，电子显微镜观察证实了溶酶体是真实存在的。

目前，已鉴定出五十多种溶酶体特异酶，它们既发挥正常的细胞内消化功能，又参与消除入侵细菌、毒素等作用。溶酶体内特定酶基因突变或功能异常可导致相关疾病发生，如戈谢病和糖原贮积症Ⅱ型等，这些统称溶酶体贮积病。德·迪夫提出可通过补充相关酶实现疾病的治疗，从而开启"替代疗法"的时代。

三、善于利用和改进技术手段的帕拉德——"现代细胞生物学之父"

帕拉德出生于罗马尼亚东北部雅西市的一个知识分子家庭，从小就获得优良的家庭教育。作为雅西大学哲学教授的父亲，原本希望帕拉德能像自己一样在大学进行哲学研究，但帕拉德对这些抽象问题不感兴趣，他更喜欢一些切实的科学，尤其对医学兴趣浓厚。从布泽乌学院毕业并获得学士学位后，凭借兴趣和努力，他顺利地进入罗马尼亚布加勒斯特大学医学院开始了医学教育。在系统完成三年医学训练后，帕拉德开始临床实习，不久成为布加勒斯特市民医院的住院医生，在此期间他对多种临床疾病有了较为全面的认识。尽管帕拉德在临床方面取得一定成就，但他更多的兴趣在于基础医学。几经工作变迁后，帕拉德进入钱伯斯实验室工作，并幸运地遇到克劳德，从而改变他的科研生涯。

帕拉德首先利用克劳德发明的细胞组分分离技术进行细胞组分研究。他与同事将肝脏组织匀浆离心获得两部分颗粒状结构，一部分是容易沉淀的大颗粒，含有线粒体等细胞器；另一部分是难沉淀的小颗粒，其沉淀需要更大的离心力，因此被命名为微粒体。1958年，帕拉德根据自己的研究将微粒体重新命名为核糖体。

帕拉德还在克劳德的方法基础上进行了大胆改进，发明了蔗糖密度梯度离心来进行细胞组分分离。使用蔗糖相对于当时使用水或生理盐水而言是一个很大的进步，因为它避免了亚细胞成分分离过程中的黏着或涨破现象，该方法至今仍被广泛应用于细胞生物学研究。帕拉德与同事合作使用0.88M（0.88mol/L）的蔗糖第一次分离并阐明了完整线粒体的结构特征。具有生物活性线粒体的获得为生物能学研究提供了极大的便利，不久其他研究人员就发现线粒体具有三羧酸循环、电子传递、氧化磷酸化等作用，从而证明了线粒体是真核细胞进行能量转换的细胞器。

帕拉德在克劳德工作基础上进行更深入地研究，一方面改进电子显微镜技术从而获得细胞内部更为精细的结构，另外一方面开始使用生物化学方法研究特定细胞器的化学组成以揭示其生物学功能。帕拉德对细胞电子显微镜研究的一项重大贡献是改进了细胞固定技术，引入缓冲液方法以保证相对稳定的pH，从而改进组织细胞结构的研究。此外，他还对电子显微镜研究的其他方面进行革新，如塑料包埋材料的应用和超薄切片技术的完善，使20世纪50年代早期细胞电子显微镜照片清晰度得到极大提高，从而发现更多的细胞内细节。帕拉德开发和改进的许多细胞生物学研究方法在今天的实验室仍被广泛应用。

正如拉斯克奖评价的那样：帕拉德的基本发现将细胞概念拓展到令人难以置信的水平，生命的奇迹被精妙展现在人们面前，如核糖体、细胞内膜系统、细胞附着物和不同细胞类型的独有结构，对这些结构的理解远远超越光学显微镜的水平。帕拉德展示了一个全新的细胞内世界，为细胞功能与细胞精细结构紧密结合开创先河。正是由于帕拉德对现代细胞生物学诞生和发展做出了许多奠基性贡献而被生物学界誉为"现代细胞生物学之父"。

学与教建议

本节内容对应的是《普通高中生物学课程标准（2017年版2020年修订）》中课程内容必修课程的"概念1 细胞是生物体结构与生命活动的基本单位"，"1.2 细胞各部分结构既分工又合作，共同执行细胞的各项生命活动"，"1.2.2 阐明细胞内具有多个相对独立的结构，担负着物质运输、合成与分解、能量转换和信息传递等生命活动"，"1.2.4 举例说明细胞各部分结构之间相互联系、协调一致，共同执行细胞的各项生命活动"。同时，指出为帮助学生达成对必修课程概念1的理解，促进学生生物学学科核心素养的提升，应"使用光学显微镜观察各种细胞，可结合电镜照片分析细胞的亚显微结构"。在"学业要求"中要求学生"能够建构并使用细胞模型，阐明细胞各部分结构通过分工与合作，形成相互协调的有机整体，实现细胞水平的各项生命活动（生命观念、科学思维、科学探究）"。"学业质量水平"要求：水平1-1"能初步以结构与功能观、物质与能量观等观念，说出生物体组成结构和功能之间的关系"；水平3-2"能基于给定的事实和证据，采用归纳与概括、演绎与推理等方法，以文字、图示或模型的形式，说明分子与细胞、遗传与变异、稳态与调节、生物与环境等相关概念的内涵，举例说明生物工程与技术的原理及其与社会之间的关系"。

本节主要涉及人教版《普通高中教科书 生物学 必修1 分子与细胞》第3章第2节的内容，其中主要帮助学生全面深入理解细胞精细结构，开启学习现代细胞生物学的一扇大门。通过"高倍显微镜观察线粒体和叶绿体"的实验，在学生观察、讨论的基础上，提出问题"细胞器那么小，科学家是如何进行研究的"，结合教材"科学方法"中详细介绍的分离细胞器的方法——差速离心法，引出科学家克劳德发现线粒体和内质网、德·迪夫发现溶酶体，创立"替代疗法"和帕拉德发现核糖体等科研工作，强调科学家锲而不舍的探究精神和技术进步在科学研究中的作用。在介绍差速离心法分离细胞器时，可强调研究细胞器的过程与方法，按照分离细胞器的先后顺序依次介绍细胞器的结构和功能，自主阅读科学史认识细胞器。然后，利用表格对比不同的细胞器，用橡皮泥来制作细胞器或手绘细胞器并描述其功能，进行自我总结与反思，有助于学生从系统的角度认识细胞，提升学生参与度，发展学生的科学思维能力和动手操作能力。

科学本质维度分析

表1-1-1 科学知识的本质维度分析

本质	维度分析	实例
认识性	世界是可以被认识的,科学是对客观世界的解释	通过克劳德发现线粒体和内质网,德·迪夫发现溶酶体,创立"替代疗法"和帕拉德发现核糖体等科研工作,促进对细胞功能与细胞精细结构的认识
相对性	科学知识不是绝对真理,是暂时性与持久性的统一	德·迪夫在运用差速离心技术分离细胞时发现,6—磷酸葡萄糖酶总是与微粒体一起被分离。当时人们普遍认为,微粒体是一些破碎的线粒体,但德·迪夫却看到的是6—磷酸葡萄糖酶并不与线粒体一起被分离。德·迪夫设计一系列的鉴别实验,通过实验发现这种特殊的细胞结构内还含有一些小分子的酶类,并且能起到细胞内消化的作用。1955年,德·迪夫把这种细胞结构命名为"溶酶体"。不久,电子显微镜观察证实了溶酶体的存在 在细胞学说创立后的100年间,人们对细胞的研究都只是停留在形态结构的简单描述水平,细胞内一团胶状物究竟为何物,并未被人所知。克劳德决心把细胞内部的组分分离开。1930年,克劳德首先发明细胞组分分离技术。此外,他率先将电子显微镜作为亚细胞结构研究工具应用到生命科学领域研究。1945年,克劳德和他的同事发表了培养细胞的第一张电子显微镜照片,首次发现一些新的细胞亚显微结构——线粒体和内质网
累积性	科学知识是长期积累的结果	1665年,英国科学家罗伯特·虎克利用自己发明的显微镜首次发现细胞,从而开启了细胞研究的大门 19世纪50年代施莱登和施旺提出的细胞学说确立细胞的重要性,由此形成细胞生物学 1930年,克劳德发明了细胞组分分离技术;1945年,首次发现了一些新的细胞亚显微结构——线粒体和内质网 1955年,德·迪夫发现"溶酶体" 1958年,帕拉德根据自己的研究将微粒体重新命名为核糖体,并开发和改进许多细胞生物学研究方法,对现代细胞生物学诞生和发展做出了许多奠基性贡献

本质	维度分析	实例
重复性	科学理论的研究过程应该是可以重复的	1930年,克劳德首先发明细胞组分分离技术,采用不同的转速对破碎的细胞进行离心,成为沿用至今的定性定量分离细胞组分的经典方法。德·迪夫在运用差速离心技术分离细胞时发现溶酶体。帕拉德利用克劳德发明的细胞组分分离技术进行细胞组分研究,并进行大胆改进。帕拉德开发和改进的许多细胞生物学研究方法在今天的实验室还被广泛应用
公开性	科学成果应公开,接受批判,并得到科学共同体的确认	科学家应将自己的科学成果公开发表和交流讨论,接受人们的评价、指正
局限性	科学不能为所有问题提供完美的解决方案	—

表 1-1-2　科学探究的本质维度分析

本质	维度分析	实例
实证性	科学的正确性决定于观察和实验的检验	克劳德发明细胞组分分离技术,采用不同的转速对破碎的细胞进行离心,并率先将电子显微镜作为亚细胞结构研究工具应用到生命科学领域研究。1945年,克劳德和他的同事发表了培养细胞的第一张电子显微镜照片,首次发现新的细胞亚显微结构——线粒体和内质网 德·迪夫和他的同事发现除冷藏外,冷冻、加热和添加去污剂等操作均可提升匀浆中酸性磷酸酶活性,这些结果进一步印证该酶定位于膜包被的细胞器。德·迪夫设计了一系列的鉴别实验,通过实验发现这种特殊的细胞结构内还含有一些小分子的酶类,并且能起到细胞内消化的作用 帕拉德与同事将肝脏组织匀浆离心获得两部分颗粒状结构,一部分是容易沉淀的大颗粒,含有线粒体等细胞器;另一部分是难沉淀的小颗粒,其沉淀需要更大的离心力,因此被命名为微粒体。1958年,帕拉德根据自己的研究将微粒体重新命名为核糖体
归纳性	科学始于观察,科学知识主要来自对观察的归纳	克劳德、德·迪夫和帕拉德在前人研究工作的基础上,改进电子显微镜研究方法和技术,从而观察到细胞内部更为精细的结构和细节
创造性	科学是人类推理、想象和创造力的产物	克劳德率先将电子显微镜作为亚细胞结构研究工具应用到生命科学领域研究 帕拉德对电子显微镜研究进行革新,如塑料包埋材料的应用和超薄切片技术的完善,使20世纪50年代早期细胞电子显微镜照片清晰度得到极大提高,从而发现更多的细胞内细节

表

本质	维度分析	实例
预见性	科学具有预见性，可以根据观察和理论进行假说	德·迪夫在一次实验中获得大量细胞组分，由于时间原因而暂时放置冰箱备用，五天后取出备用品却惊奇地发现酶活性基本恢复。德·迪夫没有放过这一偶然现象，敏锐意识到这种现象背后可能隐藏着一个巨大的秘密，因此全面转向酸性磷酸酶定位的研究，最后印证该酶定位于膜包被的细胞器
非固定性	尽管科学研究的一些基本方法是相似的，但是学科知识背景和问题不完全固定，同一问题有不同的解决办法	1930年，克劳德首先发明了细胞组分分离技术，采用不同的转速对破碎的细胞进行离心，从而使研究人员获得足够数量相对均匀的组织匀浆来进行细胞生物化学和形态学分析 帕拉德在克劳德基础上进行大胆改进，发明了蔗糖密度梯度离心进行细胞组分分离
非权威性	科学研究不依仗权威，没有一个科学家可以代表绝对真理，要有怀疑精神	正是因为德·迪夫和帕拉德有着怀疑和批判精神，总结前人的研究，创新自己的实验技术，大胆改进细胞生物学研究方法，我们今天才能看到一个全新的细胞内世界
非绝对客观性	科学受科学家文化背景、信仰和看待事物方式等的影响；科学观察依赖理论的指导，这都难保证观察和研究的客观性	—

表1-1-3 科学事业的本质维度分析

本质	维度分析	实例
科学与道德	科学研究中有普遍接受的道德规范	科学家们坚持不懈、百折不挠的科学精神，不断改进研究技术，才能把生命的奇迹精妙地展现在人们面前
科学与技术	科学与技术是有区别的，科学与技术可以相互作用	技术进步影响科学研究的进程。克劳德发明的细胞组分分离技术和帕拉德发明的蔗糖密度梯度离心进行细胞组分分离等，至今仍被广泛应用于细胞生物学研究
科学与社会	科学与社会密切相关，总体上给人类带来了福音，但也会产生不良后果	溶酶体内特定酶基因突变或功能异常可导致相关疾病发生，如戈谢病和糖原贮积症Ⅱ型等，这些统称溶酶体贮积病。德·迪夫提出可通过补充相关酶来实现疾病治疗，从而开启"替代疗法"的时代
科学家身份	科学家也是公民，会运用科学知识来解决公众事务问题	—

思考与运用

1.差速离心法可用于细胞组分的分离，在高中生物学实验中它还有什么应用？

2.帕拉德在电子显微镜技术的研究和革新方面有哪些贡献？

第2节 毕希纳和无酵母细胞酵解实验

科学谜团

细胞内每时每刻都进行化学反应，统称为细胞代谢，其过程离不开酶。酶能够降低化学反应的活化能，其催化效率较无机催化剂高。那么酶到底是什么物质呢？19世纪后，随着对酿酒发酵过程的探究，人们才逐渐认识酶的本质：微生物学家路易斯·巴斯德认为，酵母发酵必须在活的状态、无氧条件下才能将蔗糖转变为乙醇和二氧化碳；而化学家尤斯图斯·冯·李比希提出，发酵实际是细胞内酵素发挥作用的结果，且只能是在酵母死亡后发挥作用的结果。两种观点争执不下，毕希纳的实验最终结束了这场争论。那么毕希纳支持的是哪种观点呢？他的具体实验内容是什么？

1897年，一篇《无酵母细胞的乙醇发酵》的论文在杂志上发表，宣布无细胞酵解的发现，作者是爱德华·毕希纳（简称"毕希纳"）。这项成就开启了现代生物化学的大门，为生命科学的发展奠定了坚实的基础。虽然毕希纳的贡献如此巨大，但是关于毕希纳其人及其实验的介绍却较少。

一、毕希纳何许人也

毕希纳出生于德国慕尼黑的化学世家。他在世时间不长，却经历丰富。年幼时，法医学教授的父亲不幸去世，他的哥哥承担起他的教育，直至高中毕业。服完兵役后的他在慕尼黑技术大学主攻化学，但因家庭经济困难不得不放弃学业，在一家罐头厂工作四年。经济好转后毕希纳重新开始自己的高等教育，顺利获得学位后拜著名化学家拜尔（1905年诺贝尔化学奖获得者）为师攻读化学博士。1888年，毕希纳获得化学博士学位，两年后成为拜尔教学助手。1893—1913年，毕希纳先后任职基尔大学分析化学所教授，廷伯根大学分析药物化学教授，柏林农学院化学教授。第一次世界大战爆发后，毕希纳弃笔从戎自愿参军，在一次战斗中，身为少校的他不幸受伤，在慕尼黑去世，年仅57岁。

毕希纳还有一个让很多人都忽视的身份——诺贝尔化学奖得主，由于"无细胞酵解现象的发现"他获得1907年诺贝尔化学奖。尽管毕希纳在当时化学界不是大师巨匠，并且很多人认为他的实验过于简单，不适合荣获如此重大的荣誉，但瑞典皇家科学院还是将这项荣誉颁发给毕希纳。

二、毕希纳实验中的玻璃仪器是什么

毕希纳实验中使用的玻璃仪器是发酵管，如图1-2-1所示。它是具有高脚底座的长颈弯管，有一个直立的玻璃管和一个边管连接的玻璃泡。介绍毕希纳实验的很多资料中，总会出现发酵管左侧液面高于右侧，如图1-2-2所示，这是为什么呢？要想回答这个问题就必须要明白发酵管的使用方法。使用发酵管实验时，先将蔗糖溶液与酵母汁混合后放入发酵管中，注入的容量为弯管处的1/2（约整个发酵管的4/5），用手指摁住发酵管口，沿垂直面向外翻转180°，然后再按原翻转方向返回，这就将左侧带有刻度的管全部充满。一段时间以后，糖液与酵母汁混合液开始反应，产生乙醇和二氧化碳。由于二氧化碳气体的积累，直立管的液面开始下降。如果此时向管中加入KOH晶体，将会吸收二氧化碳，随即左侧管中的液面将会上升到管顶部。

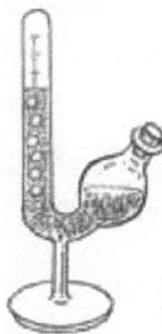

图 1-2-1　发酵管　　　图 1-2-2　左侧液面高于右侧

三、毕希纳实验的结论

人类两千多年前就懂得酿酒，但对发酵的化学原理却知之甚少。随着近代科学迅猛发展，化学方法的逐步完善，发酵开始成为科学研究的一项基本内容。与毕希纳同时代的法国微生物学家路易斯·巴斯德（简称"巴斯德"），早在1857年就开始研究这方面内容，他强调生物体或细胞的作用，认为酵母发酵必须在活的状态、无氧情况下才能完成将蔗糖转变为乙醇和二氧化碳。而近代化学先驱尤斯图斯·冯·李比希（简称"李比希"）更倾向于从化学角度考虑问题，提出发酵实际是细胞内酵素发挥作用的结果，并且酵素只能在酵母死亡后才能发挥作用。

两种观点争执不下，毕希纳的实验最终结束了这场争论。在研究发酵但一直未取得理想结果之后，他开始研究酵母汁的药用价值。他和助手共同研制出一种高效提取酵母汁的方法：使用沙子和硅藻土研磨酵母，破坏外壁使内部液体释放，然后过滤除去未粉碎酵母及部分碎片而获得酵母汁。这种方法的优点在于避免了以前使用特殊溶剂或高压所产生的破坏性。改进方法后，毕希纳获得很多的酵母汁，但如何存放这么多的酵母汁是毕希纳的一个头痛的问题。当时酵母的保护剂一般使用蔗糖（毕希纳早期实验中并非使用葡萄糖，而是蔗糖），当他将蔗糖加入酵母汁中后发现一个奇怪现象，混合物总会出现发泡现象。毕希纳没有放过这个异常情况，觉得这绝不是偶然现象。进一步分析发现蔗糖被酵母汁催化转变成为乙醇和二氧化碳，发泡正是由于产生二氧化碳的缘故。由于酵母汁已经过研磨和过滤，因此不存在活酵母，说明引起发酵的酵素不需要活酵母存在，在体外照样可发挥催化作用。由此，他认为发酵是由一种物质发挥作用完成，并将这种物质命名为酵酶，它既可以在活细胞内催化发酵，也可在缺乏活细胞的体外环境发挥作用。

毕希纳的实验难道就只有这一点结论吗？仔细分析我们还可以发现另一项重要结论。在用发酵管实验时，无论有没有用软木塞封口，蔗糖和酵母汁混合液都会发生发酵现象。这与当时巴斯德的"无氧发酵，有氧抑制发酵"的主流观点相反。因此，这个实验另一个重要的结论就是对于发酵概念的补充：发酵即使在氧气存在的情况下也可发生。毕希纳虽然没有进一步阐明蔗糖转化乙醇机制，但他却促使一大批科学家开始研究酶的本质、酵解机制等问题，为生物化学的发展发挥了巨大的奠基作用。

四、毕希纳为什么会成功

无细胞酵解实验从实验设计到实验操作都是十分简单的。以巴斯德的学术造诣，难道就没想过提取酵母汁来完成毕希纳的实验吗？如果他做了实验，为什么还会认为这种物质无法在体外发挥作用？事实上巴斯德和他的学生在1860年就提取出用酵母汁进行无细胞发酵实验，实验结果显示无法完成发酵，因此才得出上述结论。究其原因，巴斯德的实验材料为巴黎酵母，这是一种蔗糖酶缺陷型酵母，故酵母汁与糖液的混合液无法发酵。而毕希纳使用的是慕尼黑酵母，这种酵母细胞中富含蔗糖酶，并在他高效提取酵母汁的方法下仍能保存活力，所以他的实验现象非常明显。正因如此，很多人都认为毕希纳的成功是一个意外，也是一种幸运。但在幸运的背后，我们不能忽视毕希纳对于科学技术的创新精神，对于实验中任何一个细节的关注和勇于质疑科学权威的精神，这些都是他最终发现无细胞酵解现象不可或缺的因素。

学与教建议

本节内容对应的是《普通高中生物学课程标准（2017年版2020年修订）》中课程内容必修课程的"概念2 细胞的生存需要能量和营养物质，并通过分裂实现增殖"，"2.2 细胞的功能绝大多数基于化学反应，这些反应发生在细胞的特定区域"，"2.2.1 说明绝大多数酶是一类能催化生化反应的蛋白质，酶活性受到环境因素（如pH和温度等）的影响"。在"学业要求"中要求学生能够"从结构与功能相适应这一视角，解释细胞由多种多样的分子组成，这些分子是细胞执行各项生命活动的物质基础（生命观念、科学思维）"。"学业质量水平"要求：水平2-1"能够运用结构与功能观、物质与能量等概念，举例说明生物体组成结构与功能之间的关系、光合作用和呼吸作用中的物质与能量转换"。

关于毕希纳酶本质的探索过程主要涉及人教版《普通高中教科书 生物学 必修1 分子与细胞》第5章第1节的内容。其中，主要帮助学生理解毕希纳是如何获得含有酶的提取液，并顺利进行发酵实验。毕希纳对于科学技术的创新精神，对于实验中每一个细节的关注和勇于质疑科学权威的精神，都是他最终发现无细胞酵解现象不可或缺的因素。在课本"思考讨论"中通过回顾酶的发现历史，挖掘科学家从生活现象中发现问题、不断探究、不断进行试验，最终揭示酶的本质的探索过程，帮助学生理解绝大多数酶是蛋白质的事实。引导学生开展讨论活动，提醒学生注意搜集历史上有关酶探索的资料（4000多年前我国已经掌握了酿酒技术和《康熙字典》里对"酶"字的收录和解释），渗透民族自豪感；然后，弄清楚科学家在研究的过程中所面临的真实问题，分析他们在对酶本质的认识上的贡献和缺憾，以及其中的不足，启发后来者的研究和发现。结合讨论题组织学生展开讨论，帮助学生建立起"大多数酶是蛋白质"的重要概念。

科学本质维度分析

表 1-2-1 科学知识的本质维度分析

本质	维度分析	实例
认识性	世界是可以被认识的,科学是对客观世界的解释	通过毕希纳无细胞酵解实验,促进人们对细胞代谢中酶本质的认识,并证实发酵在氧气存在的情况下也可发生
相对性	科学知识不是绝对真理,是暂时性与持久性的统一	微生物学家巴斯德认为酵母发酵必须在活的状态,无氧情况下才能完成将蔗糖转变为乙醇和二氧化碳;化学家李比希提出发酵实际是细胞内酵素发挥作用的结果,并且酵素只能在酵母死亡后才能发挥作用。随后毕希纳通过实验证实酵母细胞中的某些物质能够在酵母细胞破碎后继续起催化作用,就像在活酵母细胞中一样
累积性	科学知识是长期积累的结果	我国早在4000多年前就掌握了酿酒技术,1716年《康熙字典》收录了"酶"字 随着19世纪酿酒业和科学技术的发展,科学家们深入研究酿酒过程 1857年,微生物学家巴斯德强调生物体或细胞的作用,认为酵母发酵必须在活的状态,无氧情况下才能完成将蔗糖转变为乙醇和二氧化碳 近代化学先驱李比希更倾向于从化学角度考虑问题,提出发酵实际是细胞内酵素发挥作用的结果,并且酵素只能在酵母死亡后才能发挥作用 毕希纳通过实验证实酵母细胞中的某些物质能够在酵母细胞破碎后继续起催化作用,就像在活酵母细胞中一样
重复性	科学理论的研究过程应该是可以重复的	巴斯德和他的学生在1860年就提取出酵母汁尝试进行无细胞发酵实验,由于使用了巴黎酵母没有成功,但是毕希纳也采用了提取出的酵母汁进行实验,并取得成功
公开性	科学成果应公开,接受批判,并得到科学共同体的确认	每一位科学家都应将自己的科学成果公开交流讨论,接受人们的评价、指正
局限性	科学不能为所有问题提供完美的解决方案	毕希纳虽然从细胞中获得了含有酶的提取液,但是提取液中还含有许多其他物质,无法直接对酶进行鉴定

表1-2-2　科学探究的本质维度分析

本质	维度分析	实例
实证性	科学的正确性决定于观察和实验的检验	毕希纳将蔗糖加入酵母汁中后发现一个奇怪现象,混合物总会出现发泡现象,进一步分析发现蔗糖被酵母汁催化转变成为乙醇和二氧化碳,发泡正是由于产生二氧化碳的缘故。由于酵母汁已经过研磨和过滤,因此不存在活酵母,这说明引起发酵的酵素不需要活酵母存在,在体外照样可发挥催化作用
归纳性	科学始于观察,科学知识主要来自对观察的归纳	毕希纳通过归纳总结前人的研究,和助手共同研制出一种高效提取酵母汁的方法 毕希纳通过观察无细胞酵解实验,不仅得出引起发酵的酵素不需要活酵母存在,在体外照样可发挥催化作用的结论,还总结出发酵即使在氧气存在的情况下也可发生
创造性	科学是人类推理、想象和创造力的产物	毕希纳在研究发酵但一直未取得理想结果之后,开始研究酵母汁的药用价值。他和助手共同研制出一种高效提取酵母汁的方法:使用沙子和硅藻土研磨酵母,破坏外壁使内部液体释放,然后过滤除去未粉碎酵母及部分碎片而获得酵母汁。这种方法的优点在于避免了以前使用特殊溶剂或高压所产生的破坏性
预见性	科学具有预见性,可以根据观察和理论进行假说	毕希纳将蔗糖加入酵母汁中后发现一个奇怪现象,混合物总会出现发泡现象。毕希纳没有放过这个异常情况,觉得这绝不是偶然现象。进一步分析发现蔗糖被酵母汁催化转变成为乙醇和二氧化碳,发泡正是由于产生二氧化碳的缘故
非固定性	尽管科学研究的一些基本方法是相似的,但是学科知识背景和问题不完全固定,同一问题有不同的解决办法	巴斯德是微生物学家,特别强调生物体或细胞的作用;李比希是化学家,倾向于从化学的角度考虑问题;而毕希纳从酵母汁的药用价值入手,研制出高效提取酵母汁的方法
非权威性	科学研究不依仗权威,没有一个科学家可以代表绝对真理,要有怀疑精神	正是因为毕希纳有着怀疑和批判精神,总结前人的研究,创新自己的实验,才能得出有关无细胞酵解的正确结论
非绝对客观性	科学受科学家文化背景、信仰和看待事物方式等的影响;科学观察依赖理论的指导,这都难保证观察和研究的客观性	巴斯德是微生物学家,特别强调生物体或细胞的作用;李比希是化学家,倾向于从化学的角度考虑问题。因此,他们的看法均缺乏一定的客观性

表1-2-3 科学事业的本质维度分析

本质	维度分析	实例
科学与道德	科学研究中有普遍接受的道德规范	科学家们用正确的科学方法,坚持不懈、百折不挠的科学精神,进一步促进酶提纯的实验
科学与技术	科学与技术是有区别的,科学与技术可以相互作用	毕希纳和助手共同研制出一种高效提取酵母汁的方法:使用沙子和硅藻土研磨酵母,破坏外壁使内部液体释放,然后过滤除去未粉碎酵母及部分碎片而获得酵母汁。这种方法的优点在于避免了以前使用特殊溶剂或高压所产生的破坏性
科学与社会	科学与社会密切相关,总体上给人类带来了福音,但也会产生不良后果	我国早在4000多年前掌握了酿酒技术,19世纪时酿酒业在欧洲经济中占有重要地位,随着对酶本质的探索,酿酒业也在逐渐改进中
科学家身份	科学家也是公民,会运用科学知识来解决公众事务问题	—

思考与运用

1.巴斯德和李比希的观点各有什么积极意义？各有什么局限性？

2.毕希纳的实验可以得出哪些结论？

第3节　种类繁多的叶绿素

科学谜团

细胞呼吸消耗生物体内储存的养料，产生的ATP提供生命活动的能量。这些养料是通过植物光合作用得来的，而光合作用是唯一能够捕获和转化光能的生物学途径。植物通过太阳光能的输入、捕获和转化，使生物圈维持运转。高等植物的叶片多数是绿色的，是进行光合作用的主要器官。有些不含绿色色素的白化苗，在种子中储存的养分耗尽后就会死亡。那么叶片中的色素是否与光合作用中光能的捕获有关？叶片中主要含有几种色素？除了高等植物，其他生物中是否也含有色素？

高等植物通过光合作用将太阳能转化为化学能，叶片中的色素能捕获光能，传递并固定能量。通过实验发现，绿叶中的色素可以分为叶绿素和类胡萝卜素，其中叶绿素的含量约占75%。叶绿素具有丰富的多样性，而这种多样性是生物在漫长的进化过程中适应不同环境的结果。叶绿素有多种类别，包括叶绿素a、叶绿素b、叶绿素c、叶绿素d、叶绿素f及细菌叶绿素。它们在生物中有着不同的分布、最大吸收光带和波长，因此其化学结构、功能特点和实践应用也有差别。

一、发现色素，深入分类

德国化学家理查德·威尔斯泰特（简称"威尔斯泰特"）经过10年的艰苦努力，采用当时最先进的色层分离法并耗费了成吨的绿叶，终于寻觅到其中的神秘捕光物质——叶绿素。由于成功提取叶绿素，威尔斯泰特在1915年荣获了诺贝尔化学奖。叶绿素是深绿色光合色素的总称，广泛存在于绿色植物及藻类当中，而且在某些动物体中也发现叶绿素的存在，如绿眼虫、部分共生海绵、海蜗牛等。早期研究发现研磨法、试剂浸泡法都可以提取与分离绿叶中的色素，并且叶绿素溶液吸收峰的峰值随着提取液对植物叶绿素的提取能力不同而不同。在相当长的时间内，人们认为叶绿素只包括结构相似的四种类型，即叶绿素 a、叶绿素 b、叶绿素 c 和叶绿素 d。近年来，科研工作者发现第 5 种叶绿素——叶绿素 f，而后续发现的细菌叶绿素，其种类更多，分为细菌叶绿素 a、b、c、d、e、f、g 等。

叶绿素是含镁的四吡咯衍生物，其基本结构与卟啉化合物血红素相似，都是由原卟啉 IX 通过生物合成方式形成的，与含铁的血红素不同的是叶绿素中的卟啉环以镁原子作为替代。叶绿素分子由两部分组成：核心部分是起吸收光能作用的卟啉环，叶绿素依靠卟啉中的单键和双键的改变来吸收可见光；另一部分是被称为叶绿醇的长脂肪烃侧链，叶绿素可利用这种侧链插入类囊体膜中。虽然各叶绿素之间的结构差异很小，但却形成不同的吸收光谱，如表 1-3-1 所示，进而影响含有该种叶绿素生物的生存与进化。

表 1-3-1　各种叶绿素的最大吸收光带及主要吸收光的波长和分布

叶绿素	最大吸收光带及主要吸收光的波长	分布
叶绿素 a	红光和蓝紫光，660～680 nm、420～440 nm	所有绿色植物中
叶绿素 b	红光和蓝紫光，640～650 nm、460～480 nm	高等植物、绿藻、眼虫藻、管藻
叶绿素 c	红光和蓝紫光，620～640 nm、460～475 nm	硅藻、甲藻、褐藻、鹿角藻
叶绿素 d	红光和蓝紫光，700～750 nm	红藻、蓝藻
叶绿素 f	红外光波段，700～800 nm	藻青菌
细菌叶绿素	红光和蓝紫光，715～1050 nm	各种厌氧光合细菌

注：由于各参考文献给出的吸收波长存在差异，表中波长数值是综合后的结果。

二、分门别类，功能多样

1.叶绿素 a

叶绿素 a（$C_{55}H_{72}O_5N_4Mg$）的分子结构由 4 个吡咯环通过 4 个甲烯基连

接形成环状结构（卟啉），卟啉环中央结合 1 个镁原子，同时还具有 1 个植基（如叶绿醇）的"尾巴"，即最长的侧链。在酸性环境中，卟啉环中的镁可被 H 取代称为去镁叶绿素，呈褐色；当用铜或锌取代 H，其颜色又变为绿色。此种色素稳定，在光下不褪色，也不为酸所破坏，浸制植物标本的保存就是利用了此特性。在光合作用中，绝大部分叶绿素 a 的作用是吸收及传递光能，仅极少数叶绿素 a 分子起转换光能的作用。它们大都与类囊体膜上蛋白质结合在一起。虽然叶绿素 a 的吸收光谱主要集中在红光和蓝紫光，但最新的研究发现在某些藻类或突变的藻类中存在一些具有新特征的叶绿素 a，其共同点是最大吸收光谱的红移，即偏向红外光谱。在当今生态学研究中，普遍采用叶绿素 a 浓度作为浮游藻类分布的指标，用以衡量水体初级生产力、富营养化和污染程度，特别是作为富营养化的参数指标，被认为比总磷或总氮含量更具有参考意义。

2. 叶绿素 b

叶绿素 b（$C_{55}H_{70}O_6N_4Mg$）的分子结构和叶绿素 a 很相似，两者细微的不同之处在于叶绿素 b 分子结构上有 1 个醛基，而叶绿素 a 相同位置上则是 1 个甲基，因此叶绿素 b 更易溶于极性溶剂。

植物的光合作用包括光系统 I 和光系统 II，都由两种复合体构成，即核心复合物和捕光天线复合体。其中，捕光天线复合体能捕获光能并迅速传递至反应中心引起光化学反应。叶绿素 b 是构成捕光天线复合体的重要组成部分，不仅具有吸收和传递红光和蓝紫光的作用，而且在调控光合结构天线的大小、维持捕光天线复合体的稳定性及对各种环境的适应等过程中都起作用。有关叶绿素 b 缺失体及过度表达叶绿素 b 转基因植株的实验表明，叶绿素 b 影响类囊体膜色素蛋白或其他色素（如花青素）的表达、叶绿体超微结构、CO_2 的同化、淀粉的累积，从而最终影响光合作用效率。此外，科研人员还意外发现叶绿素 b 可以减轻抗癌药物顺铂对人体的不利影响，为抗癌研究提供了新的治疗方向。

3. 叶绿素 c

在绿色光合细菌的绿色体中，如硅藻和褐藻，不存在叶绿素 b，取而代之的是叶绿素 c。叶绿素 c 在这类生物中是一种非常重要的吸收光的色素。叶绿素 c 还可细分为 c1（$C_{35}H_{30}O_5N_4Mg$）、c2（$C_{35}H_{28}O_5N_4Mg$）和 c3 三个亚型，主要存在于低等藻类植物中。

叶绿素 c 分子骨架上碳原子的价电子已不为碳原子所占有，其电子轨道扩展到整个卟啉环，电子在整个分子中运动。与叶绿素 a 相比，其分子结构的最大特点是不存在植基的长侧链，而头部结构与叶绿素 a 相同。叶绿素 c1 和叶绿素 c2 的区别在于：C8 团的位置上叶绿素 c2 比叶绿素 c1 多了 1 个双键，而叶绿素 c3 的结构组成目前仍存争议。卟啉化合物的这种性质决定它在生命科学上的特殊位置。不管是植物还是动物，其生命活动中均离不开卟啉化合物。有关卟啉化合物的理化性质的研究越来越引起重视。一方面，利用叶绿素 c 分子独特性，使之成为非常好的分子标记，用于研究植物的进化过程及分析各类群间的亲缘关系；另一方面，用于光化学治疗恶性肿瘤的光敏药物大多为卟啉化合物。例如，血卟啉、脱镁叶绿素甲酯一酸 A 等，其原理为光敏药物和氧之间存在能量传递，使氧激发成为具有强烈氧化作用的氧，使肿瘤细胞致死。叶绿素 c 尤其是脱镁叶绿素 c 有望成为一种高效光化学恶性肿瘤治疗药物。

4. 叶绿素 d

1943 年，首次被报道的叶绿素 d（$C_{54}H_{70}O_6N_4Mg$）与叶绿素 a 在结构上相似，但 I 环（C3 团）上的乙烯基被醛基取代，从而其吸收峰值与叶绿素 a 相比向长波侧移动约 30 nm。叶绿素 d 主要存在于蓝藻中，如深海单细胞蓝藻以叶绿素 d 为主要的捕光色素，其几乎完全替代叶绿素 a 行使功能，利用叶绿素 a、b、c 不能利用的波长 700～750 nm 的近红外光线，从而适应阴暗的生存环境。日本科学家曾在《科学》杂志上称，叶绿素 d 在地球海洋与湖泊中广泛存在，可能是地球上碳循环的驱动力之一。他们估计，若将全球范围内叶绿素 d 吸收的二氧化碳换算成碳，每年可能约有 10 亿吨，相当于大气中平均每年二氧化碳增加量的 1/4。

5. 叶绿素 f

2010 年，华裔科学家陈敏博士在西澳大利亚鲨鱼湾的一种藻青菌菌落中偶然提取到这种叶绿素，将其命名为叶绿素 f。叶绿素 f 与叶绿素 a 相比其 C2 团的位置由醛基替代了甲基，并且 C3 团的位置多了 1 个双键。正是这个微小的化学修饰显著地改变了光学性质，使叶绿素f的吸收波长大约为760 nm，比叶绿素d的波长宽了20 nm左右。

作为第5种叶绿素为何不命名为e呢？因为1948年哈罗德·斯特兰在其未公开发表的一些数据中，提到了叶绿素e。同时，在1950—1970年的一些论著中也提到了叶绿素e，但是叶绿素e的特征并不明确，其化学结构和功能仍不确定。为了区别于它，因而将新发现的叶绿素命名叶绿素f，而真正的叶绿素e仍待发现。叶绿素f的吸收光谱更长，同样处于近红外区域，表明光合生物可以利用的光谱可能比之前认为的宽泛得多，光合效率也强得多。

6.细菌叶绿素

对于不释放氧的光合细菌而言，它们存在另一类叶绿素——细菌叶绿素（$C_{55}H_{74}O_6N_4Mg$）。细菌叶绿素分子通过中心Mg^{2+}和捕光蛋白上的His残基非共价的结合、大环的头部及叶绿醇尾部与类胡萝卜素的疏水键结合、细菌叶绿素分子之间或者细菌叶绿素和类胡萝卜素分子之间微弱的氢键相互作用等一系列相互作用力，构成了稳定的空间结构。

细菌叶绿素的研究在20世纪90年代引起很多科学家的兴趣，它与其他叶绿素相比最显著的不同是其最大吸收光谱均为700 nm以上的红外光线。所有光合细菌中都会存在细菌叶绿素a，紫色光合细菌中还含有细菌叶绿素b，此外还有其他类型的细菌叶绿素存在。

沉积物中的细菌叶绿素研究一直受到关注。厌氧光合细菌和细菌叶绿素能够在缺氧、黑暗的沉积环境中完美保存，是指示古环境、古生态以及古气候的重要指示物。因此，细菌叶绿素的研究可用于重建古湖泊、古海洋厌氧初级生产力状况、恢复湖泊以及海洋生态系统的碳循环历史等古环境的研究以及分析古生态环境的进化历程。随着分子同位素测定技术的发展，以及对细菌叶绿素生物地球化学特性的更多了解，沉积物中细菌叶绿素将被更广泛地运用到古环境、古气候和古生态等研究中去。

综上所述，叶绿素分子具有丰富的多样性，是生物在漫长的进化过程中适应不同环境的结果。叶绿素的多样性可作为遗传标记，为研究植物的进化历程提供有力的线索和依据，在医疗卫生、食品等行业，叶绿素也发挥着巨大用途。叶绿素作为一种抗肿瘤药物已经尝试使用多年；近年来的研究发现，叶绿素具有抗丙型肝炎病毒，抗寄生虫及抗炎症等功能；在从苜蓿等植物中提取得到的油溶性铜代叶绿素、水溶性叶绿素铜钠盐是无毒天然色素，可作为色素添加剂用于食品和化妆品；此外，叶绿素衍生物及其代谢产物的应用更是数不胜数。

从叶绿素中我们可以窥视生物世界的多彩和神奇，随着时间的推移和科技的进步，可能有更多种类的叶绿素被发现，而其具有的广泛用途也必将更好地造福社会。

学与教建议

本节内容对应的是《普通高中生物学课程标准（2017年版2020年修订）》中课程内容必修课程的"概念2 细胞的生存需要能量和营养物质，并通过分裂实现增殖"，"2.2 细胞的功能绝大多数基于化学反应，这些反应发生在细胞的特定区域"，"2.2.3 说明植物细胞的叶绿体从太阳光中捕获能量，这些能量在二氧化碳和水转变为糖与氧气的过程中，转换并储存为糖分子中的化学能"。为帮助学生达成对必修课程概念2的理解，促进学生生物学学科核心素养的提升，应开展"提取和分离叶绿体色素"的教学活动。在"学业要求"中要求学生能够"从物质与能量视角，探索光合作用与呼吸作用，阐明细胞生命活动中贯穿物质与能量的变化（生命观念、科学思维、科学探究）"。"学业质量水平"要求：水平2-3"能提出分子与细胞、遗传与进化等相关的生物学问题；能熟练地使用常见的实验器具，制订简单的实验方案或在给出的多个方案中选取恰当的方案并实施，如实记录实验数据，并分析各项数据，得出合理的结论；能与他人合作开展探究活动，规范撰写实验报告，与他人交流所得结果和存在的问题"。水平3-1"能运用进化与适应观举例说明生物的多样性与统一性，以及与环境的关系；在特定的问题环境中，能以生命观念为指导，分析生命现象，探讨生命活动的规律"。水平3-4"形成珍爱生命、人与自然和谐共处的观念，养成保护环境、维护生态平衡的行为习惯，积极参与绿色家庭、绿色学校、绿色社区等行动，并提出人与环境和谐共处的一些建议"。

探究植物光合作用中叶绿素，在科学史上占有重要地位，主要涉及人教版《普通高中教科书 生物学 必修1分子与细胞》第5章第4节第一部分捕获光能的色素和结构中的实验内容，是理解高中生物学重难点。在教材"探究实践"中有实验"绿叶中色素的提取和分离"，在课前可做大量预实验，扩展不同植物的叶片提取与分离的实验，观察现象，发现自然界植物色彩的奥秘。用科学史导入，将其观贯穿整节课，学生能够沿着科学家的思路与方法去探究。课后进行拓展，掌握纸层析法提取分离色素的原理的同时，研究不同材料中色素种类相同但色素含量不同的现象，体会生物界的统一性和多样性，并进一步思考低温调节可能对光合色素中的叶绿素有分解作用，有条件的学校可利用分光光度计测定色素含量，将定性实验改为定量实验。利用小实验既激发学生探究欲望，又拓宽学生视野，学会用相同的思路去探究其他事物，更重要的是理解科学方法与技能，提高学生的生物学学科核心素养。

科学本质维度分析

表1-3-2　科学知识的本质维度分析

本质	维度分析	实例
认识性	世界是可以被认识的,科学是对客观世界的解释	提取和分离绿叶中的色素,说明植物捕获光能、传递和固定能量的原理是可以认识的
相对性	科学知识不是绝对真理,是暂时性与持久性的统一	在相当长的一段时间内,人们认为叶绿素只包括结构相似的四种类型,即叶绿素a、叶绿素b、叶绿素c和叶绿素d。近年来,科研工作者发现了第5种叶绿素——叶绿素f,而后续发现的细菌叶绿素,其种类更多,分为细菌叶绿素a、b、c、d、e、f、g等

续　表

本质	维度分析	实例
相对性	科学知识不是绝对真理,是暂时性与持久性的统一	叶绿素a的吸收光谱主要集中在蓝紫光和红光,而最新的研究发现在某些藻类或突变的藻类中存在一些具有新特征的叶绿素a,其共同点都是最大吸收光谱的红移,即偏向红外光谱
累积性	科学知识是长期积累的结果	德国化学家韦尔斯泰特经过10年的艰苦努力,采用了当时最先进的色层分离法并耗费成吨的绿叶,终于寻觅到其中的神秘捕光物质——叶绿素 研究发现叶绿素包括结构相似的四种类型,即叶绿素a、叶绿素b、叶绿素c和叶绿素d 近年来,科研工作者发现第5种叶绿素——叶绿素f。后续发现的细菌叶绿素,其种类更多,分为细菌叶绿素a、b、c、d、e、f、g等
重复性	科学理论的研究过程应该是可以重复的	德国化学家韦尔斯泰特经过10年的艰苦努力,采用当时最先进的色层分离法并耗费成吨的绿叶,后续人们通过改进纸层析法分离不同种类叶片的色素
公开性	科学成果应公开,接受批判,并得到科学共同体的确认	每一位科学家都应该将自己的科学成果公开交流讨论,接受人们的评价、指正
局限性	科学不能为所有问题提供完美的解决方案	自然界生物中仍有科学家未探索到的叶绿素种类。例如,2010年华裔科学家陈敏博士在西澳大利亚鲨鱼湾的一种藻青菌菌落中偶然提取到叶绿素f。作为第5种叶绿素为何不命名为e呢? 因为1948年哈罗德·斯特兰在其未公开发表的一些数据和1950—1970年的一些论著中,提到了叶绿素e,但是叶绿素e的特征并不明确,它的化学结构和功能仍不确定,为了区别它,因此将新发现的叶绿素命名叶绿素f,而真正的叶绿素e仍待发现

表 1-3-3　科学探究的本质维度分析

本质	维度分析	实例
实证性	科学的正确性决定于观察和实验的检验	德国化学家韦尔斯泰特经过10年的艰苦努力,采用当时最先进的色层分离法并耗费成吨的绿叶,终于寻觅到其中的神秘捕光物质——叶绿素,证实叶片中有能捕获光能的色素 不同种类叶绿素之间的结构差异很小,但却形成了不同的吸收光谱,证实不同叶绿素生物的生存与进化也不同 叶绿素b缺失及过度表达叶绿素b的转基因植株实验证实,其影响类囊体膜色素蛋白或其他色素(如花青素)的表达、叶绿体超微结构、CO_2的同化、淀粉的累积,从而最终影响光合作用效率

本质	维度分析	实例
实证性	科学的正确性决定于观察和实验的检验	叶绿素f的吸收光谱更长,同样是处于近红外区域,这证实光合生物可以利用的光谱可能比之前认为的宽泛得多,光合效率也强得多
归纳性	科学始于观察,科学知识主要来自对观察的归纳	科学家们通过大量观察实验提取和分离叶片中色素,指出叶绿素是深绿色光合色素的总称,广泛存在于绿色植物及藻类当中,而在某些动物体中也发现存在叶绿素,如绿眼虫、部分共生海绵、海蜗牛等
创造性	科学是人类推理、想象和创造力的产物	叶绿素不止存在于高等植物的叶片中,近些年科学家们发现了细菌叶绿素,其种类更多,分为细菌叶绿素a、b、c、d、e、f、g等 利用叶绿素a具有在光下不褪色,也不为酸所破坏的稳定性,所以用于保存浸制植物标本 科研人员意外发现叶绿素b可以减轻抗癌药物顺铂对人体的不利影响,这为抗癌研究提供了新的治疗方向
预见性	科学具有预见性,可以根据观察和理论进行假说	叶绿素作为一种抗肿瘤药物已经尝试使用多年,近年来的研究发现,叶绿素具有抗丙型肝炎病毒、抗寄生虫及抗炎症等功能
非固定性	尽管科学研究的一些基本方法是相似的,但是学科知识背景和问题不完全固定,同一问题有不同的解决办法	研磨法、试剂浸泡法都可以提取和分离绿叶中的色素,分光光度计可以测量色素的含量,并且叶绿素溶液吸收峰的峰值和不同提取液对植物叶绿素的提取能力随提取液的不同而不同
非权威性	科学研究不依仗权威,没有一个科学家可以代表绝对真理,要有怀疑精神	叶绿素不止存在于高等植物的叶片中,近些年科学家们发现了细菌叶绿素,其种类更多,分为细菌叶绿素a、b、c、d、e、f、g等 提取和分离绿叶中色素的方法不止最初的研磨法,还有试剂浸泡法等
非绝对客观性	科学受科学家文化背景、信仰和看待事物方式等的影响;科学观察依赖理论的指导,这都难保证观察和研究的客观性	—

表1-3-4　科学事业的本质维度分析

本质	维度分析	实例
科学与道德	科学研究中有普遍接受的道德规范	每一位科学家都应该将自己的科学成果公开交流讨论,接受人们的评价、指正
科学与技术	科学与技术是有区别的,科学与技术可以相互作用	分光光度法能够测量叶绿素的含量,进而掌握不同种类植物含有叶绿素的分布情况及最大吸收光带和波长,探究它们不同的化学结构、功能特点和实践应用;叶绿素类别的发现离不开物理、化学、生物交叉研究成果的支持
科学与社会	科学与社会密切相关,总体上给人类带来了福音,但也会产生不良后果	当今生态学研究中,普遍采用以叶绿素a浓度作为浮游藻类分布的指标及衡量水体初级生产力、富营养化和污染程度的基本指标 科研人员意外发现叶绿素b可以减轻抗癌药物顺铂对人体的不利影响,这为抗癌研究提供了新的治疗方向 叶绿素c尤其是脱镁叶绿素c,可望成为一种高效光化学恶性肿瘤治疗药物 叶绿素d在地球海洋与湖泊中广泛存在,这种叶绿素可能是地球上碳循环的驱动力之一
科学家身份	科学家也是公民,会运用科学知识来解决公众事务问题	—

思考与运用

1. 不同类别的叶绿素对光吸收有什么差别?

2. 能否设计实验来提取和分离水果、蔬菜或花瓣中的色素?它们和绿叶中的色素有什么差别?

第4节　科曼和弗里德曼寻找"瘦"的秘方

科学谜团

　　脂肪是脂质的一种，存在所有细胞中，是组成细胞和生物体的重要有机化合物。脂肪是细胞内良好的储能物质，还能起到保温、缓冲和减压等作用。但提起脂肪，大多数人都会想到肥胖、高血压等不好的方面，那么脂肪和肥胖究竟有什么关系？如何有效"治疗肥胖"？瘦素是不是治疗肥胖的灵丹妙药呢？

　　现代人崇尚"纤瘦美"。肥胖是由于机体脂类代谢紊乱引起的一种脂肪堆积过多的现象，可引发多种疾病的发生，严重影响现代人的生活质量。实际上，身体内的各种物质各司其职，即使被很多人厌恶的脂肪，也在人体的正常运作中扮演重要作用。脂肪层能够保护脏器，维持体温，甚至在免疫过程中发挥重要作用。研究指出，分化中的皮下脂肪组织能够分泌一种抗菌肽，杀死金黄色葡萄球菌。有关肥胖的科学研究是在五十多年前悄然开始的，许多科学家为此付出了极大的心血，其中以道尔拉斯·科曼和杰弗瑞·弗里德曼（简称"科曼"和"弗里德曼"）的研究奠定了今日肥胖研究的根基。回顾这段研究历史，可以让我们获得对肥胖更加科学的认识。

一、脂肪与肥胖的关系

　　肥胖的基本特征是脂肪组织增多，而脂肪细胞的体积和数目是脂肪组织重量的主要因素。因此，可以把肥胖分为两种类型：增殖型肥胖和肥大型肥胖。因脂肪细胞数目增多而发生的肥胖的称为增殖型肥胖，以脂肪细胞体积增大而发生的肥胖称为肥大型肥胖。一般来说，成年期发生的肥胖多为肥大型，青春期、幼儿期发生的肥胖多为增殖型。

研究证明，成熟脂肪细胞内的脂肪含量对于一个人体内脂肪组织的多少很重要。换句话说，肥胖者之所以胖，很大程度上是因为他们体内的脂肪细胞更"胖"、体积更大，含有更多油脂。那肥胖与脂肪数量就一点关系没有吗？瑞典的斯波尔丁博士和她的团队数年来致力于脂肪细胞的研究，她们的研究成果已经发表在 *Nature* 上。斯波尔丁收集了一些人的体内脂肪含量及脂肪细胞体积的数据，并建立了模型。假如脂肪细胞体积是唯一决定性因素，那么脂肪含量与脂肪细胞体积之间应该呈线性关系，但结果是这两者之间确实相关，可并非线性关系。据此斯波尔丁提出，一个人体内脂肪量的多少，不仅仅与脂肪细胞的"质"（含有多少油脂）有关，脂肪细胞的"量"也至少起着一定的作用。

尽管脂肪细胞肥大是导致肥胖的重要因素，但真正决定成年人脂肪组织重量的是脂肪细胞数目。从这个角度看，控制脂肪细胞数目的增加，才能取得良好的减肥效果。目前认为，规律的体育锻炼和控制饮食仍然是控制肥胖的两个最基础手段。但对于以脂肪细胞数目增多为特征的增生型肥胖者而言，单纯的运动减肥效果非常有限，因为脂肪细胞的最终数目是在青少年时期形成的，成年后脂肪细胞数目保持相对恒定。目前尚缺乏肥胖治疗的有效手段，因此探索肥胖的发生机制并寻找新的治疗药物具有十分重要的意义，瘦素的发现无疑是肥胖研究领域的一项重大突破。

二、天才科曼"连体实验"预测食欲抑制因子的存在

1958 年，科曼从美国威斯康星大学博士毕业后，进入杰克逊实验室做临时工。杰克逊实验室以小鼠遗传资源闻名于世，从 1929 年建立就致力于发展标准化小鼠遗传学模型。科曼在一次实验中，偶然发现两种体型异常肥硕的黑色小老鼠，起名叫 ob（肥胖）和 db（糖尿病）。两种小鼠体重可长到普通老鼠的三倍，有着极其肥大的脂肪储备，像人类肥胖症患者一样有短命、高血糖等问题。

1973 年，科曼借鉴赫维的联体实验思路，利用手术将两只小鼠从腹

侧面进行联体，通过精巧的三组实验，科曼发现ob与db小鼠虽然表现相似，但发病原因大不相同。首先，正常小鼠与ob小鼠联体后，正常小鼠的食欲无大改变，而ob小鼠的食欲则明显下降，体重也随之下降到正常；但将正常小鼠或ob小鼠与db小鼠联体后，其食欲却会直线下降，直到几乎不进食的程度。若不进行人工干预，最终可导致正常小鼠或ob小鼠饥饿而死，而db小鼠则没有明显改变。科曼据此推测，正常小鼠体内应该存在一种神秘的食欲抑制因子以及识别该因子的受体，从而引起食欲抑制这个生物学效应。ob小鼠缺乏识别该因子的受体，而db小鼠的食欲抑制因子异常。当ob小鼠获得这种受体后，食欲下降，若从db小鼠获得过多的食欲抑制因子后，甚至会饿死。这个实验结果为肥胖研究深入分子层次指出了一条重要道路。在后来的十几年时间里，科曼利用各种生物化学的方法，试图发现这种假想中的食欲抑制因子，但直到1993年科曼退休，也未获得成功。

三、弗里德曼经过8年探索终于找到瘦素

1954年7月20日，弗里德曼出生于美国佛罗里达州的奥兰多市。1971年，弗里德曼从休利特高中毕业，进入纽约伦斯勒理工学院学习。1977年，弗里德曼毕业后开始在美国联合大学纽约奥尔巴尼医学院完成学业，随后在奥尔巴尼医学中心医院进行了2个住院实习的临床锻炼，此外于1980年在康奈尔大学医学院进行一年的学习。弗里德曼最初所学专业为内科，重点在肠胃病学，然而在医学院学习和后来医院实习期间，他还参与了一定量的科学研究，如饮食中食盐含量对血压的调节作用。这些经历使弗里德曼逐渐对科研产生了浓厚兴趣。同时，在医学院的一位导师认为弗里德曼拥有科研资质，建议他去基础科学实验室进行相关的培训。随后，弗里德曼进入洛克菲勒大学进行博士后研究。

1986年，弗里德曼完成博士后研究并留在洛克菲勒大学担任助理教授，建立了自己的实验室，开始系统寻找导致ob/db小鼠肥胖的突变基因。在随后的8年时间中，弗里德曼坚持不懈地对这个问题进行探索，在经历了多次失败后，终于在1994年5月8日从小鼠第6号染色体上寻找到

突变的目的基因并成功将其克隆，证明该基因突变与小鼠肥胖发生相关，将其称为 ob 基因。该结果刊登在1994年年底的 *Nature* 杂志上，被认为是脂肪代谢研究领域中具有里程碑意义的重要发现。它将体重调节的研究引入分子生物学时代，进一步完善和发展肥胖医学的相关理论，充实人们对于肥胖等能量失调机理的认识。

随后科学家展开对瘦素及生理机制的全面深入研究，在英国一位极度超重的病人体内鉴定出瘦素的基因突变，当给这名患者注射瘦素后能显著减少食物摄取，从而减轻体重，这说明小鼠瘦素调节机制同样适用人类。后来又在一些肥胖人群中鉴定出瘦素基因突变，进一步说明瘦素可抑制人的体重增加。

四、瘦素远不是能否作为减肥药那么简单

弗里德曼虽然在一期临床研究发现瘦素对某些肥胖症患者有用，但二期扩大的临床实践证明，瘦素的作用和安慰剂没有差别。临床实践说明，大多数人的肥胖都和瘦素的分泌无关，只有极少数遗传性肥胖患者（目前为止仅发现十多个病例），补充瘦素后效果显著。而到目前为止，也几乎没有研究人员发现，肥胖症患者的瘦素受体有什么缺陷（仅发现1例）。

人们遗憾地发现瘦素及瘦素受体的基因突变在肥胖人群中罕见，并且对未发生瘦素突变的肥胖病人注射瘦素无法实现减轻体重的目的。此外许多肥胖病人体内拥有大量瘦素但仍无法抑制食欲和减轻体重，因此需要深入研究大多数肥胖病人对瘦素抵抗的分子机制。弗里德曼实验室发现与拥有肥胖倾向的动物相反，增加了瘦素产生可以满足食物摄取需求。这项发现改变人们对肥胖发生机制的理解，发现拥有瘦素抵抗的肥胖人群可通过开发增强瘦素反应的化合物来实现治疗目的。

瘦素虽然不是治疗肥胖的灵丹妙药，但自其发现以来，研究文献已累计数千篇之多。瘦素受体在大脑脉络丛、下丘脑、肝脏、胰脏、肺脏及肾脏等多个部位均有发现，这也暗示着瘦素的作用远远不止调节体重那么简单。研究还发现，瘦素不仅参与了食物摄取调节，而且还在生殖、代谢、其他内分泌系统甚至免疫系统中发挥了重要作用。目前瘦素已被

用于治疗多种瘦素含量过低引发的疾病，如部分类型的糖尿病和下丘脑闭经等，其中下丘脑闭经是女性不育最常见原因之一，瘦素治疗可显著恢复这些病人的生殖功能。

虽然瘦素分子还有很多机制尚未被挖掘，但这并不影响科曼和弗里德曼享誉全球，使他们成为生物科学史上的传奇人物。

学与教建议

本节内容对应的是《普通高中生物学课程标准（2017年版2020年修订）》中课程内容必修课程的"概念1 细胞是生物体结构与生命活动的基本单位"，"1.1 细胞由多种多样的分子组成，包括水、无机盐、糖类、脂质、蛋白质和核酸等，其中蛋白质和核酸是两类最重要的生物大分子"，"1.1.5 举例说出不同种类的脂质对维持细胞结构和功能有重要作用"。为帮助学生达成对概念1的理解，促进学生生物学学科核心素养的提升，应开展"检测生物组织中的还原糖、脂肪和蛋白质"。在"学业要求"中要求学生"从结构与功能相适应这一视角，解释细胞由多种多样的分子组成，这些分子是细胞执行各项生命活动的物质基础（生命观念、科学思维）"。"学业质量水平"要求：水平1-1"能初步以结构与功能观、物质与能量观等观念，说出生物体组成结构和功能之间的关系"；水平2-2"针对生物学相关问题，能运用科学思维方法展开探讨；在面对有争议的社会议题时，能利用生物学重要概念或原理，通过逻辑推理阐明个人立场"；水平2-4"养成健康文明的生活方式，远离毒品，并能抵制封建迷信和伪科学"。

关于科曼和弗里德曼探寻瘦素的内容主要涉及人教版《普通高中教科书 生物学 必修1分子与细胞》第2章第3节的内容，主要帮助学生理解脂质中脂肪的结构和功能，以及脂肪与肥胖之间的关系，纠正学生的错误观念。结合教材"思考与讨论"，引出肥胖等健康问题与脂质之间的关系，进而介绍科曼和弗里德曼探寻瘦素的曲折历程。在教学中，教师应帮助学生理解脂质是细胞结构组成之一及其多样性，发展学生对生命物质性的认识。紧密结合学生的生活实际，从学生熟悉的生活事例入手，合理选择教学策略，组织学生开展脂肪与人体健康的讨论，让学生认识到脂肪对于细胞和生物体重要作用的同时，也要了解脂肪过多可能造成的危害，纠正学生一些不良的生活习惯与错误认识，提高健康和自我保健的意识。

科学本质维度分析

表1-4-1 科学知识的本质维度分析

本质	维度分析	实例
认识性	世界是可以被认识的，科学是对客观世界的解释	通过科曼和弗里德曼探寻瘦素的曲折历程，深入地认识脂质中脂肪的结构和作用，以及瘦素与肥胖的关系
相对性	科学知识不是绝对真理，是暂时性与持久性的统一	弗里德曼在1994年5月8日从小鼠第6号染色体上寻找到突变的目的基因并成功将其克隆，证明该基因突变与小鼠肥胖发生相关，将其称为ob基因，被认为是脂肪代谢研究领域中具有里程碑意义的重要发现。但随后的临床实践证明，瘦素的作用和安慰剂没有差别。瘦素虽然不是治疗肥胖的灵丹妙药，但在生殖、代谢、其他内分泌系统甚至免疫系统都发挥了重要作用
累积性	科学知识是长期积累的结果	研究证明，成熟脂肪细胞内的脂肪含量对于一个人体内脂肪组织的多少很重要 斯波尔丁收集了一些人的体内脂肪含量及脂肪细胞体积的数据，并建立了模型，提出一个人体内脂肪量的多少，不仅仅与脂肪细胞的"质"（含有多少油脂）有关，脂肪细胞的"量"也至少起着一定的作用 科曼根据实验观察推测，小鼠体内应该存在一种神秘的食欲抑制因子以及识别该因子的受体将引起食欲抑制这个生物学效应。在后来的十几年时间里，科曼利用各种生物化学的方法，试图发现这种假想中的食欲抑制因子，但直到1993年科曼退休，也未获得成功

本质	维度分析	实例
累积性	科学知识是长期积累的结果	弗里德曼在1994年5月8日从小鼠第6号染色体上寻找到突变的目的基因并成功将其克隆,证明该基因突变与小鼠肥胖发生相关,将其称为ob基因 随后科学家展开了对瘦素及生理机制的全面深入研究,得出小鼠瘦素调节机制同样适用于人类。随后的临床实践说明,大多数人的肥胖都和瘦素的分泌无关,只有极少数遗传性肥胖患者,补充瘦素后效果显著
重复性	科学理论的研究过程应该是可以重复的	弗里德曼在1994年5月8日从小鼠第6号染色体上寻找到突变的目的基因并成功将其克隆,证明该基因突变与小鼠肥胖发生相关,将其称为ob基因,随后科学家展开了对瘦素及生理机制的全面深入研究,并将其用于临床实践
公开性	科学成果应公开,接受批判,并得到科学共同体的确认	每一位科学家都应该将自己的科学成果公开交流讨论,接受人们的评价、指正
局限性	科学不能为所有问题提供完美的解决方案	人们遗憾地发现瘦素及瘦素受体的基因突变在肥胖人群中罕见,并且对未发生瘦素突变的肥胖病人注射瘦素无法实现减轻体重的目的。此外,许多肥胖病人体内拥有大量瘦素但仍无法抑制饮食和减轻体重,因此需要深入研究大多数肥胖病人对瘦素抵抗的分子机制。瘦素分子还有很多机制尚未被挖掘

表1-4-2　科学探究的本质维度分析

本质	维度分析	实例
实证性	科学的正确性决定于观察和实验的检验	1973年,科曼借鉴赫维的联体实验思路,利用手术将两只小鼠从腹侧面进行联体,通过精巧的三组实验,科曼发现ob与db小鼠虽然表现相似,但发病原因大不相同。首先,正常小鼠与ob小鼠联体后,正常小鼠的食欲无大改变,而ob小鼠的食欲则明显下降,体重也随之下降到正常;但将正常小鼠或ob小鼠与db小鼠联体后,其食欲却会直线下降,直到几乎不进食的程度,若不进行人工干预,最终可导致正常小鼠或ob小鼠饥饿而死,而db小鼠则没有明显改变。科曼据此推测,小鼠体内应该存在一种神秘的食欲抑制因子,以及识别该因子的受体引起食欲抑制这个生物学效应

续　表

本质	维度分析	实例
归纳性	科学始于观察,科学知识主要来自对观察的归纳	科曼在一次实验中,偶然观察发现两种体型异常肥硕的黑色小老鼠,起名叫ob(肥胖)和db(糖尿病),随后进行实验试图发现这种假想中的食欲抑制因子。1994年弗里德曼终于从小鼠第6号染色体上寻找到突变的目的基因并成功将其克隆,证明该基因突变与小鼠肥胖发生相关,将其称为ob基因
创造性	科学是人类推理、想象和创造力的产物	目前尚缺乏肥胖治疗的有效手段,因此探索肥胖的发生机制并寻找新的治疗药物具有十分重要的意义,瘦素的发现无疑是肥胖研究领域的一项重大突破
预见性	科学具有预见性,可以根据观察和理论进行假说	科曼在一次实验中,偶然发现两种体型异常肥硕的黑色小老鼠,起名叫ob(肥胖)和db(糖尿病)。1973年,科曼借鉴赫维的联体实验思路,利用手术将两只小鼠从腹侧面进行联体,通过精巧的三组实验,科曼发现ob与db小鼠虽然表现相似,但发病原因大不相同。科曼据此推测,小鼠体内应该存在一种神秘的食欲抑制因子以及识别该因子的受体引起食欲抑制这个生物学效应
非固定性	尽管科学研究的一些基本方法是相似的,但是学科知识背景和问题不完全固定,同一问题有不同的解决办法	—
非权威性	科学研究不依仗权威,没有一个科学家可以代表绝对真理,要有怀疑精神	正是因为弗里德曼和众多科学家有着怀疑和批判精神,总结前人的研究,创新自己的实验,不断进行实践探索,才能得出瘦素和肥胖之间关系的正确结论,以及瘦素的诸多作用
非绝对客观性	科学受科学家文化背景、信仰和看待事物方式等的影响;科学观察依赖理论的指导,这都难保证观察和研究的客观性	弗里德曼最初所学专业为内科,重点在肠胃病学,然而在医学院学习和后来医院实习期间,他还参与了一定量的科学研究。这些经历使弗里德曼逐渐对科研产生了浓厚兴趣。同时,在医学院时的一位导师认为弗里德曼拥有科研资质,并建议他去基础科学实验室进行相关的培训。弗里德曼完成博士后研究并留在洛克菲勒大学担任助理教授,建立自己的实验室,基于之前的医学背景开始系统寻找导致ob/db小鼠肥胖的突变基因

表 1-4-3　科学事业的本质维度分析

本质	维度分析	实例
科学与道德	科学研究中有普遍接受的道德规范	科学家在进行科研工作时坚持不懈，永不气馁。科曼一直致力于寻找 ob 基因，直到退休；8 年时间中，弗里德曼坚持不懈地对这个问题进行探索，在经历了多次失败后终于在 1994 年 5 月 8 日从小鼠第 6 号染色体上寻找到突变的目的基因并成功将其克隆，证明该基因突变与小鼠肥胖发生相关，将其称为 ob 基因
科学与技术	科学与技术是有区别的，科学与技术可以相互作用	科曼能够推测出小鼠体内应该存在一种神秘的食欲抑制因子，以及识别该因子的受体引起食欲抑制得益于杰克逊实验室小鼠遗传资源和赫维的联体实验思路
科学与社会	科学与社会密切相关，总体上给人类带来了福音，但也会产生不良后果	目前瘦素已被用于治疗多种瘦素含量过低引发的疾病，如部分类型的糖尿病和下丘脑闭经等，其中下丘脑闭经是女性不育最常见原因之一，瘦素治疗可显著恢复这些病人的生殖功能
科学家身份	科学家也是公民，会运用科学知识来解决公众事务问题	弗里德曼的相关研究成功将体重调节的研究引入分子生物学时代，进一步充实人们对于肥胖等能量失调的机理的认识

思考与运用

1.脂肪和肥胖之间究竟有什么关系，如何更加健康地生活？

2.瘦素是如何被发现的？它能有效治疗肥胖吗？

第5节 桑格造就诺贝尔奖神话

科学谜团

　　早在19世纪初，人们就已经认识到，证明一种物质的分子结构最直接的方法，是在实验室中直接合成这种分子。蛋白质是生命活动的主要承担者，其种类和功能的多样性与它的组成和结构息息相关。如何快速、准确地合成蛋白质呢？氨基酸是组成蛋白质的基本单位，所以要想合成蛋白质，首先要弄清氨基酸的排列顺序。那么蛋白质的结构究竟是怎样的？谁是第一个完成完整氨基酸测序工作的科学家？测序过程中用到哪些先进的研究技术？后续又进行了哪些科研工作？这些工作对生命科学领域研究产生哪些重大影响？

　　弗雷德里克·桑格（简称"桑格"），英国著名的生物化学家。1958年，因完整确定胰岛素内的氨基酸序列，且证明蛋白质具有明确构造，而获得他个人首个诺贝尔化学奖；1980年，桑格发明快速测定DNA序列的"双脱氧链终止法"，这种方法除了对生物技术药物的发展至关重要，也为之后的科学家解码人体所有基因提供了最基本的解读工具，因而再次获得诺贝尔化学奖。目前，桑格是唯一一位两次荣获诺贝尔化学奖的科学家。桑格的发明奠定了分子生物学研究的基础，推动生命科学的快速发展。因此，桑格是少有的对多学科发展均产生广泛影响的科学巨人之一，是当之无愧的"基因学之父"。

一、良好的教育为成功提供平台

　　1918年8月13日，桑格出生在英格兰格洛斯特郡一个村庄。父亲是一位医生，曾在中国进行医疗传教，因健康原因回国，母亲来自富裕的贵族家庭，是贵格会的信徒。这使桑格从小接受良好的教育，在一个宽松的家庭环境下成长。受父亲的影响，他与哥哥经常一起采集和制作动植物标本，阅读生物学方面的科普书籍。桑格最初的理想是像他的父亲一样成为一名医生，但是在后续的成长中，其兴趣逐渐偏向科学研究。

1934年，桑格进入剑桥大学圣约翰学院。在这里，他偶然接触到一门从未听说过的课程——生物化学，顿时引起他的注意。生物学的概念能够用化学术语解释，令他极为兴奋。对生物化学的深入理解使桑格相信，此学科能为解决医学问题提供重要的手段。于是，在大学最后一个学年里，他如愿以偿地完成生物化学的学习，并获得优等学分。此时的桑格觉得自己智力方面不太突出，也不善于理论分析，但却是一名实验高手。

桑格获理学学士毕业后不久，第二次世界大战爆发了。作为贵格会的信徒，他得以免除兵役。他继续留在剑桥大学学习高等生物化学课程，一有机会就在生物化学实验室熟悉各种基本实验的操作。1940—1943年，桑格在剑桥大学开始博士阶段学习，以《赖氨酸的代谢》论文获博士学位。博士毕业继续留在剑桥的桑格转到奇布诺尔实验室。阿尔伯特·查尔斯·奇布诺尔为桑格提供实验平台，鼓励他自由选择课题，特别建议他寻找确定胰岛素末端氨基的方法，桑格开始了真正意义上的科研生涯。

1943年，已确定构成蛋白质的天然氨基酸共20种，但是这些氨基酸构成的蛋白质种类则是天文数字。当时特定位置（如C端或N端）氨基酸的测定方法非常有限，年仅25岁的桑格以初生牛犊不畏虎的精神，决定对这一重大难题进行攻克。

二、胰岛素测序铸造辉煌学术成果

桑格开始对胰岛素进行化学分析，测定胰岛素的一级结构。为确定胰岛素中的氨基酸排列，桑格通过研究，找到2，4-二硝基氟苯试剂（DNFB，后人以他的名字将其命名为桑格试剂），给蛋白质一端的氨基酸着色、切割，然后用纸层析分离法测定氨基酸，最终推断出牛胰岛素的完整序列。

桑格通过破坏牛胰岛素二硫键而获得两条链，即具有酸性的 A 链和具有碱性的 B 链。1951 年，桑格首先对 B 链进行部分酸处理或胃蛋白酶处理，随后用电泳、离子交换层析及活性炭吸附等方法，获得含有 5～20 个氨基酸的肽段，再利用双向纸层析分离，结合氨基酸组成分析及 N 端分析，确定短片段氨基酸顺序，最后以多个短段序列，利用重叠法获得胰岛素 B 链氨基酸序列。1953 年，桑格完成 A 链 21 个氨基酸的全序列测定。1955 年，桑格克服水解过程中二硫键交换、水解、酶解后产物分离复杂等一系列难题，经过两年的艰苦努力，完成了二硫键位置的确定。从 1943 年桑格着手研究胰岛素到 1955 年解析胰岛素的精确结构，前后跨越了 12 年时间。桑格及其学生和助手通过不懈努力与艰苦奋斗，最终完成了这一重大任务。

这是人类历史上第一次完整地描述出一个蛋白质大分子中氨基酸的顺序，为其他蛋白质结构的测定奠定了基础，从而使结构分析成为蛋白质研究的基本内容之一。胰岛素结构研究具有深远的意义，它使人们对蛋白质有了新的认识，鉴于蛋白质在生命活动中的重要性，因此也为人们研究生命机制提供了重要帮助。桑格的成就为进一步探索蛋白质结构打开了一扇大门。

桑格因为发现测定胰岛素一级结构的方法，而独享 1958 年的诺贝尔化学奖。他曾多次表示，第一次诺贝尔奖的获得对他之后的学术生涯有着重要的激励作用。这次获奖给了他更多自信和热情，支持他继续以自己喜欢的方式进行科学研究。

三、核酸测序研究再次摘得诺贝尔奖桂冠

20 世纪 60 年代初，核酸测序是一项重大的挑战。1962 年，桑格加入新成立的英国医学研究理事会分子生物学实验室，并出任蛋白质化学部门的主管。这次变动对桑格的科研具有重要意义，促使他的研究方向从蛋白质转向核酸，也让他日后结下新的诺贝尔奖之缘。从研究蛋白质转向核酸，看起来是一个大的变动，但对于测序基本问题的关注是相同的。

桑格开始着手与 RNA 有关的实验。他先选择长度较短的大肠杆菌

5SrRNA（120个核苷酸）进行研究。利用类似蛋白质测序的方法，首先用同位素标记RNA，RNA酶进行部分水解，再用双向法先电泳后离子交换层析进行分离，最后用放射自显影技术检测相应片段，最终于1967年完成测序。这是自1955年以来的又一重大突破。5SrRNA测序完成后，桑格开始DNA测序，而相关的研究几乎一片空白。在研究DNA序列分析过程中，桑格发明了许多测定DNA序列的快速而简便的方法，如DNA序列分析的加减测序法和双脱氧链末端终止法等。加减测序法从思维上是一次极大的飞跃，它放弃裂解法思维而改用复制法（又称酶法），这种改进使测序过程较传统方法快速和便捷。经过两年努力，终于在1977年，桑格和同事们完成对含有5 375个核苷酸的噬菌体DNA序列的测定，之后他们又完成对人类线粒体DNA序列和lambda噬菌体DNA序列的测定。正因为对核酸基本序列测定所作出的贡献，桑格和另一位独立发展出DNA测序方法的科学家吉尔伯特共同分享了1980年的诺贝尔化学奖。

1986年，胡德在桑格法的基础上用四色荧光代替同位素，从而实现DNA测序的自动化，在"人类基因组计划"的完成过程中发挥了关键性作用。尽管桑格测序DNA的方法已被更快速、更低廉的基因组测序方法所取代，但在短片段测序方面，桑格法仍是标准方法。

四、两获诺贝尔奖，培养3位诺贝尔奖获得者

桑格不仅自己在研究蛋白质的过程中获得诺贝尔奖，这期间还培养出第一个获得诺贝尔奖的学生。波特是桑格培养的第一位博士，他一方面帮助桑格进行胰岛素测序，另一方面还熟悉蛋白质N端氨基酸的测序，并将其应用于抗体结构的研究。1958年，波特利用酶解方法确定抗体是由Fab和Fc两部分组成，从而分享了1972年的诺贝尔生理学或医学奖。

1955年完成的胰岛素测序是桑格科研生涯的首个重大突破，此后十余年迎来了较长时间的学术"荒年"，尽管未取得重大科学进展却培养出另一位诺贝尔奖获得者。米尔斯滕是阿根廷的免疫学家，1958—1960年师从桑格获得第二个博士学位，主要利用放射性同位素研究磷酸葡萄糖变位酶等活性中心氨基酸的特征。在桑格的建议下，米尔斯滕开始重点

研究抗体，后因发明单克隆抗体的制备技术而分享1984年的诺贝尔生理学或医学奖。

在进行DNA测序研究的过程中，桑格又培养了一位诺贝尔奖获得者。布莱克本是澳大利亚籍美国分子生物学家，1975年跟随桑格获得博士学位，主要进行测序研究，这种锻炼对他随后的成功具有关键意义。1978年，布莱克本利用测序率先确定端粒的特殊碱基序列，1980年在进一步鉴定端粒特征的基础上分离纯化端粒酶，因而在2009年由于端粒和端粒酶的发现分享了诺贝尔生理学或医学奖。

在40年的科研生涯中，桑格本人两获诺贝尔奖，同时直接培养出3位诺贝尔奖获得者，这在科学史上都较为少见。

五、桑格的荣誉和重要影响

由于桑格在科学上所取得的巨大成就，因此获得多种奖项和荣誉称号。他是唯一两次获得诺贝尔化学奖的人，被称为"基因组学之父"。1954年，年仅36岁的桑格当选英国皇家学会会员，1958年又当选美国艺术和科学学院外籍院士。1977年，桑格获得英国科普利奖章；1979年，获得美国霍维茨奖和拉斯克基础医学奖。1981年，桑格获得名誉勋位；1986年，又获英国最高荣誉的"功绩勋章"，但桑格拒绝封爵，因为不喜欢被人称为"爵士"。桑格发表的文章仅仅只有几十篇，但他一生的科研特点就是执着，在自己喜爱的领域辛勤耕耘，而不是追踪热点。同时，桑格没有为DNA测序法申请任何专利，他认为所有人都应该免费使用这项技术。桑格为人谦逊低调，1983年宣布退休后完全淡出公众视野，除发表几篇回忆性文章外，不再参与科研。退休后的桑格完全远离曾经钟爱的实验室和所从事的科研活动，把全部精力放在家庭。桑格认为退休一方面可弥补多年来无空闲时间的缺陷，另一方面也有必要给年轻科学家让出空间，让他们按自己的思路为理想而努力工作。

桑格是20世纪最有影响力的科学家之一，其贡献的价值更多体现于学术方面，堪与达尔文媲美，对分子生物学、生物化学、遗传学、医学、进化生物学、病毒学、免疫学、分类学等学科都产生了巨大的影响。桑格测序法为科学家阐明DNA的功能奠定了基础，成为当前生命科学实验的常规方法之一，极大地推进了生命科学的快速发展。蛋白质测序和DNA测序对普通公众显得有点陌生，而较为人熟知的"人类基因组计划"则与这位科学巨人间接相关。

学与教建议

本节内容对应的是《普通高中生物学课程标准（2017年版2020年修订）》中课程内容必修课程的"概念1 细胞是生物体结构与生命活动的基本单位"，"1.1 细胞由多种多样的分子组成，包括水、无机盐、糖类、脂质、蛋白质和核酸等，其中蛋白质和核酸是两类最重要的生物大分子"，"1.1.6 阐明蛋白质通常由20种氨基酸分子组成，它的功能取决于氨基酸序列及其形成的空间结构，细胞的功能主要由蛋白质完成"。"学业质量水平"要求：水平1-1"能初步以结构与功能观、物质与能量观等观念，说出生物体组成结构和功能之间的关系"；水平1-2"能认识到生物学概念是基于科学事实，经过归纳与概括、演绎与推理等方法形成的"；水平2-4"形成敬畏生命的观念，遵循正确的伦理道德，能对有关生物学的社会热点议题进行理性判断"。

关于桑格胰岛素氨基酸测序和DNA测序的内容主要涉及人教版《普通高中教科书 生物学 必修1分子与细胞》第2章第4节的内容。其中，主要帮助学生为全面深入理解氨基酸和蛋白质的结构奠定了基础。结合教材"生物科学史"："世界上第一个人工合成蛋白质的诞生"，其介绍了自19世纪以来科学家对蛋白质分子研究采用的方法和进展情况，引出科学家桑格在胰岛素氨基酸测序中所做出的杰出贡献。其中，DNA测序相关研究工作可为本节内容进行铺垫，并融合我国科学家人工合成蛋白质的艰难历程。这些内容既有科学方法，又有科学发展的曲折历程，更有科学精神和爱国主义情感的渗透，有助于提高学生的社会责任和家国情怀。

科学本质维度分析

表1-5-1 科学知识的本质维度分析

本质	维度分析	实例
认识性	世界是可以被认识的,科学是对客观世界的解释	通过桑格完整确定胰岛素内的氨基酸序列,发明快速测定DNA序列的"双脱氧链终止法"等,促进对蛋白质和DNA构造的认识
相对性	科学知识不是绝对真理,是暂时性与持久性的统一	1943年,已确定构成蛋白质的天然氨基酸共20种,但由这些氨基酸构成的蛋白质种类则是天文数字。当时特定位置(如C端或N端)氨基酸的测定方法非常有限。桑格决定对这一重大难题进行攻克,最终确定牛胰岛素的完整序列桑格开始DNA的测序研究时,相关的研究几乎一片空白。经过两年努力,终于在1977年,桑格和同事们完成对含有5 375个核苷酸的噬菌体DNA序列的测定。之后他们又完成对人类线粒体DNA序列和lambda噬菌体DNA序列的测定
累积性	科学知识是长期积累的结果	1943年,已确定构成蛋白质的天然氨基酸共20种,但由这些氨基酸构成的蛋白质种类则是天文数字 1951年桑格利用重叠法获得胰岛素B链氨基酸序列,1953年完成A链21个氨基酸的全序列测定,1955年桑格经过两年的艰苦努力,完成了二硫键位置的确定 20世纪60年代初,核酸测序是一项重大的挑战,1967年桑格完成大肠杆菌5SrRNA(120个核苷酸)测序 5SrRNA测序完成后,桑格开始DNA测序。经过两年努力,终于在1977年,桑格和同事们完成了对含有5 375个核苷酸的噬菌体DNA序列的测定,之后他们又完成对人类线粒体DNA序列和lambda噬菌体DNA序列的测定 1986年胡德在桑格法的基础上用四色荧光代替同位素,从而实现DNA测序的自动化,在"人类基因组计划"的完成过程中发挥关键性作用

本质	维度分析	实例
重复性	科学理论的研究过程应该是可以重复的	1980年,桑格发明了快速测定DNA序列的"双脱氧链终止法",为之后的科学家解码人体所有基因提供了最基本的解读工具 桑格测序法为科学家阐明DNA的功能奠定了基础,成为当前生命科学实验室的常规方法之一
公开性	科学成果应公开,接受批判,并得到科学共同体的确认	桑格没有为DNA测序法申请任何专利,他认为所有人都应该免费使用这项技术
局限性	科学不能为所有问题提供完美的解决方案	桑格测序DNA的方法已被更快速、更低廉的基因组测序方法所取代,但在短片段测序方面,桑格法仍是标准方法

表1-5-2 科学探究的本质维度分析

本质	维度分析	实例
实证性	科学的正确性决定于观察和实验的检验	为确定胰岛素中的氨基酸排列,桑格通过研究,找到2,4-二硝基氟苯试剂,给蛋白质一端的氨基酸着色、切割,然后用纸层析分离法测定氨基酸,最终推断出牛胰岛素的完整序列 桑格先选择长度较短的大肠杆菌5SrRNA(120个核苷酸)进行研究。利用类似蛋白质测序的方法,首先用同位素标记RNA,再用RNA酶进行部分水解,用双向法先电泳后离子交换层析分离,最后用放射自显影技术检测相应片段,终于1967年完成测序 5SrRNA测序完成后,桑格开始DNA测序。在研究DNA序列分析过程中,桑格又发明许多测定DNA序列的快速而简便的方法,如DNA序列分析的加减测序法和双脱氧链末端终止法等。经过两年努力,终于在1977年,桑格和同事们完成对含有5 375个核苷酸的噬菌体DNA序列的测定。之后他们又完成对人类线粒体DNA序列和lambda噬菌体DNA序列的测定
归纳性	科学始于观察,科学知识主要来自对观察的归纳	桑格在胰岛素一级结构的测定和相关核酸测定的过程中,通过反复实验观察,经过不懈努力得到令人满意的成果
创造性	科学是人类推理、想象和创造力的产物	桑格发明了许多测定DNA序列的快速而简便的方法,如DNA序列分析的加减测序法和双脱氧链末端终止法等。加减法从思维上讲是一次极大的飞跃。放弃裂解法思维而改用复制法(又称酶法),这种改进使测序过程较传统方法快速和便捷 1986年,胡德在桑格法的基础上用四色荧光代替同位素,从而实现DNA测序的自动化

续　表

本质	维度分析	实例
预见性	科学具有预见性,可以根据观察和理论进行假说	—
非固定性	尽管科学研究的一些基本方法是相似的,但是学科知识背景和问题不完全固定,同一问题有不同的解决办法	桑格发明许多测定DNA序列的快速而简便的方法,如DNA序列分析的加减测序法和双脱氧链末端终止法等 1986年胡德在桑格法的基础上用四色荧光代替同位素,从而实现了DNA测序的自动化,在"人类基因组计划"的完成过程中发挥了关键性作用
非权威性	科学研究不依仗权威,没有一个科学家可以代表绝对真理,要有怀疑精神	1986年胡德在桑格法的基础上用四色荧光代替同位素,其有着科学怀疑精神,创新实验技术,大胆改进DNA测序方法,从而实现DNA测序的自动化,在"人类基因组计划"的研究过程中发挥关键性作用
非绝对客观性	科学受科学家文化背景、信仰和看待事物方式等的影响;科学观察依赖理论的指导,这都难保证观察和研究的客观性	桑格大学期间对生物化学非常感兴趣,并努力学习实验操作,博士毕业并转到奇布诺尔实验室。奇布诺尔为桑格提供实验平台,并鼓励自由选择课题,特别建议寻找确定胰岛素末端氨基的方法,因此桑格开始了真正意义上的科研生涯 桑格为人谦逊低调,1983年宣布退休后完全淡出公众视野,他认为有必要给年轻科学家让出空间,让他们按自己的思路为理想而努力工作

表1-5-3　科学事业的本质维度分析

本质	维度分析	实例
科学与道德	科学研究中有普遍接受的道德规范	桑格科研特点就是执着专一,在自己喜爱的领域辛勤耕耘,而不是追踪热点。他没有为DNA测序法申请任何专利,认为所有人都应该免费使用这项技术 桑格是科学史上的神话,两获诺贝尔奖,直接培养3位诺贝尔奖获得者,致力于培养年轻科学家
科学与技术	科学与技术是有区别的,科学与技术可以相互作用	技术进步影响着科学研究的进程,桑格测序法成为当前生命科学实验室的常规方法之一,极大地推进了生命科学的快速发展
科学与社会	科学与社会密切相关,总体上给人类带来了福音,但也会产生不良后果	波特将蛋白质N端氨基酸的测序应用于抗体结构的研究。1958年,波特利用酶解方法确定抗体是由Fab和Fc两部分组成,从而分享了1972年的诺贝尔生理学或医学奖
科学家身份	科学家也是公民,会运用科学知识来解决公众事务问题	比较为人熟知的"人类基因组计划"与这位科学巨人——桑格间接相关。对它的研究有助于公众认识自己,掌握生老病死的规律,疾病的诊断和治疗等

思考与运用

1.桑格被称为"基因组学之父",他在人类基因组学方面具体做出了哪些贡献?

2.牛胰岛素完整序列的发现在探索蛋白质结构方面有哪些深远意义?

第**2**章
遗 传 与 进 化

～～～～～～～～～～～～～～～～～～～～～～～～～～～～～～～～

除了我们熟知的豌豆成就孟德尔这位遗传学之父，

遗传学研究领域造就了太多的传奇。

摩尔根和他的白眼果蝇创立染色体遗传理论，

肺炎链球菌的转化实验成就艾弗里的无冕之王，

沃森和跨界大咖克里克建构DNA双螺旋结构模型。

你以为这些就尘埃落定了？

DNA双螺旋结构还有多态性，

遗传密码已经有了三套……

～～～～～～～～～～～～～～～～～～～～～～～～～～～～～～～～

第1节　摩尔根创立染色体遗传理论

科学谜团

若论在20世纪遗传学研究领域的传奇人物，大家都会想起孟德尔和摩尔根这两位伟大人物，以基因和染色体概念为基础的遗传理论曾经称为"孟德尔-摩尔根理论"。其中，摩尔根由于创立染色体遗传理论，跻身于20世纪的著名科学家之列。摩尔根是如何发现基因位于染色体上的？他又是基于哪些证据证明染色体遗传理论的呢？

一、遗传学的摩尔根时代

1866年9月25日，托马斯·亨特·摩尔根（简称"摩尔根"）出生于美国肯塔基州列克星敦。他自幼热爱大自然，童年即漫游了肯塔基州和马里兰州的大部分山村和田野，还曾经和美国地质勘探队进入山区实地考察，采集化石。这些活动使摩尔根熟谙大自然的历史，并在他此后的生涯中留下深刻的印象。14岁时，他考进肯塔基州立学院（现为州立大学）预科，两年后升入本科。1886年春，摩尔根以优异成绩获得动物学学士学位，同年秋天进入霍普金斯大学学习研究生课程。读研究生期间，摩尔根系统地学习了普通生物学、解剖学、生理学、形态学和胚胎学课程，并在布鲁克斯指导下从事海蜘蛛的研究。

1888年，摩尔根的母校肯塔基州立学院对摩尔根进行考核后，授予他硕士学位和自然史教授资格，但摩尔根没有应聘，继续攻读博士学位。两年后的春天，摩尔根完成关于海蜘蛛的博士论文，获霍普金斯大学博士学位。1891年秋，摩尔根受聘于布林马尔学院，任生物学副教授，

1895 年升为正教授，从事实验胎学和再生问题的研究。1903 年，摩尔根应威尔逊之邀赴哥伦比亚大学任实验动物学教授。

从 1909 年到 1928 年，摩尔根创建了以果蝇为实验材料的研究室，从事进化和遗传方面的工作。1928 年，62 岁的摩尔根不甘心颐养天年的清闲生活，应聘为帕萨迪纳加州理工学院的生物学部主任，将原在哥伦比亚大学工作的骨干，也是他的学生布列奇斯、斯端特文特等人再次组织在一起，重建了一个遗传学研究中心，继续从事遗传学及发育、分化问题的研究。由于摩尔根 1933 年发现染色体在遗传中的作用，获得诺贝尔生理学或医学奖。1945 年 12 月 4 日，因动脉破裂，摩尔根在帕萨迪纳逝世，享年 78 岁。摩尔根发现染色体的遗传机制，创立染色体遗传理论，是现代实验生物学奠基人。

二、摩尔根的发育遗传学思想

摩尔根首先是作为胚胎学家进入生物学研究领域的。在 19 世纪末 20 世纪初，继进化生物学之后，胚胎学成为生物科学的主流。此时，发育上的渐成论思想完全战胜预成论。一些发育学家认为，发育是指由细胞有机物的活动到细胞分化的不间断过程，在这样的过程中，发育和遗传紧密结合，但又不能混为一谈。发育思想（渐成论）在摩尔根头脑中的根深蒂固并不说明他没有自觉地把发育和遗传问题分开来，他曾写道："基因不须试图解释基因和性状之间的因果过程的性质，也可以成立。"他正确地指出，对孟德尔学说的批评是由于把遗传学问题和发育问题混为一谈所致。由此可知，摩尔根应该想到突变的遗传分析对发育研究的重要性，但是他并没有。我们看看在此之前的一段文字后，或许会对此有所了解，他认为基因到性状，属于胚胎发育的全部范围。看来摩尔根把发育学和遗传学过分分离，可以从发育的角度理解遗传，却不能从遗传的角度理解发育（至少是没有找到这种方式）。因此，他决定重视发育问题时，完全忘记遗传学规律及其分析方法，重新回到经典发育学的老路上。1928 年的专题讲座、1934 年的诺贝尔演讲以及《胚胎学与遗传学》这本书中都充分地表达了这一观点。胚胎通过发育的各个阶段，不同的基因群相继活动起来。这种先后顺序可被假定为基因链本身具备的一种自动控制特性所决定，即可以认为在卵的各部分中，细胞质和细胞核内特定的基因发生反应，但卵的不同部分所影响的基因是不同的。因此，可以推测由基因控制的最初反应生成物将对其周围细胞质产生影响，而发生变化的细胞质又反过来作用于基因，使别的基因群活化。这样，摩尔根从精致的渐成论（物理化学观）走到了基因调控思想上。但应该指出的是，这只是一种基因调控的哲学理解。摩尔根的这些思想与1901年主张的"梯度假说"并没有多大变化，只是将过去神秘的遗传物质明确为基因，他的答案仅仅是一种猜测。

摩尔根根深蒂固的物理化学思想使他坠入了生命之化学复杂性的陷阱中，正如他的同事对其《胚胎学与遗传学》所埋怨的，没有把遗传学与胚胎学真正地结合起来。摩尔根的思想与后来分子生物学家的发育思想是一致的：对发育问题的理解依赖于对基因调控的化学细节的彻底通晓，发育研究与基因调控研究是不可分的。发育遗传学被忽视与遗传学被忽视的理由居然如此相似。看来摩尔根发育研究的不成功不能纯粹地归咎于没有找到适当的技术在细胞水平或分子水平上研究的那些问题。发育遗传学的基本技术是突变的遗传分析，因此有必要探讨一下摩尔根关于突变的思想。

摩尔根是第一个在纯粹遗传学而不是进化论意义上使用"突变"概念的人。他把1910年初发现的白眼果蝇称为突变并运用它作遗传杂交，发现新的遗传规律（遗传分析的前提是性状差异即突变）。而且，他的染色体基因图谱上的基因几乎全是突变基因，他周围的人也一再发现突变，如缪勒、布列奇斯等。摩尔根在《基因论》的总结中花了大量的篇幅讨论突变，主要谈到突变的分类、突变与进化的关系以及突变与发育的关系。在突变与发育的关系问题上，他认为突变因为形态效应多样化，有大的改变和小的改变，而小改变常常被人们忽视或放弃，这样突变研究就有太大的主观性。他批评了一个基因内的一个变化所产生的影响显得更为激烈的看法，认为不应该设想躯体上某个特定部位的突变仅产生一个显著的或细微的改变，相反躯体上几个部分或者所有部分，也常常出现其他各种效应。躯体上每个器官乃是一个最后的结果，是一个长串过程的顶点。一个变化如果影响过程中的任何一个阶段，它也往往会影响最后结果。如果像我们可以容易假定的，一个器官的发育涉及很多步骤，而且如果其中每一步骤都受到许多基因作用的影响，那么不论那个器官是多么细小或者微不足道，在种质里是没有它的单个代表的。这样，摩尔根从传统发育的观点和基因调控的角度出发把问题复杂化，实际上否定了用突变方法研究发育的可能。这种思想很大程度上是其以往胚胎发育思想对遗传学方法论的颠覆。摩尔根终其一生都未能真正地摆脱传统发育思想的影响，他是一位完全意义上的发育学家，遗传学新定律的发现只是他闯入孟德尔奠定的范式中进行解难题活动所得的意外收获。

三、摩尔根和果蝇实验

在开始的时候，摩尔根对孟德尔的遗传理论是相信的，但是随着自己在实验方面的研究发现无法重复像孟德尔那样简单的3∶1的结果。这可能与他所采用的动物实验材料有关，如他曾采用腹部为白色、两侧为黄色的家鼠与野鼠杂交，结果发现毛色性状的遗传毫无规律，好像生殖细胞中还带有其他颜色。摩尔根信奉的是实验是真理的唯一来源，只有实验才能赋予新的东西，只有实验才能给出肯定的答案。毛色性状的遗传实验虽然不能推翻孟德尔学说，但却使摩尔根对孟德尔学说的广泛适用性产生怀疑。当越来越多的动物遗传实验产生难以用孟德尔学说解释的结果时，怀疑就变成了成见。

直到1910年，摩尔根发现果蝇的白眼突变始终是具体地通过决定性别的染色体X来传递的。接着，他的研究小组发现，突变的传递是同性染色体相联系的。如果是这样，那么可以认为基因可能是由染色体携带的。而对各种"遗传因子"的同时传递（与孟德尔定律相反，这些因子不可分离）的观察，证明了这一点，即所谓的"连锁"现象。最后，对染色体断裂和接合现象的观察，促使摩尔根及其研究小组着手制订基因在染色体上的分布图。1915年，研究小组把染色体的数据同孟德尔的遗传学综合起来，出版了《孟德尔的遗传机制》。

四、摩尔根的学术传承

摩尔根通过他的科学研究影响了美国和世界的遗传学研究和发展。摩尔根应诺贝尔物理奖得主密里根的邀请，于1928年创建加州理工学院生物学部，一个小而精的部（系）多年领先世界。他直接影响了皮特尔。1931—1936年，皮特尔在加州理工做博士后研究果蝇的遗传重组，期间（可能由摩尔根个人收入为皮特尔提供工资）到巴黎研究果蝇眼睛颜色的遗传一年。皮特尔研究眼色的工作起初受斯端特文特工作的影响，皮特尔与鲍里斯在1935年和1936年从果蝇获得的结果已经开始提出基因与化学反应的关系，意识到基因可能直接控制酶。最后皮特尔在斯坦福大学与塔特姆进一步合作，用红色面包霉研究后提出"一个基因一个酶"的概念，开创生化遗传学。1946年，皮特尔继摩尔根任加州理工生物学部主任，1958年获诺贝尔奖。受摩尔根影响的著名生物学家还有苏联的多布赞斯基，他跟随摩尔根到加州理工学院多年，1937年出版遗传学与演化论结合的代表性作品之一。摩尔根实验室发现多个影响发育的基因，奠定了发育遗传学，其中最著名的是斯端特文特的学生刘易斯对双胸复合体的研究；未分享摩尔根奖金的学生缪勒于1927年证明X光可以诱导基因突变，其作用与X射线的剂量相关，获得1946年的诺贝尔奖。他的另一项重要工作是1918年提出和制造平衡致死系，能够非常方便维持隐性致死突变的果蝇品系。这种染色体本身不仅携带致死突变，而且含有多重倒位，如果与另一条染色体重组也是致死，所以研究者希望跟踪的染色体与平衡染色体配对后，可以不用每代再挑果蝇，因为活着的后代都是被跟踪的染色体对平衡染色体，缪勒的发明省去了果蝇研究者的苦力。

摩尔根学派对中国有直接影响。摩尔根在女子学院的研究生博爱礼于1923—1950年任教燕京大学，不仅影响中国的生物学，而且影响协和医学院通过燕京生物系入学的医学生。1922年，陈祯在摩尔根实验室学习，1926年李汝祺在布列奇斯指导后获博士学位，陈子英在斯端特文特指导后获博士学位。李汝祺研究了Notch基因突变，确定其致死期为胚胎。李汝祺回国后将自己在燕京大学的硕士生谈家桢推荐到摩尔根实验室，谈家桢于1936年在多布赞斯基指导下获得博士学位。李汝祺长期任教于燕京大学和北京大学，是中国遗传学的奠基人之一。

摩尔根传奇的一生对于生物学，特别是遗传和胚胎学的根本影响是使这些描述性而且带有高度推测性的科学转化为定量和分析的科学。单就摩尔根创立的染色体遗传理论而言，就足以使他在近代生物学的发展史上获得显赫的地位，成为遗传学界的巨星。同时，由于他对胚胎学所作出的巨大贡献，以及所采用新的方法学手段，被称为20世纪一位重要的生物学家是当之无愧的。

学与教建议

本节的科学史内容对应的是《普通高中生物学课程标准（2017年版2020年修订）》中课程内容必修课程的"概念3 遗传信息控制着生物性状，并代代相传"，"3.2 有性生殖中基因的分离和重组导致双亲后代的基因组合有多种可能"，"3.2.4 概述性染色体上的基因传递和性别相关联"。

本节科学史内容主要涉及人教版《普通高中教科书 生物学 必修2 遗传与进化》第2章第2节"基因在染色体上"的内容。通过对摩尔根一生的主要贡献的科学史梳理，加强学生理解基因在染色体上的实验过程。从萨顿的假说到摩尔根的果蝇杂交实验，再到摩尔根解释的验证等，具有鲜明的逻辑推理路径。无论是实验材料的选择，还是科学研究方法的创新，对学生的学习都具有较强的启发性。教师在教学过程中充分利用教材设计体验性实践活动，让学生循着科学家的足迹，开展演绎推理，主动构建概念，发展科学思维。

科学本质维度分析

表2-1-1　科学知识的本质维度分析

本质	维度分析	实例
认识性	世界是可以被认识的,科学是对客观世界的解释	通过了解摩尔根的传奇人生故事,可以说明他对于遗传学和胚胎学的根本影响是使这些描述性而且带有高度推测性的科学转化为定量和分析的科学
相对性	科学知识不是绝对真理,是暂时性与持久性的统一	摩尔根一开始把发育学和遗传学过分分离,可以从发育的角度理解遗传,却不能从遗传的角度理解发育。摩尔根根深蒂固的物理化学思想使他坠入生命的化学复杂性的陷阱中
累积性	科学知识是长期积累的结果	摩尔根对于发育学和遗传学的研究是长期积累的过程。如摩尔根的果蝇实验过程:摩尔根发现无法重复像孟德尔那样简单的3∶1的结果;1910年摩尔根发现,果蝇的白眼突变始终是具体地通过决定性别的染色体X来传递的;对各种"遗传因子"的同时传递的观察,发现了"连锁"现象;1915年,研究小组把染色体的数据同孟德尔的遗传学综合起来,出版了《孟德尔的遗传机制》一书
重复性	科学理论的研究过程应该是可以重复的	摩尔根无法重复像孟德尔那样简单的3∶1结果,而后产生怀疑,发现果蝇的白眼突变始终是具体地通过决定性别的染色体X来传递的,从而发现了"连锁"现象
公开性	科学成果应公开,接受批判,并得到科学共同体的确认	每一位科学家都应该将自己的科学成果公开交流讨论,接受人们的评价、指正
局限性	科学不能为所有问题提供完美的解决方案	摩尔根从传统发育的观点和基因调控的角度出发把问题复杂化,实际上否定了用突变方法研究发育的可能。这种思想很大程度上是其以往胚胎发育思想对遗传学方法论的颠覆。摩尔根终其一生都未能真正地摆脱传统发育思想的影响

表2-1-2 科学探究的本质维度分析

本质	维度分析	实例
实证性	科学的正确性决定于观察和实验的检验	每一位科学家提出的观点都是建立在具有实证性的证据基础上的:摩尔根信奉的是实验是真理的唯一来源。只有实验才能赋予新的东西,只有实验才能给以肯定的答案
归纳性	科学始于观察,科学知识主要来自对观察的归纳	摩尔根的果蝇实验,正是对大量实验的基础上进行总结归纳,发现无法重复像孟德尔那样简单的3:1的结果,而后又继续重复试验发现了基因的"连锁"现象
创造性	科学是人类推理、想象和创造力的产物	摩尔根通过他的科学研究、他的学生、他领导的生物系影响了美国和世界的遗传学研究和发展。通过实验发现与孟德尔提出理论有不同点,于是大胆地质疑并且发现基因的"连锁"现象 摩尔根实验室将果蝇在黑暗环境中繁殖了很多代,在1910年诞生了一只白眼雄果蝇,而它的兄弟姐妹的眼睛都是红色的,根据这个突变体进行实验而后发现了基因的连锁互换定律 皮特尔与鲍里斯在1935年和1936年从果蝇获得的结果已经开始提出基因与化学反应的关系,意识到基因可能直接控制酶,最后皮特尔在斯坦福大学与塔特姆进一步合作,用红色面包霉研究后提出"一个基因一个酶"的概念,开创生化遗传学
预见性	科学具有预见性,可以根据观察和理论进行假说	减数分裂时,染色体行为与基因在亲子代的传递行为具有惊人的一致性。科学家们大胆地提出基因位于染色体上的假说,通过摩尔根的果蝇杂交实验得到了验证
非固定性	尽管科学研究的一些基本方法是相似的,但是学科知识背景和问题不完全固定,同一问题有不同的解决办法	摩尔根通过发现果蝇的白眼突变始终是具体地通过决定性别的染色体X来传递的。接着,他的研究小组发现,突变的传递是同性染色体相联系的。因此,假设基因可能是由染色体携带的。后续对各种"遗传因子"的同时传递(与孟德尔定律相反,这些因子不可分离)的观察证明了这一点,即所谓的"连锁"现象
非权威性	科学研究不依仗权威,没有一个科学家可以代表绝对真理,要有怀疑精神	摩尔根具有批判怀疑精神,对科学实验中出现的问题勇敢地质疑,并用实验结果证明结论,推动了遗传学的发展
非绝对客观性	科学受科学家文化背景、信仰和看待事物方式等的影响;科学观察依赖理论的指导,这都难保证观察和研究的客观性	摩尔根根深蒂固的物理化学思想使他坠入生命的化学复杂性的陷阱中,正如他的同事对其《胚胎学与遗传学》所埋怨的,没有把遗传学与胚胎学真正地结合起来

表2-1-3　科学事业的本质维度分析

本质	维度分析	实例
科学与道德	科学研究中有普遍接受的道德规范	摩尔根通过他的科学研究、他的学生、他领导的生物系影响了美国和世界的遗传学研究和发展
科学与技术	科学与技术是有区别的，科学与技术可以相互作用	摩尔根遗传和胚胎学的根本影响是使这些描述性且带有高度推测性的科学转化为定量和分析的科学，他采取新的方法学手段，促进了科学发展
科学与社会	科学与社会密切相关，总体上给人类带来了福音，但也会产生不良后果	摩尔根创立的遗传染色体理论，为后续遗传学的研究奠定了基础 摩尔根学派对中国有直接影响，其中摩尔根在女子学院的研究生博爱礼于1923—1950年任教燕京大学，不仅影响中国的生物学，且影响协和医学院通过燕京生物系入学的医学生
科学家身份	科学家也是公民，会运用科学知识来解决公众事务问题	—

思考与运用

1.通过了解摩尔根的传奇人生故事，你能否用自己的话谈一谈摩尔根的果蝇实验对遗传学的发展带来了哪些影响？

2.你能否用"假说-演绎法"的思想解释基因位于染色体上的结论？

第2节 艾弗里和肺炎链球菌的转化实验

科学谜团

　　自从摩尔根提出基因的染色体理论以后，基因在人们的认识中不再是抽象的"因子"，而是存在于染色体上的一个个单位。那么基因到底是什么呢？20世纪中叶，科学家发现染色体主要是由蛋白质和DNA组成的，在这两种物质中，究竟哪一个是遗传物质呢？一位英国科学家艾弗里用肺炎链球菌开展研究，他的研究对揭示遗传物质的化学本质起到了奠基作用。那么，肺炎链球菌有哪些特征呢？它是如何揭示正确的遗传物质呢？

　　奥斯瓦德·西奥多·艾弗里（简称"艾弗里"）是著名的分子生物学家和细菌学家。他和他的团队长期致力于肺炎链球菌转化现象的研究，无数次的实验终于证实DNA是引起转化现象的物质而非蛋白质。艾弗里的转化实验结论对"四核苷酸假说"质疑，更重要的是让更多人重新审视DNA作为遗传物质的可能，揭开了20世纪生物学革命的序幕。由于当时复杂的历史背景，艾弗里的转化实验结论公布后引起的反响是耐人寻味的。

一、艾弗里生平

　　1877年10月21日，艾弗里出生于加拿大新斯科舍省哈利法克斯。十岁时艾弗里跟随父母移居美国纽约；中学毕业后，艾弗里进入科尔盖特大学，主修人文科学，同时选修部分自然科学课程。1900年，大学毕业后的艾弗里进入当时美国最负盛名的医学院——哥伦比亚大学医学院学习，4年后艾弗里获得医学博士学位，成为临床外科医师。1907年，艾弗里进入布鲁克林的霍格兰实验室工作。艾弗里在这里教授课程的同时，还学习细菌的生物化学知识和实验技能，这使得艾弗里对致病菌的生理产生浓厚兴趣。6年后，艾弗里带着自己的科研兴趣，前往洛克菲勒研究所医学院从事肺炎相关的研究工作。这一去就是35年，直到科研生涯结束，艾弗里及其团队对肺炎链球菌的研究投入了大量的精力。1948年，他离开纽约，迁居田纳西州的纳什维尔。1955年2月20日，艾弗里因肝癌去世。

艾弗里在科研上的努力和付出，得到了大家的认可，并获得许多荣誉。他先后荣获美国医师学院约夫菲利普纪念奖、美国国家科学院院士称号、德国法兰克福大学保罗·埃尔利希奖、伦敦皇家学会科普利奖、美国内科医师协会科伯奖、美国公共卫生协会拉斯克奖、帕斯诺奖、瑞典医学会巴斯德金质奖。

二、肺炎球菌的转化实验

1923年，弗雷德里克·格里菲思（简称"格里菲思"）证实肺炎球菌粗糙品系（R品系）是无毒性的，光滑品系（S品系）有毒性，且均存在一系列类型（Ⅰ、Ⅱ、Ⅲ、Ⅳ等）。格里菲思发现这两种品系的肺炎球菌能够在生物体内和实验室条件下实现相互转变。1928年，格里菲思同时给小鼠注射两种不同的肺炎球菌，分别是少量有活性的R品系Ⅱ型菌和大量的热处理灭活后的S品系Ⅲ型菌。一段时间后，实验结果令人惊讶，大部分的小鼠死亡，并且在死亡小鼠的心脏血液中分离出致病性的S品系菌。更令人奇怪的是，新出现的S品系菌是Ⅲ型的。格里菲思将这些菌进行连续几代的培养，后代一直保持Ⅲ型菌。在大量的重复实验后，格里菲思公布了这一发现，这引起了当时人们的众多猜测和质疑。

开始，艾弗里对格里菲思的实验结果也持有质疑态度，他认为这种结果可能是因为实验控制方面存在问题。但很快，艾弗里实验室成员道森等人证实了格里菲思的实验结果的科学性。道森一改格里菲思的体内转化，开创了一种体外实现转化的实验方法。在道森离开艾弗里的实验室后，阿洛维继续这方面的研究工作。他将 S 品系细菌破碎，获取无细胞提取液，将提取液加入含有 R 品系细菌的培养基后，转化发生了。阿洛维认为在这种无细胞提取液中应该存在一种"转化因子"的物质，引起肺炎球菌间的转化。艾弗里认识到，这不仅在细菌学和遗传学，在普通生物学和医学上也有深远意义。

直到 1940 年，艾弗里及其团队再次开始转化因子的鉴定研究。他们的初步目标是改进转化活性物质的制备、纯化以及定量测定。在开始阶段，艾弗里的实验经常失败。转化试验的重复性差，但是他认识到这项工作的重要意义，并以坚持不懈的精神去完成它。艾弗里等人将 S 品系突变得到的 R 品系肺炎球菌培养了三十多代，向其中加入高纯度的 S 品系 Ⅲ型 DNA，在第二代得到 S 品系 Ⅲ 型的菌，菌落大且生长状况良好。将这些新产生的菌继续培养数代后，其遗传特性仍保持稳定。掌握转化的实验技术后，艾弗里开始着重解决转化现象是否单独由 DNA 引起。艾弗里等人对转化因子进行化学分析，发现用蛋白酶和脂酶处理无细胞提取物均不能使转化因子失去活性，由此认为转化因子不是蛋白质或者脂类。而且，转化因子也不可能是类似荚膜多糖的糖类，因为糖类不能用酒精来沉淀而转化因子却可以。艾弗里认为转化活性物质一定富含核酸。当他们用 RNA 酶去处理转化活性物质时，仍然不能使其失去转化活性，而用那些降解 DNA 的酶却可以将转化因子的活性完全破坏。他们测定发现纯化样品与 DNA 有彼此相当的高分子量，并且对二苯胺反应（检测 DNA 的化学反应）很灵敏。

最终，艾弗里等人找到答案，并向世人宣布他们多年来的研究结论：在肺炎球菌内部引起其发生转化的物质是 DNA。虽然他们的发现具有革命性，在提出实验结论非常谨慎，并给予实验结果几种可能的解释，但还是受到广泛的质疑和批评。大多数的生化和遗传学家仍然相信遗传物质是蛋白质而非核酸。直到 1952 年，阿弗雷德·赫尔希和玛莎·蔡斯（简称"赫尔希"和"蔡斯"）用同位素标记的 T2 噬菌体侵染实验结果公布于世，人们才最终承认 DNA 是遗传物质。

三、噬菌体侵染实验

颇有意思的是，赫尔希和蔡斯所在的噬菌体小组也是艾弗里转化实验结论的质疑者。噬菌体小组的侵染实验最初是为了证明DNA不是遗传物质，谁曾想最终却得到了与艾弗里实验结果一致的结论。赫尔希和蔡斯用放射性同位素^{32}P和^{35}S分别标记大肠杆菌T2噬菌体，让T2噬菌体去侵染大肠杆菌，而后进行放射性检测，发现子代噬菌体都不含^{35}S，却有小部分的子代噬菌体中出现^{32}P，由此证明遗传物质是DNA而非蛋白质，为遗传物质的化学本质之争画上句号。

虽然，噬菌体侵染实验采用同位素示踪技术，较为直观地演示了遗传信息的传递过程，但在分析论证上还是有明显的漏洞。根据实验数据，大约30%子代噬菌体的DNA中出现^{32}P，那么剩下的子代噬菌体为何没有出现？同样，只有大约30%的^{35}S留在大肠杆菌外表面，剩下的^{35}S不知去向。他们的实验还有一个致命的问题，约有10%的噬菌体蛋白质不含^{35}S，因而无法被^{35}S标记，如何证明这些蛋白质没有发挥遗传物质的作用呢？照此分析，噬菌体实验存在的疑点似乎不比艾弗里实验那不足1%的蛋白杂质小。艾弗里后来改进纯化方法，将杂质含量降低到不足万分之二，大大增强了结论的说服力。

综上所述，艾弗里实验与噬菌体实验一般被认为是递进关系，即噬菌体实验比艾弗里实验更进一步确证了DNA是遗传物质。噬菌体实验只是用一种新方法重新论证了艾弗里实验的结论，在方法上是源于艾弗里实验的。艾弗里实验受到的是广泛的质疑，噬菌体实验却受到热烈的欢迎和拥护。试想两项结果公布的时间互换，结果会不会也相应互换？因为在两项结果公布相隔的时间里，科学界对遗传物质的认识逐渐改变，这是造成结果不同的主要因素。

四、艾弗里是诺贝尔奖的一大世纪遗憾

科学史上，有不少重大科学成就被埋没的例子，这大多发生在发现者的名声不大，而被世人忽略。但是，艾弗里当时已是具有相当地位的

知名学者，科学界为什么如此缺乏鉴赏力而让他与诺贝尔奖无缘？

　　首先，艾弗里的研究发现正值第二次世界大战的关键时刻，战争阻碍了国际学术交流，许多生物学家无法及时看到艾弗里的实验结果，使得很多人无法领会其发现蕴含的深刻意义。在艾弗里去世以后，科学界才逐渐认识到他实验的重大意义，他的论文也因此被引用了几百次。

　　其次，在艾弗里实验研究的年代，人们对 DNA 的研究远不如蛋白质深入，因而很难设想 DNA 能够作为遗传信息的载体。这样看来，当艾弗里将他的研究结论以极其谨慎的方式公布于世时，许多科学家投之以怀疑的眼光也就在情理之中了。

　　再次，科学权威们对艾弗里实验结论的怀疑直接影响诺贝尔奖评选委员会。诺贝尔奖评议委员哈马斯藤怀疑艾弗里实验的样品 DNA 已被蛋白质污染，主要原因是他受基因是蛋白质而 DNA 仅在基因复制提供结构支撑的观点影响太深，从而无法接受基因是 DNA 的结论。等到科学界普遍认同艾弗里的研究成果，诺贝尔奖评选委员会准备授奖时，年迈的艾弗里已离世。还有另一种说法，诺贝尔奖评选委员会迟迟未授奖给艾弗里的原因在于他们害怕再次被科学权威欺骗，而不敢盲然作出决定。此前，著名生物学家威尔斯塔特曾因实验中的错误而做出了"酶不是蛋白质"的结论，并宣称已制成不含蛋白质的酶制剂。科学界出于对权威的信任，致使人类对酶的研究推迟了 10 年。

　　直到 1954 年，赫尔希和蔡斯的实验结论以及沃森和克里克的双螺旋模型发表之后，艾弗里的工作再一次受到关注。哈马斯藤给委员会做了第三次关于艾弗里工作的评估报告，在这份简短的报告中承认 DNA 而非蛋白质是遗传物质，但转化的机制尚不清楚，因此不值得获得诺贝尔奖。随后第二年，艾弗里先生就去世了。

　　最后，艾弗里古怪的性格也是导致其未获得诺贝尔奖的原因之一。他极少参加相关的科学会议，即使会议地点就在美国也不参加。1933 年，他拒绝前往德国领取保罗·埃尔利希奖，1945 年拒绝去英国领取科普利奖，1950 年拒领瑞典颁给他的巴斯德奖。拒绝的理由无非就是没时间、身体不好以及经济紧张，事实上艾弗里更愿意在实验室工作或是和家人一起去度假。

艾弗里的实验结果很快在其他一些研究中得到证实。博依文利用DNA诱导埃希氏杆菌发生变化，霍奇斯基发现DNA可以让肺炎链球菌的青霉素抗性发生转移，亚历山大和利迪证实DNA导致流感嗜血杆菌抗原性质的改变。但这些实验同艾弗里的实验存在同样的问题，因为采用的都是细菌，因此无法排除DNA作为突变剂的可能性，使得这一结果可能仅仅适用于某些细菌，而无法重现在高等生物中。

在意识到DNA在肺炎链球菌转化现象中可能具有的重要作用后，赫尔希和蔡斯设计了一个精妙的实验，证明当噬菌体侵染细菌时其DNA进入细胞内并导致新的子代病毒产生，与此同时蛋白质的外壳却仍然留在细胞外。这一实验的结果显然是赫尔希未曾预料到的，因为噬菌体小组是倾向于蛋白质是遗传物质这一观点。但这个新颖的实验排除DNA作为诱变剂的可能性，因为产生新的子代病毒意味着噬菌体的DNA上具有多个相应性状的基因。

1977年，原噬菌体小组成员之一的斯滕特指出，艾弗里的DNA研究工作对遗传学有着重要的意义。他的工作迟迟不受认可的原因，不是因为这一结果无人所知和饱受怀疑，而是结果的超前性，当时的遗传学家们并不能在此基础上进一步做些什么。因此，当赫尔希和蔡斯得出与艾弗里一致的结论后，这一超前的思想终于转变成了事实。

艾弗里的转化实验证明遗传物质的化学本质是DNA，纠正了长期以来被奉为信条的遗传物质是蛋白质的错误观点，引发了20世纪生物学革命，对分子生物学的诞生起到重要的奠基作用。

1947年，艾弗里获得有诺贝尔奖风向标之称的拉斯克奖，评委会给出的评价是"以非凡的毅力、非凡的洞察力和非凡的观察准确性，艾弗里把他科学生涯的大部分时间都奉献给了肺炎链球菌的研究"，而获奖理由是"通过对细菌化学组成的研究，为我们做出了卓越的贡献"。

学与教建议

本节内容对应的是《普通高中生物学课程标准（2017 年版 2020 年修订）》中课程内容必修课程的"概念 3　遗传信息控制生物性状，并代代相传"，"3.1　亲代传递给子代的遗传信息主要编码在 DNA 分子上"，"3.1.1　概述多数生物的基因是 DNA 分子的功能片段，有些病毒的基因在 RNA 分子上"。这要求学生对科学史有一定的了解，让学生从科学探索过程中感悟科学家解决问题的研究方法，并根据对经典实验的分析，形成 DNA 是主要的遗传物质的重要概念。学习的重难点均是肺炎链球菌转化实验和噬菌体侵染细菌实验的原理和过程。

肺炎链球菌的转化实验和噬菌体侵染细菌实验的科学史，其内容主要涉及人教版《普通高中教科书 生物学 必修 2 遗传与进化》第 3 章第 1 节的内容。本节以问题探究为主要教学方法，以科学家探索遗传物质的化学本质的科学史为主线，通过了解科学家提出问题、设计实验、分析实验结果、得出结论的过程，让学生初步形成生命物质观，培养学生的科学思维和科学探究能力，理解自变量控制中的"加法原理"和"减法原理"，体会科学探究的基本思路和方法。

科学本质维度分析

表 2-2-1　科学知识的本质维度分析

本质	维度分析	实例
认识性	世界是可以被认识的,科学是对客观世界的解释	肺炎链球菌转化实验和噬菌体侵染细菌的实验,展现人们确定生物体主要的遗传物质——DNA 的过程

本质	维度分析	实例
相对性	科学知识不是绝对真理,是暂时性与持久性的统一	早期,大多数的生物化学家和遗传学家仍然相信遗传物质是蛋白质而非核酸,通过艾弗里的肺炎链球菌转化实验撼动了遗传物质是蛋白质的地位。直到1952年,赫尔希和蔡斯用同位素标记的T2噬菌体侵染实验结果公布于世,人们才最终承认DNA是遗传物质
累积性	科学知识是长期积累的结果	通过多名科学家的研究,层层递进才证实绝大多数生物体的遗传物质是DNA 1923年,格里菲思发现肺炎链球菌R品系(无毒)和S品系(有毒)能够在生物体内和实验条件下相互转变。1928年,格里菲思分别给小鼠注射少量的有活性的R品系Ⅱ型菌和大量热处理灭活后的S品系Ⅲ型菌,一段时间后从死亡小鼠体内分离出有活性的和致病性的S品系菌 阿洛维将S品系细菌制成无细胞提取液,加入R品系细菌培养基后转化发生了,它认为无细胞提取液中存在一种"转化因子"的物质 1940年,艾弗里团队向高纯度R品系肺炎链球菌中加入高纯度的S品系Ⅲ型DNA,在第二代得到了S品系Ⅲ型的菌。艾弗里等人对转化因子进行化学分析,发现转化因子不是蛋白质或者脂类,最后发现肺炎链球菌内部引起其发生转化的物质是DNA 赫尔希和蔡斯进行噬菌体侵染实验进一步增强了DNA是遗传物质的说服力
重复性	科学理论的研究过程应该是可以重复的	从格里菲思到艾弗里等科学家,不断重复肺炎链球菌的转化实验,层层完善探索生物体遗传物质的研究过程,肺炎链球菌转化的实验技术在重复中被不断补充
公开性	科学成果应公开,接受批判,并得到科学共同体的确认	格里菲思在进行大量的肺炎链球菌转化实验后,公布自己的实验结果,引起了当时人们的众多猜测和质疑 艾弗里改进肺炎链球菌转化实验后,得到"在肺炎链球菌内部引起其发生转化的物质是DNA"的结论,并向世人宣布多年来的研究成果
局限性	科学不能为所有问题提供完美的解决方案	—

表2-2-2 科学探究的本质维度分析

本质	维度分析	实例
实证性	科学的正确性决定于观察和实验的检验	1923年,格里菲思通过给小鼠注射少量的有活性的R品系Ⅱ型菌和大量的热处理灭活后的S品系Ⅲ型菌的实验,发现大部分的小鼠死亡,并且在死亡小鼠的心脏血液中分离出具有活性和致病性的S品系菌。随后艾弗里及其团队开始转化因子的鉴定研究,通过大量的实验观察统计,最终证明生物体的主要物质是DNA。赫尔希和蔡斯的噬菌体侵染实验,较为直观地演示了遗传信息的传递过程,通过实证研究,进一步确证DNA是遗传物质
归纳性	科学始于观察,科学知识主要来自对观察的归纳	格里菲思、艾弗里及其团队重复大量肺炎链球菌的转化实验,不断观察,归纳总结,最终得出绝大多数生物体的遗传物质是DNA的结论
创造性	科学是人类推理、想象和创造力的产物	最早科学家们大多认为基因是蛋白质而DNA仅在基因复制提供支撑结构,直到格里菲思进行肺炎链球菌的转化实验,艾弗里进行改进后,首次提出大多数生物的遗传物质是DNA,引发了科学界的猜测与质疑
预见性	科学具有预见性,可以根据观察和理论进行假说	阿洛维将S品系细菌破碎,获取无细胞提取液,将其加入R品系细菌的培养基后,转化发生了。他指出,无细胞提取液中应该存在一种"转化因子"的物质,随后被艾弗里等科学家证实的确存在"DNA"这种转化因子
非固定性	尽管科学研究的一些基本方法是相似的,但是学科知识背景和问题不完全固定,同一问题有不同的解决办法	格里菲思和艾弗里等人用肺炎链球菌的转化实验证明DNA是主要的遗传物质,而后赫尔斯和蔡斯利用噬菌体侵染实验也证明DNA是主要的遗传物质,不同的实验技术与方法得到相同的结论
非权威性	科学研究不依仗权威,没有一个科学家可以代表绝对真理,要有怀疑精神	在大多数科学家都认为蛋白质是主要的遗传物质,而后被格里菲思和艾弗里等科学家通过实验,基于证据,否定蛋白质是主要的遗传物质这一观点
非绝对客观性	科学受科学家文化背景、信仰和看待事物方式等的影响;科学观察依赖理论的指导,这都难保证观察和研究的客观性	在艾弗里实验研究的年代,人们对DNA的研究远不如蛋白质深入,受到的影响就是很难相信DNA能够作为遗传信息的载体。诺贝尔奖评议委员哈马斯藤怀疑艾弗里实验的样品DNA已被蛋白质污染,主要原因是他受基因是蛋白质而DNA仅在基因复制提供结构支撑的观点影响太深,从而无法接受基因是DNA的结论

表2-2-3　科学事业的本质维度分析

本质	维度分析	实例
科学与道德	科学研究中有普遍接受的道德规范	艾弗里最终还是未能获得诺贝尔奖。诺贝尔奖评选委员会曾承认,艾弗里关于DNA携带遗传信息的发现代表遗传学领域中一个最重要的成就,他没能得到诺贝尔奖是很遗憾的
科学与技术	科学与技术是有区别的,科学与技术具有相互作用	肺炎链球菌的转化实验中转化技术提出"转化因子"的概念,而后补充完善转化技术,又推动证明DNA是转化因子,是主要的遗传物质的结论。赫尔斯和蔡斯的噬菌体侵染实验也表明蛋白质可能不是主要的遗传物质,随后他们改进纯化方法,利用同位素示踪技术,增强了DNA是主要的遗传物质这一结论的说服力
科学与社会	科学与社会密切相关,总体上给人类带来了福音,但也会产生不良后果	明确DNA是主要的遗传物质后,有利于促进基因的表达、基因突变、人类遗传病等研究
科学家身份	科学家也是公民,会运用科学知识来解决公众事务问题	—

思考与运用

1.艾弗里与赫尔希等人选用细菌或者病毒作为实验材料,具有哪些优点?

2.从控制自变量的角度,艾弗里实验的基本思路是什么?在实际操作过程中最大的困难是什么?

3.艾弗里和赫尔希等人都分别采用了哪些技术手段来实现他们的实验设计?这对于你认识科学与技术之间的相互关系有什么启示?

4.遗传物质除了DNA,还有其他物质吗?

第3节　DNA双螺旋结构模型的构建

科学谜团

　　1933年，摩尔根由于发现基因在染色体上呈线性排列以及基因间的连锁互换定律获得了诺贝尔生理学或医学奖。从此之后，在人们的认识中基因不再是抽象的"因子"，而是存在于染色体上的一个个单位。20世纪40年代，通过格里菲思和艾弗里的肺炎链球菌转化实验，以及赫尔斯和蔡斯的噬菌体侵染实验得出结论：绝大多数生物的遗传物质是DNA，DNA是主要的遗传物质。之后，人们对DNA充满好奇：DNA是怎样储存遗传物质的？DNA的结构又是怎样的？

　　1953年，美国生物学家詹姆斯·杜威·沃森（简称"沃森"）和英国物理学家弗朗西斯·克里克（简称"克里克"）率先提出DNA分子双螺旋模型，并且由此获得1962年诺贝尔生理学或医学奖。在成功发现DNA分子双螺旋结构过程中，不同领域的科学家做出了贡献，如罗伯特·威尔金斯（简称"威尔金斯"）和罗莎琳德·富兰克林（简称"富兰克林"）。回顾沃森和克里克的建模科学史，从初识DNA到遇到挫折不断尝试，最后成功构建模型，可将其分为"建模三部曲"。认真研究这一段科学史带来的历史经验，可为后续科学事业的发展提供借鉴。

一、初探结构，奠定基础

　　19世纪末到20世纪初，科赛尔就发现了胸腺嘧啶、胞嘧啶、鸟嘌呤、腺嘌呤的化学结构，列文以及托德等科学家确定了四核苷酸假说以及核苷酸之间键的性质。在沃森和克里克成功构建DNA分子模型之前，还有两位主要科学家——威尔金斯和富兰克林对于DNA结构的研究做出了巨大的贡献。

1945年，威尔金斯读了著名理论物理学家薛定谔的科普作品《生命是什么》，对书中介绍控制生命过程的生物大分子很感兴趣，由此他从固体物理学转向对生物学的研究。威尔金斯开始在英国伦敦的国王学院进行研究，使用研究有序晶体结构最常用的方法——X射线衍射技术来研究生物大分子的结构。1950年，威尔金斯在一次学术会议上，得到由瑞士化学家席格纳自制的牛胸腺高度聚合DNA样品，自此开始了对DNA结构的研究。威尔金斯与同事戈斯林将DNA纤维保持在绝对潮湿的状态，利用X衍射技术得到X射线衍射图片，所得到的DNA纤维是一种晶体结构——螺旋形，并且有规律地排列。

1951年，威尔金斯赴意大利那不勒斯参加一个学术会议，分享了自己利用X射线衍射技术在DNA结构方面的研究。沃森听到威尔金斯对DNA X射线衍射分析的学术报告后很感兴趣，认定DNA结构的研究具有很大的潜力，决心研究DNA的结构。1951年下半年，沃森来到英国的卡文迪许实验室，在这里遇到了克里克。两人经常在一起探讨科学问题，互相欣赏彼此的科学研究，且都热衷研究DNA分子结构。

第二次世界大战后英国的财政收入遇到危机，不可能资助两个实验室进行类似的研究，于是就决定国王学院进行DNA结构的研究，卡文迪许实验室进行蛋白质结构的研究。1951年9月，威尔金斯来美国进行一段时间的学术交流，国王学院邀请了一位女科学家——富兰克林继续进行DNA结构的研究。富兰克林搜集不同类型的DNA，系统地研究了湿度对于DNA分子晶格衍射的影响，发现湿度由70%增加到90%时，晶格由A型变为B型。她发现A型和B型的主要结构相似，并明确认为B型结构为螺旋形，结构是双链或三链，有对称轴。进一步研究发现，DNA分子中的磷酸根基团暴露在水中，暗示DNA结构中磷酸基团在螺旋的外侧，而碱基在螺旋的内侧。

二、深入建模，不断修正

1951 年 11 月，沃森在国王学院听到富兰克林关于 DNA 结构的学术报告，并且在 1951 年受到鲍林根据结构化学的规律成功地确立蛋白质的 α 螺旋模型后，沃森和克里克在这一启示下也想用同样方式确认 DNA 的结构。他们认为，对于 DNA 结构的研究不仅可以从晶体结构分析的角度入手，还可以同时从构建分子模型入手。

此时，沃森和克里克开始第一次构建 DNA 结构模型。他们建立起一个三条链的螺旋结构分子模型，并且还把磷酸根基团放在螺旋的内侧。威尔金斯和富兰克林发现他们把 DNA 分子的含水量算少了，DNA 的密度偏大，还错误地把 DNA 分子的结构确立为三条链。至此，沃森和克里克第一次构建 DNA 结构模型宣告失败。虽然第一次构建模型失败，但是他们对于 DNA 结构的兴趣并没有消散。他们开始反思第一次建模失败的原因，发现磷酸根基团应在螺旋的外侧，碱基在螺旋的内侧，并且此时富兰克林通过 X 射线衍射技术，得出高质量的 DNA 纤维的 B 型照片（也称 51 号照片）。沃森看到照片后，认识到 DNA 分子是双链螺旋结构。1953 年 2 月，沃森和克里克构建出第二个模型——双链螺旋，即两条多核苷酸链完全相同，磷酸根基团在螺旋的外侧，碱基在螺旋的内侧，碱基对用氢键相连。但是，他们用的碱基对是同配，而且选错了烯醇型的碱基。

三、总结经验，成功建模

沃森和克里克前两次的建模虽然都在不断修正，但仍以失败告终。他们这时得知美国科学家鲍林也在制作 DNA 结构模型，但制作出来的模型与他们第一次构建的错误模型相似。这一消息促使沃森和克里克想要赶在鲍林之前构建出成功的 DNA 结构模型，他们开始重新反思之前模型失败的原因。这时，卡文迪许实验室的同事多纳休指出很多书中列举的烯醇型碱基在有机化学上都是少有的形式，正确的应当是酮型碱基。同时，通过一位数学家格里菲斯计算出 DNA 分子中堆在一起的碱基之间的吸引力，得出用氢键相连的碱基分子是靠在一起的，嘌呤有吸引嘧啶的趋势。1952

年，美国科学家查哥夫通过计算分析得出，DNA所含的四种嘌呤和嘧啶碱基并不相等，但是嘌呤和嘧啶两类碱基之间的比例是恒定的。

沃森和克里克经过认真反思，反复分析讨论各类数据，总结得出DNA分子中碱基之间是存在相互吸引关系的，并提出"碱基互补配对"的原则，终于在1953年得到了正确的DNA分子双螺旋结构模型，并将研究成果于同年4月在 *Nature* 上发表。该模型表明DNA是由两条多核苷酸链以右手螺旋式围绕一根中心轴盘旋，磷酸集团排列在外侧，碱基排列在内侧。两条螺旋链走向相反，磷酸二酯键和两个核糖连接的位置有第三碳原子$3C'$和第五碳原子$5C'$的不同，其中一条链的走向是$3C'$到$5C'$，另外一条链是$5C'$到$3C'$的走向，通常称这两条为互补的脱氧核糖核苷酸链。两条链包含四种碱基：A（腺嘌呤）、G（鸟嘌呤）、T（胸腺嘧啶）、C（胞嘧啶），两条链之间对应的碱基是互补配对的，即胸腺嘧啶与腺嘌呤配对，鸟嘌呤与胞嘧啶配对，它们之间由氢键相连。

除了沃森和克里克之外，还有其他科学家在构建DNA分子结构模型上也接近成功。富兰克林成功获得了DNA的X射线衍射的A型与B型的照片，但她英年早逝；威尔金斯在1951年已认识到DNA的螺旋结构，并且计算过螺距和直径，但是他假定DNA分子是单链的，所以构建模型的进程不快。

DNA双螺旋结构模型的建立，推动了生物大分子核酸和蛋白质结构与功能的关系，使生物学进入分子生物学的新阶段，并且加强，生物学与物理学、化学的交叉研究。DNA结构的发现被不少科学史工作者称为"生物学的革命"，对整个生物学研究影响深远。

学与教建议

本节内容对应的是《普通高中生物学课程标准（2017年版2020年修订）》中课程内容必修课程的"概念3 遗传信息控制生物性状，并代代

相传"，"3.1 亲代传递给子代的遗传信息主要编码在 DNA 分子上"，
"3.1.2 概述 DNA 分子是由四种脱氧核苷酸构成，通常由两条碱基互补配
对的反向平行长链形成双螺旋结构，碱基的排列顺序编码了遗传信息"，
"3.1.3 概述 DNA 分子通过半保留方式进行复制"。在"学业要求"中要求
学生完成学习后能够"结合 DNA 双螺旋结构模型，阐明 DNA 分子作为遗
传物质所具有的特征，以及通过复制、转录、翻译等过程传递和表达遗
传信息（生命观念、科学思维）"。"学业质量水平"要求：水平 2-1 "能
够运用结构与功能观、物质与能量等概念，举例说明生物体组成结构与
功能之间的关系、遗传与变异的物质基础和规律"；水平 3-2 "能基于给
定的事实和证据，采用归纳与概括、演绎与推理等方法，以文字、图示
或模型的形式，说明分子与细胞、遗传与变异、稳态与调节、生物与环
境相关概念的内涵"。

　　DNA 分子双螺旋结构模型的建立在科学史上占有重要地位，其内容
主要涉及人教版《普通高中教科书 生物学 必修 2 遗传与进化》第 3 章第 2
节。其中，有很多丰富精彩的科学史实，帮助学生体会科学家们善于发
现、分析问题及锲而不舍的科学精神，同时认识到交叉学科知识的应用
在生命科学研究中的重要性。在课本"探究实践"中要求学生通过制作
DNA 双螺旋结构模型，加深对 DNA 结构特点的认识和理解。

科学本质维度分析

表 2-3-1　科学知识的本质维度分析

本质	维度分析	实例
认识性	世界是可以被认识的，科学是对客观世界的解释	DNA 分子结构模型的构建历史，说明人们对主要的遗传物质 DNA 分子的结构与特点是可以认识的

续　表

本质	维度分析	实例
相对性	科学知识不是绝对真理,是暂时性与持久性的统一	威尔金斯通过X射线衍射实验得出DNA是单股螺旋,随后被富兰克林改进后的X射线衍射实验证实DNA是双螺旋所推翻
相对性	科学知识不是绝对真理,是暂时性与持久性的统一	列文提出核酸所含的四种碱基量是相等的,提出"四核苷酸假说",后面被查哥夫证明核酸所含的四种不同的碱基量并不是彼此相等的所推翻,而是嘌呤碱基的总量和嘧啶碱基的总量相等,并且其中腺嘌呤与胸腺嘧啶相等,鸟嘌呤与胞嘧啶相等 沃森和克里克第一次建模DNA分子为三链,由于没有准确理解实验数据被推翻,第二次建模DNA分子为双螺旋,烯醇型碱基同配,后被多纳休证实碱基为酮型推翻,第三次成功构建出DNA分子结构模型
累积性	科学知识是长期积累的结果	瑞士科学家米歇尔于阿特曼将从细胞核分离出不含蛋白质的物质命名成核酸 威尔金斯与富兰克林证明了DNA的结构为螺旋状,并提出碱基在螺旋内侧,磷酸基团在螺旋外侧 沃森和克里克第一次构建三股链的螺旋结构宣告失败 列文提出核酸所含的糖是五碳糖 多纳休烯醇型碱基在有机化学上都是少有的形式,正确的应当是酮型碱基 沃森和克里克第二次构建DNA分子双链螺旋碱基同配模型失败 四种嘌呤和嘧啶碱基并不相等,但是嘌呤和嘧啶两类碱基之间的比例是恒定的 托德证明DNA分子结构的骨架,核酸长链的走向可以是3'-5',也可以是5'-3' 沃森和克里克第三次构建出正确的DNA分子模型 DNA结构的研究历经40年,才得出正确的DNA分子模型
重复性	科学理论的研究过程应该是可以重复的	威尔金斯1951年用X射线衍射得出DNA是单股螺旋,富兰克林重复X射线衍射并改进原来的X射线衍射仪,提出DNA是双螺旋结构
公开性	科学成果应公开,接受批判,并得到科学共同体的确认	每一位科学家都应该将自己的科学成果公开交流讨论,接受人们的评价、指正
局限性	科学不能为所有问题提供完美的解决方案	—

表2-3-2 科学探究的本质维度分析

本质	维度分析	实例
实证性	科学的正确性决定于观察和实验的检验	威尔金斯对DNA做了晶体结构分析,证明在一定湿度下DNA纤维的结构是螺旋形;富兰克林做了湿度对DNA分子晶格衍射影响的实验,证明DNA B型结构是螺旋形,并且磷酸基团在螺旋的外侧,碱基在内侧;查哥夫利用层析法、紫外吸收光谱定量分析等微量分析手段证明碱基的数量关系:腺嘌呤=胸腺嘧啶,胞嘧啶=鸟嘌呤;托德通过实验证明了DNA的长链是由磷酸二酯键分别连接一个核糖的第三个碳原子和另一个核糖的第五个碳原子
归纳性	科学始于观察,科学知识主要来自对观察的归纳	沃森和克里克集中已经具备的科学证据、事实,归纳构建出DNA分子结构模型
创造性	科学是人类推理、想象和创造力的产物	沃森和克里克认为DNA的结构不应仅从晶体结构分析入手,还应从建立分子模型入手;沃森和克里克推测:蛋白质和核酸都是生物大分子,有许多相似点,既然蛋白质呈螺旋型,那么DNA应该也是一种螺旋型,既然生物体有对称性,那么DNA生物大分子应该也有对称性,因而将错误的三链改为双链
预见性	科学具有预见性,可以根据观察和理论进行假说	沃森和克里克提出碱基序列具有随机排列的不规则性假说与碱基特异性配对的假定,随后被格里菲斯对碱基的计算结论、查哥夫碱基数量比值、维尔金斯和弗兰克林的X射线材料证实
非固定性	尽管科学研究的一些基本方法是相似的,但是学科知识背景和问题不完全固定,同一问题有不同的解决办法	威尔金斯通过结晶学认识到DNA呈螺旋状,并计算了螺距、直径;鲍林通过化学认识到DNA的多链、氢键等问题;沃森和克里克通过建模的方法得出DNA分子结构及其特点
非权威性	科学研究不依仗权威,没有一个科学家可以代表绝对真理,要有怀疑精神	威尔金斯1951年用X射线衍射得出DNA是单股螺旋,富兰克林重复X射线衍射并改进了原来的X射线衍射仪,提出DNA是双螺旋结构;列文提出核酸所含的四种碱基量是相等的,提出"四核苷酸假说",后面被查哥夫证明核酸所含的四种不同的碱基量并不是彼此相等的所推翻
非绝对客观性	科学受科学家文化背景、信仰和看待事物方式等的影响;科学观察依赖理论的指导,这都难保证观察和研究的客观性	1945年,原子弹产生的巨大破坏力使威尔金斯产生了沉重的负罪感,他发现对于固体物理学而言,生命物质的研究可能更有前途,于是开始DNA分子的研究 鲍林由于受自己专业的局限,仅从结构化学着眼,未能运用生物学原理,以致在碱基互补问题上束手无策 威尔金斯没有脱离生物遗传的功能去研究DNA 富兰克林认为建模的唯一方法只能是结晶学手段,所以不能解决DNA中碱基配对问题

表2-3-3 科学事业的本质维度分析

本质	维度分析	实例
科学与道德	科学研究中有普遍接受的道德规范	富兰克林献身科学绝不仅仅是为了荣誉,在受到不公正的待遇时,她并没有太多怨天尤人,而是继续进行自己的科学研究,以揭示更多的自然奥秘
科学与技术	科学与技术是有区别的,科学与技术可以相互作用	X射线衍射技术的出现,使科学家能够研究DNA分子的结构;层析法、紫外吸收光谱定量分析等微量分析手段应用于DNA中碱基的数量关系、基本骨架等研究;威尔金斯用X射线衍射实验发现DNA结构是单股螺旋;富兰克林改进X射线衍射技术证明DNA分子结构应该是双螺旋;DNA分子模型建构的成功离不开物理、化学、生物交叉研究成果的支持
科学与社会	科学与社会密切相关,总体上给人类带来了福音,但也会产生不良后果	对于DNA分子模型构建科学史的研究,有助于了解科学史的本质,DNA分子结构的本质;构建出正确的DNA分子结构模型,了解DNA分子结构及其特点,有利于加强基因的表达、基因突变、人类遗传病等研究
科学家身份	科学家也是公民,会运用科学知识来解决公众事务问题	—

思考与运用

1.沃森和克里克前两次建模失败问题分别出在哪里?

2.沃森和克里克是怎样解释DNA的双螺旋结构的?这一研究过程给我们哪些启示?

3.DNA的双螺旋结构有哪些主要特点?

第4节 科学领域的跨界大咖克里克

科学谜团

1953年，美国生物学家沃森和英国物理学家克里克率先提出DNA分子双螺旋模型，由此获得1962年诺贝尔生理学或医学奖。其中，物理学家克里克诠释了物理学思想与生物学研究的结合与碰撞，促进了他在研究领域跨越之后的巨大成功。那么克里克具体是如何将生物学和物理学结合在一起的呢？他又是如何运用跨学科思想进行研究的呢？

一、致力基础研究

1916年6月8日，在英格兰中南部一个郡的首府北安普敦出生了一个男孩，他的名字叫克里克。从小他对物理学就情有独钟，中学毕业后，毅然选择进入伦敦大学的物理系学习，并辅修数学，这为他今后在科学研究中取得巨大成就起到重要作用。就在他即将完成研究生学习时，第二次世界大战爆发，中断了他的学业。他加入英国海军研究实验室，从事电磁水雷的研究和设计，一直持续到二战结束。之后，他继续选择投身基础研究中。

在友人的帮助下，1949年克里克进入剑桥大学卡文迪许实验室佩鲁茨的研究小组，开始用X射线研究蛋白质结晶。克里克的大部分科研时间都在剑桥大学。在这里，克里克的学术生涯因遇到沃森而发生重大改变，促使他在分子生物学等领域取得巨大的成就，开启了分子生物学时代。2004年7月28日深夜，克里克在加州圣地亚哥的一家医院里离世。

二、构建完美的"双螺旋"

1951年，克里克在卡文迪许实验室与来自美国的沃森一见如故，从此他们开始了对遗传物质脱氧核糖核酸分子结构的合作研究。克里克具有深邃的科学洞察力，不受传统生物学观念束缚，凭借物理学优势，常以一种全新的视角思考问题。他们学科互补，取长补短，并善于吸收和借鉴当时也在研究分子结构的鲍林、威尔金斯和富兰克林等人的成果。经过约两年时间的努力，揭开了DNA分子结构之谜，成功建构DNA分子精确的双螺旋结构模型。在发表研究成果时，克里克竭力主张要在其中讨论DNA结构的遗传学意义。他坚持在论文中加上自己大胆的猜想，认为DNA的特定配对原则，使人联想到遗传物质可能有的复制机制。正是因为他的坚持，使他们不仅发现了DNA分子结构，而且从结构与功能的角度做出了解释。这篇论文至今仍被很多科学研究者誉为是"生物学开创新时代的一个标志"。

克里克与沃森的合作意识和精神仍然是今天的科研团队学习的典范。他们不迷信权威，密切合作，在众多科学家研究成果的基础上，避免了鲍林三链模型的错误，忍受查哥夫的傲慢，历经许多挫折，终于实现物理学、化学、数学、生物学理论与实验技术的伟大结合，最终发现DNA分子结构。正因为DNA分子结构的发现，1962年克里克、沃森和威尔金斯共同获得诺贝尔生理学或医学奖。

三、发现中心法则

DNA双螺旋结构被发现后，克里克立刻想到一个关键问题，那就是蛋白质是怎样合成的呢？对这个问题的思索，促使他提出了遗传学的基本原理，即中心法则。

1957年，克里克提出RNA可能是DNA与蛋白质之间的中间体。次年，他又提出在作为模板的RNA把氨基酸携带到蛋白质肽链的合成之间可能存在着一个中间受体。克里克所设想的受体很快就被证明为tRNA。

1958年，克里克根据这些推论发表论文《论蛋白质的合成》，这是代表他早期对分子生物学理论框架的研究成果。克里克认为，一旦信息被传递给蛋白质后就不可能再传出，信息在这里是指精确的序列，既可以是核酸的碱基序列，也可以是蛋白质的氨基酸序列。此时的"中心法则"是指，遗传信息从DNA传递给RNA，再从RNA传递给蛋白质，包括DNA自我复制、DNA转录成RNA和RNA翻译成蛋白质3个过程。此后的十多年，"中心法则"经历两次完善的过程，但却引起部分学者的质疑和非议。

1970年，克里克在 *Nature* 上发文，就"中心法则"的内容和含义进行了客观的评述。他首先对"中心法则是错误的，它过于简化"这一误解阐明观点：中心法则作为分子生物学智慧的根基，其重要性没有改变。他在文章里就信息转运问题做了系统、全面和细致的归纳，认为信息转运包含三类：一般转运、特殊转运和未知转运。这三类转运，进一步澄清在中心法则中DNA、RNA和蛋白质之间的信息传递问题，同时显示中心法则在理论预测方面的巨大威力。

四、证明遗传密码

遗传密码的破译是生物学史上一个伟大的里程碑。在DNA结构的基础上，首先提出编码数字理论的人是物理学家伽莫夫。伽莫夫提出一个碱基编码一个氨基酸的设想之后，科学家通过不断地推测与实验，最终找到了答案。

1961年，克里克与其合作者布伦纳等，首次以T4噬菌体作为实验材料，运用遗传学的方法证明了密码子为三联体，揭示出密码子的基本结构组成，并率先使用遗传密码一词。这是克里克遗传密码研究中的一个实质性的突破，为密码子在实验上的最终破解提出可靠的理论支撑和技术指导。后来，尼伦伯格与霍拉纳两个实验研究组为破译遗传密码做出了主要贡献。1968年，克里克对密码表进行补充和完善，这个表直至今天仍是科学界公认的标准遗传密码表。遗传密码的破解再次证明DNA作为遗传物质的正确性。现在，遗传密码的理论研究仍围绕克里克所绘制的遗传密码表在继续进行。

五、研究领域大转换

1966年，当生物医学的基础轮廓已经被清楚地勾画出来之后，克里克将自己的研究方向转向神经科学，开始从事对脑和意识的研究。60岁时，他加入圣地亚哥的索尔克生物研究所，开始他科学生涯的第二次领域大转换。

他对意识问题的研究不仅从自己熟悉的分子角度，并且注重从神经解剖学、心理学甚至从哲学等各个水平来思考，以期架起连通各个领域的桥梁。他在科学史上第一次明确用自然科学的办法可以解决意识问题。他提出的关于意识的"惊人假说"，认为我们的思想、意识完全可以用大脑中一些神经元的交互作用来解释。克里克提出，意识不是先天就有，而是由大脑中位于"扣带前回"的某一小组神经元产生和控制的。他的观点受到认知科学界的广泛关注。

科学领域的跨界大咖克里克经历研究领域的转变和科学思想的提升，他的物理学底蕴使其具有思考问题的敏锐洞察力和严谨的逻辑思维。他十分重视研究对象本身物质结构，追求实证。从克里克的重大学术选择上来看，他倾向生物物理学专业，贯穿其整个科学研究的不仅仅是单纯的物理学成分，也不完全是孤立的生物学对象，而是两者兼有之。克里克因其伟大的科学成就和广泛的研究领域，无愧被后人赋予物理学家、生物学家、分子生物学之父等众多头衔。

学与教建议

本节内容对应的是《普通高中生物学课程标准（2017年版2020年修订）》中课程内容必修课程的"概念3 遗传信息控制生物性状，并代代相传"，"3.1 亲代传递给子代的遗传信息主要编码在DNA分子上"，"3.1.2 概述DNA分子是由四种脱氧核苷酸构成，通常由两条碱基互补配对的反向平行长链形成双螺旋结构，碱基的排列顺序编码了遗传信息"，"3.1.3　概述DNA分子通过半保留方式进行复制"，"3.1.4　概述DNA分子上的遗传信息通过RNA指导蛋白质的合成，细胞分化的本质是基因选择性表达的结果，生物的性状主要通过蛋白质表现"。在"学业要求"中要求学生完成学习后能够"结合DNA双螺旋结构模型，阐明DNA分子作为遗传物质所具有的特征，以及通过复制、转录、翻译等过程传递和表达遗传信息（生命观念、科学思维）"。

关于科学领域的跨界大咖克里克，教科书中主要涉及：跨学科合作，构建出完美的双螺旋；善于捕捉科学灵感，再次发现中心法则；证明遗传密码中的3个碱基编码1个氨基酸。中心法则和遗传密码的发现主要涉及人教版《普通高中教科书 生物学 必修2 遗传与进化》第4章第1节的内容。克里克在这些研究中主要运用跨学科的思想，从物理学、生物学、化学等多个学科角度思考问题。教师在进行教授这两节课时，可以适当补充科学史，丰富学生的科学思维。

科学本质维度分析

表2-4-1　科学知识的本质维度分析

本质	维度分析	实例
认识性	世界是可以被认识的,科学是对客观世界的解释	克里克参与DNA分子结构模型的成功构建,说明人们对主要的遗传物质DNA分子的结构与特点是可以认识的;克里克提出遗传学的基本原理"中心法则",说明人们对于DNA、RNA和蛋白质三者之间的转化是可以认知的
相对性	科学知识不是绝对真理,是暂时性与持久性的统一	沃森和克里克合作历经许多挫折,避免了鲍林三链模型的错误,不断发现寻找正确的DNA结构

本质	维度分析	实例
累积性	科学知识是长期积累的结果	沃森和克里克历经失败,不断改进,结合多名科学家的基础研究后最终发现正确的DNA分子结构,并不是一蹴而就的;沃森和克里克首先通过建模发现DNA的结构与功能,而后提出RNA可能是DNA与蛋白质之间的中间体,最后对DNA、RNA和蛋白质三者之间的转化关系作出证明,提出"中心法则";克里克和布伦纳等科学家用T4噬菌体为实验材料揭示出密码子的基本结构组成
重复性	科学理论的研究过程应该是可以重复的	1951年,威尔金斯用X射线衍射得出DNA是单股螺旋,富兰克林重复X射线衍射并改进原来的X射线衍射仪,提出DNA是双螺旋结构
公开性	科学成果应公开,接受批判,并得到科学共同体的确认	1970年,克里克在 *Nature* 上发文,就"中心法则"的内容和含义进行了客观陈述,并且对相关误解阐明观点
局限性	科学不能为所有问题提供完美的解决方案	—

表2-4-2 科学探究的本质维度分析

本质	维度分析	实例
实证性	科学的正确性决定于观察和实验的检验	沃森和克里克通过多名科学家的基础研究结果,构建DNA模型,不断进行实证性研究得出结论 1961年,克里克和布伦纳等科学家,首次想到以T4噬菌体作为实验材料证明密码子为三联体,揭示出密码子的基本结构组成
归纳性	科学始于观察,科学知识主要来自对观察的归纳	克里克发表论文《论蛋白质的合成》,这是他早期对分子生物学理论框架的研究归纳结果 沃森和克里克成功构建出DNA分子结构模型,是通过总结归纳多位科学家的观察、实证性研究得出的
创造性	科学是人类推理、想象和创造力的产物	克里克具有深邃的科学洞察力,不受传统生物学观念束缚,凭借物理学优势,善于以一种全新的视角思考问题;在发表DNA分子结构模型的研究成果时,克里克坚持加上自己对DNA结构的遗传学意义的讨论,使科学家们不仅发现DNA分子结构,而且从结构与功能的角度做出解释 1961年克里克和布伦纳等科学家,首次想到以T4噬菌体作为实验材料,证明了密码子为三联体
预见性	科学具有预见性,可以根据观察和理论进行假说	克里克坚持在DNA分子双螺旋结构模型研究成果中加上自己大胆的猜测,认为DNA的特定配对原则,使人联想到遗传物质可能有的复制机制,后续被科学家们从结构与功能的角度对DNA分子结构做出解释

续　表

本质	维度分析	实例
预见性	科学具有预见性,可以根据观察和理论进行假说	1957年,克里克提出RNA可能是DNA与蛋白质之间的中间体,次年他又提出,在作为模板的RNA把氨基酸携带到蛋白质肽链的合成之间可能存在一个中间受体;克里克所设想的受体很快就被证明为tRNA 伽莫夫提出一个碱基编码一个氨基酸的设想之后,科学家通过不断地推测与实验,最终找到了答案 克里克对于意识问题提出了"惊人假说",他提出我们的思想、意识完全可以用大脑中一些神经元的交互作用来解释,提出意识不是先天就有,而是由大脑中位于"扣带前回"的某一小组神经元产生和控制的,他的观点受到认知科学界的广泛关注
非固定性	尽管科学研究的一些基本方法是相似的,但是学科知识背景和问题不完全固定,同一问题有不同的解决办法	生物学和物理学角度对DNA分子模型构建有不同程度的贡献 伽莫夫从物理学的角度提出三个碱基编码一个氨基酸的设想,而后沃森和克里克用遗传学的方法证明密码子为三联体,揭示出密码子的基本结构组成
非权威性	科学研究不依仗权威,没有一个科学家可以代表绝对真理,要有怀疑精神	克里克对于意识问题提出了"惊人假说",他提出我们的思想、意识完全可以用大脑中一些神经元的交互作用来解释,提出意识不是先天就有,而是由大脑中位于"扣带前回"的某一小组神经元产生和控制的,他的观点受到认知科学界的广泛关注
非绝对客观性	科学受科学家文化背景、信仰和看待事物方式等的影响;科学观察依赖理论的指导,这都难保证观察和研究的客观性	克里克不受传统生物学观念束缚,凭借物理学优势,常常用一种全新的视角思考问题;克里克对意识问题的研究不仅从自己熟悉的分子角度,并且注重从神经解剖学、心理学甚至哲学等各个水平来思考,以期架起连通各个领域的桥梁

表2-4-3　科学事业的本质维度分析

本质	维度分析	实例
科学与道德	科学研究中有普遍接受的道德规范	克里克与沃森的合作意识和精神仍然是今天的科研团队学习的典范,他们不迷信权威,密切合作
科学与技术	科学与技术是有区别的,科学与技术可以相互作用	X射线衍射技术的出现,使科学家能够研究DNA分子的结构,并且DNA分子模型构建的成功离不开物理学、化学、数学、生物学理论与实验技术的伟大结合,不同学科的科学理论推动技术的发展,反过来又推动DNA分子结构模型的构建

续 表

本质	维度分析	实例
科学与社会	科学与社会密切相关,总体上给人类带来了福音,但也会产生不良后果	沃森和克里克构建出正确的DNA分子结构模型,了解DNA分子结构及其特点,有利于加强基因的表达、基因突变、人类遗传病等研究;克里克对遗传密码表做出了贡献,证明DNA作为遗传物质的重要性,人们对遗传机制有了更深刻的认识
科学家身份	科学家也是公民,会运用科学知识来解决公众事务问题	—

思考与运用

1. 你认为克里克每次研究获得成果的关键是什么?

2. "中心法则"的具体内容是什么?能否用流程图表示?

第 5 节　里奇与DNA双螺旋结构多态性的发现

科学谜团

1953 年，沃森和克里克撰写的《核酸的分子结构——脱氧核糖核酸的一个结构模型》论文在 *Nature* 刊载，引起科学界极大的轰动。人教版教材讲述了这两位科学家构建DNA双螺旋结构模型的故事，其中有段描述"沃森和克里克尝试了很多种不同的双螺旋和三螺旋结构模型，在这些模型中，碱基位于螺旋的外部。但是，这些模型很快就被否定了"。然而DNA的结构只有一种吗？它是否具有其他类型的结构呢？又有哪些科学家为DNA分子结构的发现作出了贡献呢？

一、DNA分子的多态性

沃森和克里克在生理盐溶液中抽出的DNA纤维，是相对湿度92%下进行X射线衍射图谱测定而推设的，在这一条件下得到的DNA取B构象，称为B-DNA。后来发现B-DNA是DNA在细胞内最常见也是最稳定的构象。实际上DNA的结构是动态的，在相对湿度为75%时测出的DNA分子是A构象（A-DNA）。这一构象不仅出现在脱水DNA中，还出现在RNA分子的双螺旋区域和DNA-RNA杂交分子中，因此在DNA转录时，可能发生B型到A型的转变。将相对湿度进一步降到66%，就出现C型DNA（C-DNA），这一构象仅在实验室中观察到，在生物体中还未发现。这些研究表明DNA分子结构在不同条件下构象是不同的，但它们均为右手双螺旋，且螺旋的表面都有一个大沟和一个小沟。

在沃森和克里克发现DNA分子结构后，生命科学领域取得一系列辉煌的成就，诞生了许多伟大科学家，对分子生物学研究产生巨大的影响。

其中，一些未获诺贝尔奖的研究成果同样推动分子生物学的发展，Z-DNA的发现就是其中一项重要发现成果。经过二三十年的研究，科学家发现DNA不仅能形成右手双螺旋，也能形成左手双螺旋，甚至还能形成三股螺旋和四联体螺旋等多种形式，做出这些重要发现的就是美国著名生物物理学家亚历山大·里奇（简称"里奇"）。

二、里奇与DNA结构的结缘历程

1924年，里奇出生于美国康涅狄格州的哈特福德。里奇父母均未受过高等教育，但是他们知道知识对孩子命运改变的重要性，无论家庭经济多困难，甚至经济大萧条时期，他们坚定地鼓励并支持里奇努力学习。因此，里奇从小就对自然界尤其是宇宙的行星充满极大的兴趣，高中时还曾讨论过相对论。1942年秋，里奇顺利进入哈佛大学开始接受高等教育。在这里里奇系统学习了物理、化学、数学和哲学等课程，熟悉原子和分子等概念，最终选择生物化学专业。他的大学老师是著名蛋白质化学家埃索尔，里奇跟随他研究稀有氨基酸和二肽的拉曼光谱，这为里奇后来从事生物物理学研究奠定了重要基础。在埃索尔建议下，毕业后的里奇进入哈佛大学医学院接受医学教育，同时还继续在埃索尔实验室进行科学研究，期间结识英国著名晶体学家贝纳尔等多位著名科学家。从医学院毕业后，里奇继续申请博士后研究，最终被加州理工学院著名理论化学和蛋白质化学家鲍林接收，于1949年底来到帕萨迪纳，成为了鲍林的博士后。

鲍林是20世纪最伟大的化学大师之一，在化学键理论方面取得过重大成就。鲍林将研究领域拓展到生命科学领域，先后发现α-螺旋和β-折叠等蛋白质二级结构，提出镰刀型细胞贫血症的概念等，称得上是分子生物学早期的关键人物之一。因为里奇的医学背景，鲍林建议他进行血红蛋白相关的血液病研究。尽管里奇鉴定出库利氏贫血（β-地中海贫血），以及胎儿含有异常高的血红蛋白，但胎儿血红蛋白并不存在分子结构上的变异，因此他放弃了进一步研究。

当时，鲍林在进行DNA结构研究，并于1952年提出一个碱基在外的三螺旋DNA结构，然而论文发表不久，鲍林就意识到这个模型是错误的。由于反战，鲍林被取消去伦敦的护照，从而错失威尔金斯展示DNA衍射结果的学术会议。当时由于无法获得DNA晶体，只能获得DNA纤维束，而DNA的衍射图只能用X射线照射DNA纤维束获得。在进一步征求威尔金斯照片遭到拒绝后，1952年底鲍林建议里奇独立进行DNA的结构研究，鲍林的这个建议开启了里奇对核酸的终身研究。

开始里奇的研究并不顺利，一方面他缺乏制备DNA纤维束的娴熟技术，另一方面当时的加州理工学院没拥有完善的X射线衍射仪。因此，里奇只获得了一系列毫无规律的衍射数据，对DNA结构的解析几乎没有任何帮助。就在里奇的实验陷入僵局之时，鲍林获悉沃森和克里克已提出DNA双螺旋结构，并于1953年在 *Nature* 杂志发表，因此他们终止了DNA结构的进一步研究。

三、RNA双螺旋研究重燃里奇的研究热情

1953年9月，鲍林在加州理工学院主持召开了一次有关DNA结构的学术会议。在这次会上，里奇、克里克、沃森和威尔金斯等梳理了DNA结构的相关问题，讨论了结构研究的相关技术难题。此时DNA结构已经解析，而另一个遗传物质RNA（部分病毒的遗传物质是RNA）分子结构尚不清晰，因此里奇决定接下来的工作重心是RNA，主要研究RNA是否也可形成双螺旋。DNA和RNA均为核酸，在组成上非常相似，显然也应该具有类似的高级结构，但是RNA的五碳糖为核糖，不是DNA的脱氧核糖，包括沃森和克里克在内的许多科学家都推测RNA可能与其他基团形成化学键，组成类似多糖一样的分支结构，而不像DNA是线性结构。

1954年，里奇与沃森合作利用X射线衍射技术研究RNA的结构，但是没有获得类似DNA那样有规则的衍射结果。为了弥补自己在结构研究方面的缺陷，里奇在剑桥大学与克里克合作研究以掌握相关技术。随后，里奇加入美国国立卫生研究院，建立生理化学部，不久戴维斯加入，共同研究RNA结构。尽管进行一系列的技术改进和优化，但里奇对天然RNA进行的数百次X射线衍射实验都无法获得清晰一致的结果。衍射图

像不仅分辨率低，而且不同实验得到的衍射图像差异巨大，说明RNA的结构与DNA存在很大的不同。

1955年，里奇的实验出现重大转机。纽约大学医学院奥乔亚发现多核苷酸磷酸酶，其可在不依赖模板前提下催化二核苷酸生成多聚核苷酸，奥乔亚因此荣获1959年诺贝尔生理学或医学奖。里奇看到相关文献后，立刻意识到多核苷酸磷酸酶在RNA研究中的重要性。由于天然RNA过于复杂，在结构研究方面存在严重障碍，而人工合成的RNA就可以避免这一问题。里奇和戴维斯利用奥乔亚赠送的多核苷酸磷酸酶成功制备多聚腺苷酸和多聚鸟苷酸两种人工RNA。两种人工RNA的X射线衍射分析发现，它们与天然RNA产生的基本衍射图像非常相似。由于两种人工合成的RNA均为线性分子，意味着天然RNA不大可能具有分支结构。

1956年春，里奇和戴维斯进一步发现当混合polyA和polyU两种人工核酸后，溶液出现黏度快速升高和260nm光密度明显下降现象（两种人工RNA比例1∶1时光密度值最低），这意味着有双链的形成。由于两种人工核酸自身均无法碱基配对，二者只有通过A和U才可配对。这个实验说明，两条RNA互补链也可像DNA一样形成双螺旋。次年，里奇和戴维斯又进一步发现了RNA三螺旋。尽管今天RNA双螺旋已成为生命科学的基本事实，但在当时却受到部分科学家的质疑。生物化学家认为，双螺旋形成需要酶的催化（当时已发现了DNA复制的DNA聚合酶，但尚未发现催化RNA复制的RNA聚合酶）；高分子化学家认为，包含上千个核苷酸的RNA将纠缠在一起从而无法自动形成双螺旋；理论生物学家则认为，两个均带负电荷的单链不可能相互靠近。随着证据的增多，越来越多的科学家逐渐接受了RNA双螺旋结构。1964年，科学家发现病毒感染的细胞中存在双链RNA；1973年，双链RNA晶体制备成功，在结构上进一步证实RNA双螺旋的存在。RNA双螺旋结构的发现具有重要意义，极大地激发了里奇继续研究的动力，为研究RNA复制机制以及RNA干扰等现象奠定坚实基础。

四、核酸杂交的发现

1958年，克里克提出中心法则，描述遗传信息从DNA到RNA最后到蛋白质的基本过程。在DNA双螺旋和RNA双螺旋基础上，里奇对RNA和DNA之间是否能形成双螺旋产生了浓厚兴趣，因为该问题涉及遗传信息从DNA到RNA的传递过程。当时科学界已经初步证实存在DNA依赖的RNA聚合酶，确信DNA可制造RNA，但DNA的转录机制尚不清晰，且DNA和RNA之间是否可直接作用尚未有实验直接证实。

里奇基于DNA聚合酶的催化活性得出推论，认为转录过程中DNA的一条链作为模板产生DNA-RNA杂交双链。更为惊人的是，里奇还进一步提出RNA是进化上更为古老的分子，并且与DNA一样也可以作为模板。1970年，发现的逆转录现象证实里奇的推测。当时多聚核苷酸的人工合成已非常成熟，里奇面临的最大难题是获得能与多聚核苷酸互补配对的多聚脱氧核苷酸。DNA聚合酶只能以天然DNA为模板进行复制，无法满足里奇的实验要求。著名生物化学家科拉纳利用化学方法合成出多聚脱氧胸苷酸，并赠送部分样品给里奇，解决了里奇的难题。1960年，里奇首次将多聚脱氧胸苷酸与多聚腺苷酸混合，随后通过测定光密度变化和沉降率差异确定溶液中出现双螺旋结构，如图2-5-1所示。一年后，科学家进一步利用多聚脱氧胸苷酸做模板，使用RNA聚合酶获得多聚腺苷酸。这清晰表明，DNA转录过程中RNA聚合酶以DNA单链为模板产生互补RNA。里奇的发现不仅有利于转录过程的理解，而且还对逆转录过程、端粒形成和逆转座等原理有重要帮助。

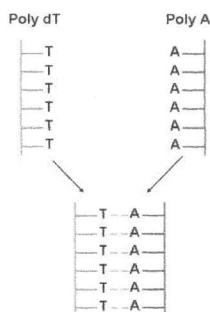

图2-5-1 里奇的DNA-RNA核酸杂交原理图

里奇的发现还促进了分子杂交技术的出现。1960年，科学家发现DNA退火现象，即变性解链的互补DNA在稳定缓慢降低后可重新形成双螺旋。1961年，施皮格尔曼等结合里奇的发现和DNA退火现象证明T2噬菌体的DNA可与其编码的RNA形成杂交双螺旋，从而产生核酸杂交技术。经过完善，核酸杂交技术已成为现代分子生物学研究的一项基础技术，如1975年发明的Southern杂交技术就是结合核酸杂交、限制性内切酶、凝胶电泳和DNA转移而产生的新技术。分子杂交的发现开启了检测细胞内基因的新时代，推动了相关领域的快速发展。今天广泛应用的荧光原位杂交、表达芯片和新一代测序技术等都是基于杂交原理，多聚脱氧胸苷酸还被广泛应用于真核生物mRNA的分离。

五、蛋白质翻译的研究

1961年，雅各布和克里克等证明模板mRNA的存在。至此，包括tRNA和rRNA在内的三种蛋白质翻译所需的RNA均被发现。同年，尼伦伯格破译了第一个遗传密码UUU为苯丙氨酸，从而掀起翻译机制研究的热潮。

1962年，里奇的学生观察到网织红细胞在合成血红蛋白过程中存在一条mRNA对应5个核糖体的现象。这一惊人发现不仅确定了多核糖体参与蛋白质翻译过程，而且直观地确定了翻译过程中核糖体在mRNA上的移动机制。他们继续研究揭示了每个单一核糖体上存在两个tRNA结合位点，即A位点和P位点，A位点结合氨基酰-tRNA，而P位点结合肽酰-tRNA。里奇推测，两个位点协同参与新生肽链的移动，将mRNA密码子从位点A移到位点P。这些推测后来都被研究证实，成为最终阐明蛋白质翻译机制的基础。

除对翻译场所核糖体的研究以外，里奇更多的研究放在tRNA方面。尽管当时tRNA纯化方法已得到很大改善，但在tRNA晶体结构研究长期没有突破。直到1968年才取得了第一次重大突破，里奇实验室获得大肠杆菌苯丙氨酸-tRNA的单晶。但是，单晶的质量较差，无法获得理想的衍射图。虽然后来进行了大量技术改进，但是仍无法达到目的。1970年，里奇研究小组找到一种很好的方法，他们用精胺获得稳定的酵母丙氨酸—tRNA 高度有序的晶体，并利用重金属掺入法获取相关的三维结构信息，衍射水平几乎可以达到 0.2 nm。1972 年，里奇研究小组得到分辨率为 0.4 nm 的晶体，从衍射图中甚至可以"看"到多聚核苷酸链的骨架，并能辨认分子骨架上的磷酸根，磷酸根看起来就像三维空间中一串缠绕的小珠，但从该衍射图中还不能分辨多核苷酸链中的碱基。1973 年，里奇小组确定 tRNA 为"L"型结构。1974 年，里奇的结果作为 *Nature* 杂志封面文章发表。与此同时，英国的克卢格小组也获得相同进展。2000 年，英国剑桥大学的研究人员对在冰箱内保存了 15 年的酵母丙氨酸—tRNA 晶体重新进行 X 射线衍射分析，分辨率达到 0.2 nm，分析结果与 20 年前的分析结果惊人一致。

tRNA 结构的解析对蛋白质翻译机制的理解具有重要意义：首先，接收臂（CCA）和反密码子空间距离的解析对理解 tRNA 和氨基酰-tRNA 合成酶的相互作用有重要帮助；其次，反密码子与 mRNA 上密码子配对区域与肽键形成区之间关联有益于翻译过程的理解。

六、Z-DNA 的发现

1979 年，里奇与同事在研究人工合成的 CGCGCG 单晶时，发现该单晶呈向左的螺旋，且两条主链呈 Z 字形环绕，里奇将这种独特的结构称为 Z-DNA。后来，发现在细胞 DNA 分子中也存在有 Z-DNA 结构。

随后的一系列研究证实了 Z-DNA 的存在，并确立 B-DNA 是生理状态下 DNA 的基本类型，而 Z-DNA 是一种高能状态，在整个基因组中含量较少，约 0.3%。对于它们的具体功能在随后很长时间内未取得的明显进展，因此许多科学家认为 Z-DNA 可能只是一种无功能的构象变化，不值得研究。但里奇的实验室仍对 Z-DNA 进行广泛深入的探索，发现 B 构象的 DNA 中存在 Z-DNA 构象是可能的，后来又利用 Z-DNA 抗体能结合 Z-DNA 的特性，为许多生物的 DNA 中存在 Z-DNA 提供直接证据。Z-DNA 的确存在于细胞中，并具有重要的功能，从而对 DNA 生物学功能有了全新理解。

现已证明Z-DNA诱导的遗传不稳定性和复制滑动有关，它参与基因调节-控制基因的启闭。因为Z-DNA的形成，使局部DNA双链处于不稳定状态，有利于DNA双链解开，而DNA解链是DNA复制和转录的必要环节。Rich小组利用Z-DNA抗体，证实在DNA调节基因转录的区域中存在Z-DNA（一个DNA短的片段），并发现这种短的片段既能增强基因的活性，亦能抑制附近基因的活化，主要取决于环境的不同。在细胞分裂过程中，Z-DNA可能还参与基因的重组。同时，由于Z-DNA分子中大沟消失，小沟深而狭，含有更多的遗传信息，也可能通过蛋白的不同识别方式，来调节细胞的多种生命活动。除上述提到的与转录、遗传不稳定性、基因重组、自身免疫疾病等的关系以外，Z-DNA的生物学功能还有很多，如阿尔茨海默症、血液系统疾病、肿瘤等。2005年，里奇研究小组还获得Z-DNA和B-DNA结合时的空间结构，当Z-DNA形成时，两端的B-Z相互结合区域构成了其与B-DNA的接口。总之，目前对Z-DNA的作用尚有许多问题有待研究。

七、里奇的成就和启发

里奇利用生物物理学工具先后发现并揭示RNA双螺旋、DNA-RNA杂交、蛋白质翻译中的多核糖体、tRNA三级结构和Z-DNA结构。这些发现对生物化学和分子生物学的发展具有重要的推动作用。里奇的科研生涯主要是对生物大分子的结构研究，而结构是功能研究的基础，因此这些研究奠定了对核酸作为遗传基础分子功能的理解和认识。此外，里奇还参与莱德伯格领导的火星登陆计划中的生物学实验，以寻找火星生命，尽管未获得重大进展，但推动了寻找外星生命事业的蓬勃发展。

1958年，里奇加入麻省理工学院，曾担任生物物理学讲座教授。里奇是美国科学院院士、美国艺术和科学学院院士、医学科学院院士和美国哲学学会会员，此外还是罗马教廷科学院和法国科学院外籍院士。1995年，里奇获得美国国家科学奖章；2000年，获得富兰克林奖章；2001年，获得科学研究协会科学成就William Procter奖；2008年，获得韦尔奇化学奖。里奇发表了几百篇论文，1968年出版专著《结构化学和分子生物学》。

回顾这段历史不难发现，著名科学家之所以能在学术上获得众多荣誉，其中一个重要因素是因为受许多名师的影响和启发，采用最先进的实验方法和技术，且需要团队合作精神。里奇从揭示RNA双螺旋的结构到认识Z-DNA结构用将近50年的时间，这项工作是许多科学家共同努力的结果，前文提到的只是几位具有代表性的科学家，还有很多研究人员也都做出了不平凡的贡献，由此可知合作与交流的重要意义。

学与教建议

本节内容对应的是《普通高中生物学课程标准（2017年版2020年修订）》中课程内容必修课程的"概念3　遗传信息控制生物性状，并代代相传"，"3.1　亲代传递给子代的遗传信息主要编码在DNA分子上"，"3.1.2　概述DNA分子是由四种脱氧核苷酸构成，通常由两条碱基互补配对的反向平行长链形成双螺旋结构，碱基的排列顺序编码了遗传信息"，"3.1.4　概述DNA分子上的遗传信息通过RNA指导蛋白质的合成，细胞分化的本质是基因选择性表达的结果，生物的性状主要通过蛋白质表现"。"学业质量水平"要求：水平3-1"能运用结构与功能观、物质与能量观、稳态与平衡观等观念，举例说明生物体组成结构和功能之间的关系、遗传与变异的物质基础、稳态的维持和调节机制、生态系统的平衡原理等"。

本节科学史内容主要涉及人教版《普通高中教科书 生物学 必修2 遗传与进化》第3章第2节"DNA的结构"和第4章第1节"基因指导蛋白质的合成"。通过了解DNA双螺旋结构多态性的科学史，进一步明确DNA分子结构具有多样性和特异性的特点，同时培养学生的科学思维。

科学本质维度分析

表 2-5-1　科学知识的本质维度分析

本质	维度分析	实例
认识性	世界是可以被认识的,科学是对客观世界的解释	RNA 双螺旋、DNA-RNA 杂交、蛋白质翻译中的多核糖体、tRNA 三级结构和 Z-DNA 结构,这些发现对生物化学和分子生物学的发展具有重要的推动作用
相对性	科学知识不是绝对真理,是暂时性与持久性的统一	科学家提出的观点随着时间以及技术的发展在不断发生变化,不断完善与统一。如:科学家一开始得到 B-DNA 的结构,通过后续的研究发现 DNA 分子结构在不同条件下可以有所不同,后续还发现 Z-DNA;鲍林在 1952 年提出一个碱基在外的三螺旋 DNA 结构,后续鲍林意识到这个模型是错误的,并且被沃森与克里克证实
累积性	科学知识是长期积累的结果	DNA 双螺旋结构多样性的发现和中心法则的提出是长期积累性的结果:沃森和克里克以在生理盐溶液中抽出的 DNA 纤维,在相对湿度 92% 条件下进行 X 射线衍射图谱测定而推设的,在这一条件下得到的 DNA 取 B 构象,称为 B-DNA;相对湿度为 75% 测出的 DNA 分子是 A 构象;相对湿度进一步降到 66%,就出现 C 型 DNA(C-DNA);里奇发现了 Z-DNA。里奇发现 RNA 和 DNA 核酸杂交:1958 年,克里克提出中心法则;科学界已经初步证实存在 DNA 依赖的 RNA 聚合酶,确信 DNA 可制造 RNA,但 DNA 的转录机制尚不清晰;1960 年里奇通过实验证明 DNA 转录过程中 RNA 聚合酶以 DNA 单链为模板产生互补 RNA 里奇的发现还促进了分子杂交技术的出现
重复性	科学理论的研究过程应该是可以重复的	利用 X 射线衍射技术观察不同相对湿度下 DNA 分子的结构是具有可重复性的
公开性	科学成果应公开,接受批判,并得到科学共同体的确认	每一位科学家都应该将自己的科学成果公开交流讨论,接受人们的评价、指正

本质	维度分析	实例
局限性	科学不能为所有问题提供完美的解决方案	里奇还参与有莱德伯格领导的火星登陆计划中的生物学实验以寻找火星生命,尽管未获得重大进展,但推动了寻找外星生命这项事业的蓬勃发展 2005年,里奇研究小组还获得Z-DNA和B-DNA结合时的空间结构,当Z-DNA形成时,两端的B-Z相互结合区域构成了其与B-DNA的接口。总之,目前对Z-DNA的作用尚有许多问题有待研究

表2-5-2 科学探究的本质维度分析

本质	维度分析	实例
实证性	科学的正确性决定于观察和实验的检验	每一位科学家提出的观点都是建立在具有实证性的证据基础上的;不同类型DNA的结构都是在X射线衍射图谱测定进行计算发现的;最开始1956年里奇发现RNA也可能具有像DNA一样的双螺旋结构,随着证据的增多,越来越多的科学家逐渐接受了RNA双螺旋结构
归纳性	科学始于观察,科学知识主要来自对观察的归纳	通过对不同湿度下DNA分子结构的X射线衍射图谱进行测定计算,归纳总结出DNA分子结构在不同条件下结构有所不同
创造性	科学是人类推理、想象和创造力的产物	里奇指出DNA和RNA均为核酸,在组成上非常相似,因此也应该具有类似的高级结构,通过实验发现RNA也具有双螺旋结构
预见性	科学具有预见性,可以根据观察和理论进行假说	里奇基于DNA聚合酶的催化活性得出推论,进一步提出RNA是进化上更为古老的分子,并且与DNA一样也可以作为模板;在1970年发现的逆转录现象证实里奇的推测 里奇的学生揭示每个单一核糖体上存在两个tRNA结合位点,即A位点和P位点,A位点结合氨基酰-tRNA,而P位点结合肽酰-tRNA。里奇推测,两个位点协同参与新生肽链的移动,将mRNA密码子从位点A移到位点P。这些推测后来都被研究证实,成为最终阐明蛋白质翻译机制的基础

续　表

本质	维度分析	实例
非固定性	尽管科学研究的一些基本方法是相似的,但是学科知识背景和问题不完全固定,同一问题有不同的解决办法	—
非权威性	科学研究不依仗权威,没有一个科学家可以代表绝对真理,要有怀疑精神	里奇决定工作重心是RNA,主要研究RNA是否也可形成双螺旋。DNA和RNA均为核酸,在组成上非常相似,显然也应该具有相似的高级结构,于是里奇开始了对RNA结构的研究
非绝对客观性	科学受科学家文化背景、信仰和看待事物方式等的影响;科学观察依赖理论的指导,这都难保证观察和研究的客观性	因为里奇的医学背景,鲍林建议他进行血红蛋白相关的血液病研究。尽管里奇鉴定出库利氏贫血,以及胎儿含有异常高的血红蛋白,但胎儿血红蛋白并不存在分子结构上的变异。因此,他放弃了进一步研究 尽管今天RNA双螺旋已成为生命科学的基本事实,但在当时却受到部分科学家的质疑。生物化学家认为,双螺旋形成需要酶的催化;高分子化学家认为,包含上千个核苷酸的RNA将纠缠在一起从而无法自动形成双螺旋;理论生物学家则认为,两个均带负电荷的单链不可能相互靠近

表2-5-3　科学事业的本质维度分析

本质	维度分析	实例
科学与道德	科学研究中有普遍接受的道德规范	里奇从揭示RNA双螺旋的存在到认识Z-DNA结构用了将近50年的时间,这项工作是许多科学家共同努力的结果,前文提到的只是几位具有代表性的科学家,还有很多研究人员也都做出了不平凡的贡献,由此可知合作与交流的重要意义
科学与技术	科学与技术是有区别的,科学与技术可以相互作用	随着技术的发展,里奇利用生物物理学工具先后发现并揭示了RNA双螺旋、DNA-RNA杂交、蛋白质翻译中的多核糖体、tRNA三级结构和Z-DNA结构,对生物化学和分子生物学的发展具有重要的推动作用
科学与社会	科学与社会密切相关,总体上给人类带来了福音,但也会产生不良后果	随着科学家们对DNA、RNA、蛋白质结构和功能的发现,以及中心法则的提出和验证,推动了生物化学和分子生物学的发展
科学家身份	科学家也是公民,会运用科学知识来解决公众事务问题	—

思考与运用

1.不同状态下DNA分子结构具有哪些不同类型?

2.了解里奇的研究历程后,你认为作为科学家进行科研需要具备哪些品质?

第6节 三套遗传密码的发现

　　薛定谔是奥地利的物理学家，也是量子力学奠基人之一。他在《生命是什么》一书中，最早提出遗传密码的概念，唤起很多年轻物理学家加入现代生物学的研究，去揭开遗传密码的神秘面纱。在中学生物学习中，我们知道生物的密码子有64种。那么，遗传密码是不是只有这64种呢？事实并非如此，中学介绍的64种密码子只是其中一套密码系统。目前，科学家发现了三套遗传密码。

一、第一套遗传密码

　　储存在mRNA分子中的遗传密码称为第一套遗传密码或称经典遗传密码。第一套遗传密码的提出者是美国物理学家伽莫夫，他通过排列组合计算，推算出一个遗传密码子究竟由几个碱基组成。按照排列组合的计算方式，如果一个碱基对应一个氨基酸，那么最多只能有4种氨基酸；如果两个碱基对应一个氨基酸，那么氨基酸的种类最多只有16种；如果三个碱基对应一个氨基酸，那么氨基酸的种类最多可以有64种。按照当时人们对氨基酸的认识，构成蛋白质的氨基酸有20种（后来又发现新的氨基酸，如硒代半胱氨酸等），因此上述最合理的推理就是三个碱基对应一个氨基酸。乔治·伽莫夫不仅提出三联体密码子的概念，而且还推测64种密码子对应的20种氨基酸中是有重复性的，即一种氨基酸可能不止有一个密码子。

推论是否真实只能通过科学实验来验证。第一个用实验给遗传密码确切解答的是美国生物学家尼伦伯格和德国生物学家马太。他们人工合成了一种多聚尿嘧啶核苷酸，再用多聚尿嘧啶核苷酸替换细胞中原本存在的mRNA。在其他条件和材料保持充足和适宜情况下，实验显示只含有苯丙氨酸的多肽合成，从而利用生化技术确定苯丙氨酸的密码子是UUU，这是第一个被破译出的遗传密码。此后数年，64个遗传密码全部被破译，第一套遗传密码表至此终于问世，如表2-6-1所示。

表2-6-1 21种氨基酸的密码子

第一个碱基	第二个碱基				第三个碱基
	U	C	A	G	
U	苯丙氨酸	丝氨酸	酪氨酸	半胱氨酸	U
	苯丙氨酸	丝氨酸	酪氨酸	半胱氨酸	C
	亮氨酸	丝氨酸	终止	终止、硒代半胱氨酸①	A
	亮氨酸	丝氨酸	终止	色氨酸	G
C	亮氨酸	脯氨酸	组氨酸	精氨酸	U
	亮氨酸	脯氨酸	组氨酸	精氨酸	C
	亮氨酸	脯氨酸	谷氨酰胺	精氨酸	A
	亮氨酸	脯氨酸	谷氨酰胺	精氨酸	G
A	异亮氨酸	苏氨酸	天冬酰胺	丝氨酸	U
	异亮氨酸	苏氨酸	天冬酰胺	丝氨酸	C
	异亮氨酸	苏氨酸	赖氨酸	精氨酸	A
	甲硫氨酸（起始）	苏氨酸	赖氨酸	精氨酸	G
G	缬氨酸	丙氨酸	天冬酰胺	甘氨酸	U
	缬氨酸	丙氨酸	天冬酰胺	甘氨酸	C
	缬氨酸	丙氨酸	谷氨酸	甘氨酸	A
	缬氨酸、甲硫氨酸（起始②）	丙氨酸	谷氨酸	甘氨酸	G

注：①在正常情况下，UGA是终止密码子，但在特殊情况下，UGA可以编码硒代半胱氨酸。②在原核细胞中，GUG也可以作起始密码子，此时它编码甲硫氨酸。

大多数生物共用一套完全相同的遗传密码，即密码子具有普遍性。

但是，据报道在线粒体可能有不遵循遗传密码普遍性原则的现象，即变异密码子的存在。巴雷尔等人发现精氨酸的密码子AGA、AGG充当终止密码子，这是他们在对人的COI（细胞色素C氧化酶亚单位Ⅰ）、牛的Cytb（细胞色素b），以及一种未经鉴定的蛋白质URF$_6$为研究对象的实验中发现的奇怪现象。巴雷尔、玛其诺等分别在人、酵母、链孢霉和果蝇的线粒体基因中还发现了更多不一样的对应法则。例如，果蝇的线粒体中出现终止密码子不仅没有引起翻译终止现象，还能编码色氨酸；哺乳动物的线粒体中（如人、牛和老鼠等），AUA和AUU原本是编码异亮氨酸的密码子，却可以编码蛋氨酸，甚至还可以作为起始密码子；同样在哺乳动物中，AGA和AGG原本编码精氨酸，却可以行使终止密码子的功能。变异密码子并不是通用密码子突变的结果，更多的实验结果显示，变异密码子不仅可以出现在线粒体中，在细胞核基因中也会出现，可见变异密码子在生物中普遍存在。变异密码子的出现丰富了遗传信息的多样性，提升了进化速度，促进了生物多样性的发展。有人认为变异密码子与通用的密码子主要差异表现在三联体密码子的前两个碱基种类和组合上，如亮氨酸的密码子是CUU、CUC、CUA、CUG，也有人认为变异密码子与通用的密码子的大部分差异，主要与腺嘌呤（A）息息相关。

二、第二套遗传密码

20世纪，生物学所取得的最重要的突破之一就是对生命遗传信息存储、传递及表达的认识，其中关键问题是对三联体遗传密码的破译。但是，蛋白质必须有特定的三维空间结构，才能表现其特定的生物功能。因此，遗传信息的传递必须是从核酸序列到功能蛋白质的全过程。目前，国际上将蛋白质中氨基酸序列与其空间结构的对应关系，称为第二套遗传密码或折叠密码。对于第二套遗传密码的说法不一。在高等生物教材中，对于第二套遗传密码的定义是：氨酰tRNA合成酶和tRNA之间的相互作用，以及tRNA分子中某些碱基或碱基对决定着携带专一氨基酸的作用称为第二套遗传密码。

邹承鲁认为，第二套遗传密码是蛋白质中氨基酸序列与其空间结构之间的对应关系；第一套遗传密码解决的是在一维空间内两个不同性质分子的翻译关系，即从 DNA 的核苷酸排列顺序到多肽链的氨基酸排列顺序，而第二套遗传密码解决的是一维空间序列信息与三维空间结构信息之间的关系，也就是"蛋白质结构预测"，可从理论上最直接地去解决蛋白质的折叠问题。但是如何去解决折叠问题、需要哪些技术手段等都极其复杂，科学家至今还没有实质性的突破。因此，迄今尚未有更多对第二套遗传密码突破性发现的内容报道。

邹承鲁对第二套遗传密码中的某些认识仍然建立在科学认识第一套遗传密码的基础上，如他认为第二套遗传密码同样具有简并性。这种简并性的特点主要体现在两点：一是不同生物体中执行相同生物功能的蛋白质虽然可以有氨基酸序列上的差异，却有似乎相同的整体空间结构，如线粒体细胞色素 c 的氨基酸残基数均在 104 个左右，仅有 21 个氨基酸在不同生物体的细胞色素 c 中是完全相同的，但所有细胞色素 c 的整体空间结构却是非常相似的；二是在化学修饰及定点突变研究中，侧链残基取代对蛋白质折叠状态影响甚微，如硫氧还蛋白在分子内部有一个疏基，对疏基用不同链长的烷基硫代磺酸修饰时可以在分子内部引入不同链长，但并没有影响分子的圆二色光谱。

第二套遗传密码具有多义性，也就是说某些氨基酸序列在不同条件下会形成不同的空间结构和功能。例如，天然型朊病毒（PrP^c）在正常动物体内存在，不导致疾病，而感染型的朊病毒（PrP^{sc}）则导致某些神经性疾病，并使天然型朊病毒变成感染性朊病毒；两者一级结构完全相同，只是空间结构不同。第二套遗传密码还具有全局性，主要体现在个别键的形成或破坏，或环境对分子结构的影响并不足以改变蛋白质的总体空间结构。

三、第三套遗传密码

在第二套遗传密码还没有完全破译的前提下，第三套遗传密码被提出，有人称之为组蛋白密码，主要研究 DNA 构象的变化、组蛋白甲基化形成的密码，包括 Z-DNA、核小体的甲基化和乙酰化等。第三套遗传密码不像其他遗传密码那样具有明显的规律性，现在处于探索阶段。

刘次全认为，第三套遗传密码是一种"空间密码"。在第一套遗传密码中，人们已经很清楚 mRNA 和蛋白质之间的线性关系。但是，这种对应关系忽略了蛋白质作为一种具有复杂空间结构的大分子，在遗传信息传递和表达的过程中，其三维结构理论上也应该是受控于遗传信息。那么这种动态地控制蛋白质形成不同折叠结构的 mRNA 信息，不仅仅只是一种一维的线性决定信息。基于实验数据和结构模型，科学家已经找到多项证据来证实 mRNA 和编码蛋白质之间存在三维结构，而且只要给出一个模板 mRNA 的实验序列，就能准确表达出对应蛋白质规则的二级结构单元。这是目前科学家们在第三遗传密码研究进程中，取得最重要的进展之一。尽管如此，迄今仍缺乏细胞生物学和分子遗传学的实验证据，来证实"三维遗传信息"。

学与教建议

本节内容对应的是《普通高中生物学课程标准（2017年版2020年修订）》中课程内容必修课程的"概念3 遗传信息控制生物性状，并代代相传"，"3.1 亲代传递给子代的遗传信息主要编码在 DNA 分子上"，"3.1.4 概述 DNA 分子上的遗传信息通过 RNA 指导蛋白质的合成，细胞分化的本质是基因选择性表达的结果，生物的性状主要通过蛋白质表现"。在"学业要求"中要求学生"结合 DNA 双螺旋结构模型，阐明 DNA 分子作为遗传物质所具有的特征，以及通过复制、转录、翻译等过程传递和表达遗传信息（生命观念、科学思维）"。"学业质量水平"要求：水平1-2"能认识到生物学概念是基于科学事实，经过归纳与概括、演绎与推理等方法形成的；能理解分子与细胞、遗传与变异等相关概念的内涵；能用上述概念和科学思维方法解释简单情境中的生命现象"；水平2-1"能运用结构与功能观、物质与能量观等观念，举例说明生物体组成结构和功能之间的关系、光合作用和呼吸作用中的物质与能量转换、遗传与变异的物质基础和规律等"。

关于发现三套遗传密码的内容主要涉及人教版《普通高中教科书 生物学 必修 2 遗传与进化》第 4 章第 1 节内容。其中，主要帮助学生理解生物信息和遗传密码的破译过程，极大地拓展了学生对遗传信息转录、翻译的认识。教材"生物科学史话"栏目介绍了遗传密码的破译，通过引入三套遗传密码的发现过程，揭示科学家巧妙的实验设计，地球上几乎所有的生物都共用一套遗传密码的事实，将带给学生更多启迪。本节教学需要师生之间有良好的互动基础，教师应设计运用好教材中的问题串，步步深入地解决中心问题，使教学活动能够顺利推进。同时，结合相应科学史，引导学生思考，在讨论交流中展开对话。教师还应对学生的回答和讨论结果做出相应的反馈，通过连续追问，促进学生不断回顾自己的思维过程，达成核心素养培养目标。

科学本质维度分析

表 2-6-2 科学知识的本质维度分析

本质	维度分析	实例
认识性	世界是可以被认识的,科学是对客观世界的解释	通过介绍三套遗传密码,认识遗传密码子的发现历程,拓展对生命遗传信息存储、传递及表达的认识理解
相对性	科学知识不是绝对真理,是暂时性与持久性的统一	从第一套遗传密码子的推论到密码表的问世,第二套遗传密码概念的争论到第三套遗传密码的提出,科学知识的发展在否定和继承中不断前进
累积性	科学知识是长期积累的结果	第一套遗传密码的提出者是美国物理学家伽莫夫。他提出三联体密码子的概念,并推测 64 种密码子对应的 20 种氨基酸中是有重复性的,即一种氨基酸可能不止有一个密码子

续　表

本质	维度分析	实例
累积性	科学知识是长期积累的结果	第一个用实验给遗传密码确切解答的是美国生物学家尼伦伯格和德国的马太。他们利用生化技术确定苯丙氨酸的密码子是UUU,是第一个被破译出的遗传密码。随后,经过几代科学家的不懈努力,64个遗传密码全部被破译,第一套遗传密码表至此终于问世 大多数生物共用一套完全相同的遗传密码,即密码子具有普遍性。但是,据报道在线粒体中可能有不遵循遗传密码的普遍性原则,即变异密码子的存在。实验显示,变异密码子不仅可以出现在线粒体中,在细胞核基因中也有出现,可见变异密码子在生物中普遍存在。因此,提出第二套遗传密码的想法 在第二遗传密码还没有完全破译的前提下,第三遗传密码也被提出,有人称之为组蛋白密码。迄今仍缺乏细胞生物学和分子遗传学的实验证据,来证实"三维遗传信息"存在的正确性
重复性	科学理论的研究过程应该是可以重复的	美国生物学家尼伦伯格和德国生物学家马太利用人工合成一种多聚尿嘧啶核苷酸,再用多聚尿嘧啶核苷酸替换细胞中原本存在的信使RNA。在其他条件和材料保持充足和适宜,最后的实验结果显示,只含有苯丙氨酸的多肽合成,从而利用生化技术确定了苯丙氨酸的密码子是UUU,这是第一个被破译出的遗传密码。随后,经过科学家的不懈努力,64个遗传密码全部被破译,第一套遗传密码表至此终于问世
公开性	科学成果应公开,接受批判,并得到科学共同体的确认	每一位科学家都应该将自己的科学成果公开交流讨论,接受人们的评价、指正
局限性	科学不能为所有问题提供完美的解决方案	迄今仍缺乏细胞生物学和分子遗传学的实验证据,来证实"三维遗传信息"存在的正确性

表2-6-3　科学探究的本质维度分析

本质	维度分析	实例
实证性	科学的正确性决定于观察和实验的检验	乔治·伽莫夫提出三联体密码子的概念,并推测64种密码子对应的20种氨基酸中是有重复性的,即一种氨基酸可能不止一个密码子。推论是否真实只能由科学实验去验证。第一个用实验给遗传密码确切解答的是美国生物学家尼伦伯格和德国的马太。他们利用生化技术确定苯丙氨酸的密码子是UUU,这是第一个被破译出的遗传密码。随后,经过科学家的不懈努力,64个遗传密码全部被破译,第一套遗传密码表至此终于问世

本质	维度分析	实例
归纳性	科学始于观察,科学知识主要来自对观察的归纳	据报道在线粒体可能有不遵循遗传密码的普遍性原则,即变异密码子的存在。巴雷尔等发现精氨酸的密码子AGA、AGG充当了终止密码子,因为他们在对人的COI、牛的Cytb,以及一种未经鉴定的蛋白质URF₆为研究对象的实验中观察到奇怪的现象。随后巴雷尔、玛其诺等分别在人、酵母、链孢霉和果蝇的线粒体基因中观察到更多不一样的对应法则。实验显示,变异密码子不仅可以出现在线粒体中,在细胞核基因中也有出现,由此可知变异密码子在生物中普遍存在
创造性	科学是人类推理、想象和创造力的产物	美国物理学伽莫夫按照排列组合的计算方式,如果一个碱基对应一个氨基酸,那么最多只能有4种氨基酸;如果两个碱基对应一个氨基酸,那么氨基酸的种类最多只有16种;如果三个碱基对应一个氨基酸,那么氨基酸的种类最多可以有64种。按照当时人们对氨基酸的认识,构成蛋白质的氨基酸有20种,上述最合理的推理就是三个碱基对应一个氨基酸。因此,伽莫夫创造性地提出三联体密码子的概念,并推测64种密码子对应的20种氨基酸中是有重复性的,即一种氨基酸可能不止有一个密码子
预见性	科学具有预见性,可以根据观察和理论进行假说	第一套遗传密码的提出者是美国物理学伽莫夫,通过排列组合计算,推算出一个遗传密码子究竟由几个碱基组成。伽莫夫提出三联体密码子的概念,并推测64种密码子对应的20种氨基酸中是有重复性的,即一种氨基酸可能不止有一个密码子
非固定性	尽管科学研究的一些基本方法是相似的,但是学科知识背景和问题不完全固定,同一问题有不同的解决办法	对于第二套遗传密码的说法不一,在高等学校生物学教材中,对于第二套套遗传密码的定义是:氨酰tRNA合成酶和tRNA之间的相互作用和tRNA分子中某些碱基或碱基对决定携带专一氨基酸的作用称为第二套遗传密码 邹承鲁认为第二套遗传密码是蛋白质中氨基酸序列到其空间结构之间的对应关系
非权威性	科学研究不依仗权威,没有一个科学家可以代表绝对真理,要有怀疑精神	众多科学家具有独特的科学洞察力、强烈的质疑精神和卓越的远见,其团队通过不懈努力才能在遗传密码研究领域取得不断的进展
非绝对客观性	科学受科学家文化背景、信仰和看待事物方式等的影响;科学观察依赖理论的指导,这都难保证观察和研究的客观性	邹承鲁对第二套遗传密码产生新的认识,部分原因是他的某些认识仍然建立在科学认识的第一套遗传密码的基础上,如他认为第二套遗传密码同样具有简并性

表2-6-4　科学事业的本质维度分析

本质	维度分析	实例
科学与道德	科学研究中有普遍接受的道德规范	科学家用正确的科学方法,坚持不懈、百折不挠的科学精神,进一步促进遗传密码的发现
科学与技术	科学与技术是有区别的,科学与技术可以相互作用	迄今仍缺乏细胞生物学和分子遗传学的实验证据,来证实"三维遗传信息"存在的正确性
科学与社会	科学与社会密切相关,总体上给人类带来了福音,但也会产生不良后果	—
科学家身份	科学家也是公民,会运用科学知识来解决公众事务问题	—

思考与运用

1. 伽莫夫是如何提出关于第一套遗传密码子的推论的?

2. 三套遗传密码的发现都各有什么生物学上的意义?

第3章
稳态与调节
——发现物质

~~~~~~

从概念萌芽一路走来，

历史里的稳态告诉我们，

心与脑，谁是生命的主宰？

机能定位、经典条件反射、乙酰胆碱和激素
受体，

身体的智慧就在于，

反馈调节的动态平衡。

此外，植物向光生长的发现历程，

还会告诉你，

植物世界也是如此……

~~~~~~

第1节 历史里的稳态

科学谜团

  稳态是系统学等现代科学中一个重要的基本概念和理论。生理学家把正常机体通过自身的调节作用,使各个器官、系统协调活动,共同维持内环境的相对稳定状态叫作稳态。稳态概念源于对内环境的研究,后来逐渐发展成为适用于整个生物科学的基本概念。这从一个侧面反映了生物科学从分析走向综合、由分支走向统一的发展趋势。在稳态概念提出的过程中,贝尔纳、坎农和维纳等人都做出巨大贡献。科学家是如何认识稳态的呢?稳态概念又是如何发展的呢?

一、内环境稳态概念萌芽

  克劳德·贝尔纳(简称"贝尔纳"),法国著名的生理学家,现代实验医学的奠基人之一。少年时期的贝尔纳酷爱戏剧和文学,在完成一部悲剧创作后,他得到的忠告是学医。自此,贝尔纳踏上医学道路,成就他辉煌的一生。1834年,贝尔纳进入巴黎法兰西学院医学院学习。1839年,在实习期间进入法兰西学院生理学教授、生理实验室主任马根迪的实验室。8年后,他成为马根迪的正式助手,并在马根迪退休后接替马根迪成为法兰西学院生理实验室主任。

  德国的施旺与施莱登建立细胞学说理论,为分析动植物生命提供了基础。许多生理学家认为,生命现象的独特只是表面现象而已,物理、化学或机械过程能够为细胞和器官层面的生理现象提供一个更为基本,甚至最终的基础。但是,此时拥有相对优良的理化分析工具的机械还原论,依旧未能摆脱生命活力论者对它的持久责难。生命活力论者始终强调生命的有机性和自主性，并认为生命存在独一无二的"生命活力"或"生命推动力"。

贝尔纳认为，生理学针对的是生命现象以及决定它们的条件，而不是生命的本质或生命的最终原因，实验方法必须撇开冥思苦想地探索"生命要素"。在他看来虽然有机性和自主性是生命现象的显著特征，但无碍实验方法的应用。1857年，贝尔纳发现动物的生活需要两个环境——机体细胞生活的内环境和整个有机体生活的外环境。由组织液、血浆、淋巴构成的内环境是稳定的，这是生命能独立和自由存在的首要条件。当时，他虽然尚不清楚这个发现对于生理学研究有何具体价值，但他以科学家特有的敏锐发现其深刻的哲学内涵，"内环境的稳定性乃是自由和独立生命的条件"，"一切生命机制不管它们怎样变化，只有一个目的，即在内环境中保持生活条件的稳定"，这便是"内环境稳态"的萌芽。贝尔纳最伟大的贡献是提出"内环境"的概念。但是，由于巴斯德等人利用疾病的细胞理论，取得治疗传染病方面的成功，使贝尔纳的思想在当时失去光辉。他的研究成果鲜为人知，直到20世纪初才被重视。

作为一位成功的实验生理学家，贝尔纳对生命的理解与他所采用研究方法的合理性是分不开的。贝尔纳始终强调动物活体解剖的重要价值，因为只有通过对活体的观察才可能确定生命的特性，只有活体解剖的方法才能深入生命机体的内部，才能了解生物内环境。在发展内环境概念的同时，他对生理学方法进行深刻的思考，并最终撰写了《实验医学导论》这部不朽的著作。贝尔纳在生理学领域的重大发现包括：肝脏在合成糖原及维持正常血糖水平中的作用，胰腺分泌液的消化作用，血管舒张神经及其在调节血管血流中的作用，以及二氧化碳及马钱子碱（南美洲箭毒）对肌肉的作用等。这些辉煌的成就不仅为现代生理学和实验医学奠定了基础，也使贝尔纳生前在法国及世界范围内享有崇高的科学声望。

二、坎农首提稳态概念

沃尔特·布拉德福德·坎农（简称"坎农"），美国天赋极高的生理学家，也是20世纪贡献最大的生理学家之一。1871年10月19日，坎农出生于美国威斯康星；1896年和1900年，先后在哈佛大学医学院获医学学士和博士学位；1906年，任该校生理学教授；1912年，任波士顿儿童医院和布里格姆医院的生理学顾问，第一次世界大战爆发后担任军医；1929—1930年，作为访问学者赴法；1935年，坎农来华在协和医学院工作半年，与林可胜、张锡钧、沈淇等人通力合作，为中美学术交流做出突出贡献，促进了中国生理学的发展；1936—1938年，坎农任美国卫生局主席，积极参加西班牙共和政府反对德意法西斯军队的斗争；20世纪30年代末，他在援华抗日医药机构和联合援华救济委员会中工作；第二次世界大战期间，坎农任美国休克和输血研究委员会理事会主席；1942年，坎农在哈佛大学医学院退休。

1926年，坎农把内环境稳态正式命名为"内环境稳定"或"自稳态"，并根据自己的实验结果进一步加以肯定。1932年，他将自己的研究进行了总结，并撰写《身体的智慧》一书。这是一本面向普通读者解释稳态的著作，至今仍是生理学的经典著作之一。坎农原是沿着自己的研究道路前进的，经过几十年的探索，他才恍然大悟，原来他的全部工作都是贝尔纳思想的证明。

坎农的证明是多方面的，其中最杰出的证明就是他用完善的手术给动物摘除交感神经系统。1931年，他发现有些神经末梢能释放一种类似肾上腺素的物质——交感素，证明肾上腺髓质和交感神经系统在维持身体内环境稳定中有重要作用。在交感-肾上腺和迷走-胰岛腺这对拮抗装置中，如果仅给动物摘除肾上腺，则它必在36小时内死亡，如果仅给动物摘除交感神经系统，则它继续存活。因此，躯体血糖升降的决定因素是液体而不是神经。坎农通过大量实验惊奇发现，有机体复杂的组织系统似乎是生活在一个奇怪的悖论之中。一方面，有机体作为整体存在需要一系列十分严酷的内部条件，如稳定的血液供应，恒定的血液成分，适宜的体温等，一旦体内这些条件长期偏离所必需的恒定值就毫无例外地看到整体的解体与生命的死亡。然而另一方面，这些维持生命所需的内部条件却又是处于一系列的内部和外部干扰之中的，如环境温度的忽高忽低，氧含量的时多时少，然而生命却可以有惊人的能力来适应条件的多变性，其和内环境要求恒定之间的矛盾，便是生命组织的适应性。据此坎农做出一个具有划时代意义的结论，任何生命组织都必须具有稳态。例如，人的生命活动所依赖的生化反应的温度必须控制在36～38℃，无论是体内和体外，温度都可能受干扰而变动，但人体建立了一套机制，当温度一旦偏离生命所必需的恒定值，马上引起一系列反应，使温度重新回到恒定值。稳态不是恒定不变，而是一种动态的平衡。内环境的任何变化，都会引起机体自动调节组织和器官的活动，使内环境的变化稳定在狭小的范围内。

三、维纳发现动态平衡

1894年11月26日，诺伯特·维纳（简称"维纳"）出生于密苏里州的哥伦比亚；1964年3月18日，卒于斯德哥尔摩。在他50年的科学生涯中，维纳先后涉足哲学、数学、物理学和工程学，最后转向生理学。在各个领域中，他都取得了丰硕成果，被恩格斯颂扬为20世纪多才多艺和学识渊博的科学巨人。维纳一生发表论文240多篇，著作14部，主要著作有《控制论》《维纳选集》《维纳数学论文集》和两本自传《昔日神童》《我是一个数学家》。

维纳对稳态研究的推进有重大的突破性贡献。他提出反馈概念，认为维持稳态生理机能的调节控制是由负反馈系统实现的，通过负反馈调节而维持生理机能的动态平衡。自此，内环境和稳态成为整个生理学的核心概念。至今为止没有证据说明维纳对外效应神经系统有特殊的偏爱，但他接触到的生理问题无一不与外效应神经系统相关，如小脑颤震症、帕金森综合征，以及各种有关疾病所带来的姿态反馈失常等问题。这些不稳定的神经调节，自然而然地导致物理学上的反馈在生理学上的推广。维纳对生理失常问题大胆做出机械模拟和数学阐释，并称之为正反馈。于是，负反馈就成为正常人和外环境进行随机应答的必要工具。维纳对物理反馈是否等同于生理反馈的观点是十分慎重的，因为躯体任何部位的任何元件都是处在"水居"状态中，而任何类型的机器，其大部分元件都是处在"陆居"状态中，就已有的知识而言，蛋白质制成的材料和金属制成的材料很难同日而语。

仔细梳理稳态发展历史，我们可以看到一个事实。当贝尔纳发现液体是保持躯体稳定性的条件时，所提供的仅仅只是材料，而非稳定调节的机制。调节机制雏形是坎农提出的拮抗装置。他认为，躯体中这类装置非常多，仅在血液流动中，血糖、血脂、血蛋白等保持恒定就可以推断它们是一个相当复杂的内容。至于躯体在多变化的环境中自我调节过程如此灵敏，以致我们不得不承认稳态机制又是非常精巧，这种精巧程度远不是物理学可以制成的拮抗装置能比拟的。于是，信息反馈必然会取代拮抗装置，稳态就变成一刻也不会静止，而且一刻也不许偏离的作用机制。在维纳看来，稳态是生和死的界限，稳态保持就是健康，稳态破裂就是死亡。

四、稳态概念的发展

近几十年来，生命科学飞速发展，使人们能更详细地揭示稳态的机制。现在认为机体的调节系统主要有三个，即神经系统、内分泌系统和免疫系统，三者具有共同的"语言"——信息分子。这三大调节系统互相联系，形成完整的调节网络，共同维持机体的稳态。

随着科学的发展，稳态概念也在不断发展。人们发现，许多生命活动都有类似内环境稳态的特性。在分子水平上，存在基因表达的稳态；在器官水平上，存在心脏活动（血压、心率）的稳态；在宏观水平上，种群数量的消长存在稳态现象，甚至最大的生态系统——生物圈也存在稳态。可见在生命系统的各个层次上，普遍存在着稳态现象，稳态已经成为生命科学的基本概念。

学与教建议

本节内容对应的是《普通高中生物学课程标准（2017年版2020年修订）》中课程内容的选择性必修课程"概念1 生命个体的结构与功能相

适应，各结构协调统一共同完成复杂的生命活动，并通过一定的调节机制保持稳态"，包含选择性必修课程概念1中的各个子内涵。在"学业要求"中要求学生能够"运用图示和模型等方法，表征并阐释内环境为机体细胞提供适宜的生存环境并与外界环境进行物质交换（生命观念、科学思维）"；"评估多种生活方案，认同并采纳健康文明的生活方式，远离毒品，向他人宣传毒品的危害及传染病的防控措施等（科学思维、社会责任）"。

"历史里的稳态"科学史内容主要涉及人教版《普通高中生物学　选择性必修1 稳态与调节》，包括人体的内环境与稳态、人和动物生命活动的调节，以及植物的激素调节等。这些内容是从人和动物以及植物的个体层面，以系统的视角，分析个体这一生命系统实现稳态与平衡的重要机制及重要意义。其中，人体生命活动调节的内容，可以帮助学生形成健康的生活方式；植物生命活动调节的内容，可以帮助学生了解植物激素调节的基本原理，从而为生产实践提供指导。本模块对于发展学生的生命观念、科学思维、科学探究和社会责任等生物学学科核心素养，有着独特的教育价值。

科学本质维度分析

表3-1-1　科学知识的本质维度分析

本质	维度分析	实例
认识性	世界是可以被认识的,科学是对客观世界的解释	稳态概念提出和发展的科学史,说明人们对于正常机体通过自身的调节作用,使各个器官、系统协调活动,共同维持内环境的相对稳定状态的过程是可以认识到的
相对性	科学知识不是绝对真理,是暂时性与持久性的统一	早期有许多生理学家认为,生命现象的独特只是表面现象而已,物理、化学或机械过程能够为细胞和器官层面的生理现象提供一个更为基本甚至最终的基础

本质	维度分析	实例
相对性	科学知识不是绝对真理，是暂时性与持久性的统一	贝尔纳认为，生理学针对的是生命现象以及决定它们的条件，而不是生命的本质或生命的最终原因，实验方法必须撇开冥思苦想地探索"生命要素"的解释 由于巴斯德等人利用疾病的细胞理论，取得治疗传染病方面的成功，使贝尔纳"内环境"思想在当时失去了光辉。他的研究成果鲜为人知，直到20世纪初才被重视
累积性	科学知识是长期积累的结果	纵观稳态概念发展的科学史，可以看到从概念的提出到建立和发展是由多位科学家层层递进研究出的成果 德国的施旺与施莱登建立细胞学说理论，为分析动植物生命提供了基础 贝尔纳提出动物的生活需要两个环境——机体细胞生活的内环境和整个有机体生活的外环境。贝尔纳提出"内环境的稳定性乃是自由和独立生命的条件" 坎农把内环境稳态正式命名为"内环境稳定"或"自稳态"，并得出具有划时代意义的结论，任何生命组织都必须具有稳态 维纳对稳态研究的推进有重大的突破性贡献。他提出反馈的概念认为，维持稳态的生理机能的调节控制是由负反馈系统实现的，通过负反馈调节而维持生理机能的动态平衡 随着科学的发展，稳态概念也在不断发展，人们发现许多生命活动都有类似内环境稳态的特性
重复性	科学理论的研究过程应该是可以重复的	维纳提出反馈的概念，认为维持稳态的生理机能的调节控制是由负反馈系统实现的，通过负反馈调节而维持生理机能的动态平衡，在血液流动中，血糖、血脂、血蛋白等保持恒定就可以窥视它们是一个相当复杂的内容。在分子水平上，存在基因表达的稳态；在器官水平上，存在心脏活动（血压、心率）的稳态等；在宏观水平上，种群数量的消长存在稳态现象，甚至最大的生态系统——生物圈也存在稳态
公开性	科学成果应公开，接受批判，并得到科学共同体的确认	每一位科学家都应该将自己的科学成果公开交流讨论，接受人们的评价、指正
局限性	科学不能为所有问题提供完美的解决方案	—

表3-1-2　科学探究的本质维度分析

本质	维度分析	实例
实证性	科学的正确性决定于观察和实验的检验	坎农用完善的手术给动物摘除交感神经系统发现躯体血糖升降的决定因子是液体而不是神经;坎农通过大量实验做出一个具有划时代意义的结论:任何生命组织都必须具有稳态 维纳对生理失常问题大胆做出机械模拟和数学阐释,并称之为正反馈。于是,负反馈就成为正常人和外环境进行随机应答的必要工具
归纳性	科学始于观察,科学知识主要来自对观察的归纳	贝尔纳通过大量实验归纳总结发现,动物的生活需要两个环境——机体细胞生活的内环境和整个有机体生活的外环境。由组织液、血浆、淋巴构成的内环境是稳定的,这是生命能独立和自由存在的首要条件 坎农通过大量的实验研究证明了稳态的机制,并总结为《身体的智慧》一书
创造性	科学是人类推理、想象和创造力的产物	许多生理学家认为,生命现象的独特只是表面现象而已,而贝尔纳认为生理学针对的是生命现象以及决定它们的条件,而不是生命的本质或生命的最终原因,于是经过研究就提出了"内环境"的概念,为后续的研究奠定了基础
预见性	科学具有预见性,可以根据观察和理论进行假说	贝尔纳提出"内环境的稳定性乃是自由和独立生命的条件""一切生命机制不管它们怎样变化,只有一个目的,即在内环境中保持生活条件的稳定";坎农证实了稳定调节的机制;维纳证实了稳态是生和死的界限
非固定性	尽管科学研究的一些基本方法是相似的,但是学科知识背景和问题不完全固定,同一问题有不同的解决办法	—
非权威性	科学研究不依仗权威,没有一个科学家可以代表绝对真理,要有怀疑精神	许多生理学家认为,生命现象的独特只是表面现象而已,正是由于贝尔纳的怀疑精神,从生理学角度提出"内环境"的概念
非绝对客观性	科学受科学家文化背景、信仰和看待事物方式等的影响;科学观察依赖理论的指导,这都难保证观察和研究的客观性	许多生理学家认为,生命现象的独特只是表面现象而已,物理、化学或机械过程能够为细胞和器官层面的生理现象提供一个更为基本甚至最终的基础,限制了对生理现象的研究

表3-1-3　科学事业的本质维度分析

本质	维度分析	实例
科学与道德	科学研究中有普遍接受的道德规范	贝尔纳的思想被后人证实，每位科学家的研究成果都应受到尊重。坎农原是沿着自己的研究道路前进的，经过几十年的探索，他才恍然大悟，原来他的全部工作都是贝尔纳思想的证明
科学与技术	科学与技术是有区别的，科学与技术可以相互作用	随着技术的发展，人们对于稳态概念和机制的了解越来越深入。稳态机制的精巧性和灵敏性的发现为技术的革新奠定了基础
科学与社会	科学与社会密切相关，总体上给人类带来了福音，但也会产生不良后果	人体的稳态调节机制的发现，为以后的病理学研究奠定了基础，在各个生命系统上，都普遍存在稳态现象
科学家身份	科学家也是公民，会运用科学知识来解决公众事务问题	—

思考与运用

1.贝尔纳、坎农和维纳在对稳态概念的提出和发展过程中分别做了哪些贡献？总体来看，他们三个人的研究成果有什么关联？

2.你能否谈一谈某个具体的稳态调节机制工作的过程？

第2节　人类对脑的认知

科学谜团

课堂上的听、说、读、写的语言活动都属于由大脑皮层控制的高级神经活动。阿尔茨海默病病人语言能力和认路能力的受损，就是由于患者大脑内某些特定区域的神经元大量死亡造成的。人的大脑有很多复杂的高级功能，因为大脑皮层有140多亿个神经元，组成许多神经中枢，是整个神经系统中最高级的部位。最初人类就认为脑是思维器官吗？科学家对脑都展开了哪些深入的研究？这些研究对于我们又有什么意义呢？

一、自然哲学理论时期：心与脑谁是生命的主宰

我国古代长久以来认为"心之官则思"。《黄帝内经》中专论脑的内容不多，虽有"精明""神明"与"脑髓"相关的论述，但主导的体系是把心作为思维的器官。《灵枢·邪客篇》中明确记载："心者，五脏六腑之大主也，精神之所舍也。"《素问·灵兰秘典论》也记载："心者，君主之官也，神明出焉。"古希腊人也曾认为心理活动是心的功能。哲学家恩培多克勒认为，思想过程主要发生在围绕心脏的血液之中，心脏处于来来回回奔腾不息的血液海洋之中。按照恩培多克勒的观点，心脏是思维的器官，血液是思维所产生的思想。哲学家亚里士多德的观点中，明确地以心脏作为人体的中心，认为心是汇总、比较各种感觉的公共感官，是感觉、灵魂及智慧的活动中心，而大脑是湿冷且无感觉的，仅仅起到分泌黏液和冷却血液的作用。古埃及是人类古文明的四大发祥地之一，古埃及人也认为心脏是人体最重要的器官，是精神与智慧的"寓所"，而大脑则是无用的器官。正是由于这种原因，他们在制作木乃

伊时就把死者的心脏小心地放到陶罐中，等待灵魂的复苏，而把死者的大脑挖出来随手扔掉，视若废物。同古埃及人一样，古印度人也认为脑不是思维的器官，他们认为思想并非产生于身体的任何一个部位，而是整个身体的功能。在相当长的历史时期内，绝大多数人都相信心脏是思维器官。

古希腊医学最早完成"从心到脑"认识的转移。"西方医学之父"希波克拉底在《论"圣病"》中详述了他对脑功能的了解："脑是一种特殊的器官，通过脑我们才能想、能看、能听，能辨别美和丑、善和恶、恨和爱，同时大脑也是疯狂和谵妄、恐惧和惊慌的场所，失眠、梦游、记忆缺失、遗忘和各种怪癖也是脑内原因所致。"中国古代从心到脑的研究转移最早是在建武帝时期的著作中记载。宋均在《春秋元命苞》中说道："头者，神所居；上圆象天，气之府也。"这句话里头脑为神明之宅的语意相当明显。16世纪，明代名医李时珍在《本草纲目》中也提出了"脑为原神之府"的观点；同时期的医学家金正希也提出了"人之记性皆在脑中"的观点。清代的医学家王清任，亲自到坟地和刑场实地观察人体结构，历时12年写成《医林改错》一书。在书中，他批判了古代经典中的谬误之处，指出"灵机、记忆不在心在脑"，明确指出思维的器官是脑而不是心。人们逐渐认识到脑对于生命活动的重要性，并用科学的方法对脑展开深入的研究。

二、机能定位论学说：脑是怎样行使功能

间隔定位论是对脑认识的第一个理论模型，古代的"间隔定位论"是把灵魂和脑的功能定位于脑的不同结构间隔之内。西方"定位论"的主导思想是把脑功能定位于脑室"灵液"的脑室说。直到1664年，英国牛津大学的神经解剖学家威利斯出版了《大脑解剖》一书，首次提出大脑皮层是记忆的中心，纹状体是接受所有感觉的部位，胼胝体是想象功能的场所。威利斯对大脑功能的定位虽然不尽准确，但他关于大脑是思维器官的结论，首次把脑的功能定位于脑实质本身，这是对脑的认识史上重要的战略转移。当时的思想是脑的功能具体定位于脑内的某个位置，法国的笛卡尔认为在松果体，也有人认为在尾状核、白质、脑脊液或是延髓。1811年，贝尔根据高等动物和人的脑形态不同，将脑分为大脑和小脑，又将脊髓分为背根和腹根，在研究过程中意识到脊髓的前、后根有不同的功能，这个里程碑式发现可视为机能定位学说的发端。19世纪20年代，加尔首先提出大脑皮层有不同"器官"执掌不同功能，正式提出脑机能定位说，但他没有就大脑皮层确定明确的、经过检验而能屹立不坠的局部定位，而是建立"颅相学"，即不同心理活动在颅骨划定不同区域，根据颅骨不同区域外观凸出或平坦，判断相应功能发达或平淡。在之后的科学研究中"颅相学"被证明存在很多问题。19世纪后期，对脑的解剖学研究逐渐深入脑的组织学研究。1861年，法国生理学家布罗卡发现了位于额叶的"言语运动中枢"。1874年，威尔尼克发现语言感觉区，大大刺激了生理学家和心理学家，他们希望在脑内找到各种心理活动的中枢，脑机能定位的基本理论为脑的研究提供了重要的思路。

三、神经元学说：脑的结构基础

应用显微镜观察脑的微细结构始于17世纪后半叶。19世纪细胞学说建立后，对脑的研究逐渐深入细胞生物学，爱伦宝发现了神经细胞，罗雷马克记载了神经纤维。如果说神经切片和显微镜的应用使脑研究摆脱了粗略幼稚的阶段，那么神经染色法的发明则标志着脑研究大大前进了一步。1873年，意大利解剖学家高尔基建立了显示神经细胞全貌的镀染方法，将每个神经细胞连同其全部突起都染得十分完整。瓦尔代尔根据染色首先确定神经细胞和它的树突、轴突一起，是构成脑的基本单位，并命名为神经元。关于神经元是怎样连接的，当时主要存在两种看法：高尔基提出"神经元互相以树突和轴突连接，构成一个连续的网"的网状说；与高尔基同时代的西班牙神经解剖学家卡扎尔则反对这种网状说。卡扎尔用毕生的精力，以其惊人的创造性应用高尔基染色法研究了神经系统几乎每一个部分。他染出的切片显示出大量分离的、着色很完全的神经细胞，并没有任何迹象表明直接连接的网存在。这样卡扎尔就做出了一个划时代的伟大贡献：确立神经系是由分开来的、边界明确的神经细胞通过突触互相联系的神经元学说。他还认为这种联系是高度结构化的，而且是特异的。后来用电子显微镜观察的结果表明，卡扎尔的结论是完全正确的。

四、经典条件反射学说：脑的活动基础

18世纪开始有了一系列对脊髓反射研究的早期实验。19世纪30年代，人们正式提出"反射弧"的概念来描述反射通路的各个环节。"神经元学说"确立以后，实验神经解剖学、神经组织学，以及电生理学的发展和实验成就，丰富了"反射论"的线性联系，证明各种反射中枢为线性的神经元通路所连接。19世纪末至20世纪初，英国生理学家谢灵顿和俄国生理学家巴甫洛夫以"反射论"为指导，研究了中枢神经系统的功能。他们分别研究了脊髓和脑高级中枢对于刺激给出的反应，定量地分析了刺激-反应之间的因果关系，他们的研究成果形成了神经生物学的经典理论。谢灵顿早年即提出"突触"，他的学生开创了现代微电极的精细电生理研究。巴甫洛夫建立了条件反射实验及学说，用外在环境动因组成的第一信号系统及社会交往中语言、文字组成的第二信号系统所构成的"条件刺激"与引起先天固有反射的"非条件刺激"在大脑皮层内发生"暂时性联系"的条件反射来解释人的高级神经活动。他是现代神经心理学的先驱。谢灵顿和巴甫洛夫的理论使"反射论"模式达到了光辉的顶点。

五、现代神经生物学：网格细胞和定位系统的发现

20世纪中叶以来，脑研究的各个领域突飞猛进，已经从根本上突破了"线性反射论"模式，脑是综合全层次信息网络系统的理论模式已经取代并包容了"定位论"和"反射论"。"人和动物对环境的认识是如何表达的"这个问题一直困扰着人们，是20世纪至21世纪脑科学研究的主要问题之一。

1.海马位置细胞的发现

1971年，奥基夫在大鼠的海马中植入一个记录电极，然后将大鼠放置在一个空旷的房间中自由活动。他们发现，只有当大鼠处在特定的位置上时，特定的细胞会出现活跃，奥基夫将自由活动大脑海马内的电活动表现为位置选择性的神经元定义为位置细胞，将导致特定位置细胞活跃的区域称为位置细胞的发放场。大鼠通过各种感官从环境中获取外界的特征信息，而位置细胞则能够和海马中其他的细胞合作，将输入的特征信息与过往记录到的不同位置的特征信息加以比对。一旦信息能够匹配上，与位置相对应的特定位置细胞就会变得活跃。通过这种方法，我们的大脑能够将特定的特征信息与特定的空间位置联系起来，形成了空间位置记忆。

位置细胞发现后，奥基夫和他的团队根据海马损毁或切除实验研究，在1979年提出海马认知地图理论。该理论认为，海马可作为脑内认知地图的载体，位置细胞是组成地图的基本单元，其位置特异性放电为动物提供判定当前环境和重要位置的相关信息。位置细胞到底是如何处理各种信息并发挥其功能的，在该理论中也给出了答案，奥基夫等人将海马认知地图的形成分成三个阶段，即位置系统的每个部分是一个阶段。基于这三个阶段，他们提出了位置系统的神经模型。海马的位置系统主要由三个部分组成，分别为齿状回、CA3和CA1区。在该理论中，位置细胞如何编码环境呢？当动物处于空间中某一位置时，位置野位于该处的位置细胞和位置野位于邻近部位的位置细胞同时被激活，然而位置野位于其他部位的细胞却在距离依赖的模式中被抑制。这样，位置细胞表现出稳定的位置选择性活动，且该活动甚至可出现在不依赖于外界线索的情况下。两个锥体细胞的位置野的距离则由两个细胞之间的突触联系的强弱所编码。

在对位置细胞超过30年的研究中，奥基夫的团队对这类细胞作了更加深入的研究。他们发现，和别的记忆一样，这种空间位置记忆既可能随着时间推移而遗忘，也可以通过反复训练来加强，甚至终身保留。但是这种记忆的特殊之处在于它拥有一定的可塑性，即当环境发生一定程度的变化时，记忆也可以根据环境改变作出一定的修正。这就解释了我们为什么能在周遭环境不断变化时依然可以准确地记住那些地点。奥基夫还注意到位置细胞可以分出一些亚类，如有一类专门对活动边界敏感的神经元，他们将其命名为边界细胞。

2.网格细胞的发现

很长的一段时间内学术界普遍认为，动物的空间定位能力完全来自海马的记忆，因此对于空间定位机制的研究也一直局限在海马内部。荷兰神经生物学家莫泽尔夫妇独辟蹊径地想到空间定位机制可能还依赖于海马之外的脑区。他们从投射向海马的上游神经元入手，经过多年努力搜索，直到2005年莫泽尔等人通过变换实验箱的几何外形和内径，记录大鼠在不同实验箱觅食过程中内嗅皮层的神经元放电活动，发现了一种具有强烈空间放电特性的神经元，他们将其命名为网格细胞。虽然网格细胞的活跃也和动物所处的位置有关，但是与位置细胞不同，网格细胞的活跃并不依赖于外界输入的特征信息，任意一个网格细胞的发放场在空间中均匀分布，并且呈现一种蜂巢式的六边形网格状。当大鼠在二维空间中活动时，网格细胞对应于一个特定的空间位置发生重复性规律放电，这个相对狭小的空间范围称为网格细胞的放电野，多个放电野相互交叠成一个个节点，即网格节点。网络节点将整个的空间环境划分成一种规则的网格结构图，简称网格图。

有关网格图形成的理论模型目前有两大类：局部神经元网络模型和振荡干扰模型，后者的科学性更强。2007年，伯吉斯等在位置细胞放电的双向振荡干扰模型的基础上提出，将两个不同来源的西塔脑波进行叠加，呈现出一种相位进程。躯体输入的西塔脑波振荡（速度信息）与各神经元西塔脑波振荡（方向信息）上的相位差整合过程实际是速度信息的整合过程，即此完成路径整合过程中利用自身运动信息（方向和速度）实现空间记忆的编码功能。躯体信息的西塔脑波振荡与各神经元的西塔脑波振荡进行整合，经过一个慢速调整，得到体现各偏爱方向的空间线形振荡波，多个线形振荡波在空间结构中交叉整合，得到三角形密布的网格结构图，且三角形之间相互成60°，网格节点即为波峰重叠点，相应放电参数由神经网络的整体活动所调节。

21世纪初期，人们逐渐在啮齿动物、蝙蝠和猴子中发现网格细胞的存在。2013年，研究人员将电极通过颅内移植到正在接受治疗的抗药性癫痫患者的脑中，并记录下神经细胞的活动情况，他们让患者用操纵杆找到电脑虚拟环境中的物体，然后通过记录找寻患者大脑内的网格状结构。除了发现大脑海马体中空间细胞的活动情况，还注意到大脑内嗅皮质和扣带回皮质中的神经细胞在环境的多重定位上活跃起来，并形成覆盖整个虚拟空间的晶格。人脑的网格状活动模式与动物在探寻自然空间时脑内网格细胞活跃的特征模式非常相似，这是首次在人脑中发现网格细胞的存在。

3.大脑定位系统的发现

有了网格细胞确定的坐标系，位置细胞记录的位置特征，再加上边界细胞划定的边界，在大脑中绘制地图所需的基本信息也就完备了。顺着这个思路，莫泽夫妇、奥基夫以及该领域的许多其他科学家很快就建立了一套不同导向细胞之间相互协作的理论模型。2014年，诺贝尔生理学或医学奖授予奥基夫和莫泽夫妇，表彰他们发现大脑内的定位系统，一种大脑中内置的"GPS"，它让我们能够在空间中实现定位，揭示了高等认知能力的细胞机制。

六、脑科学的发展

随着脑科学研究的多点突破，其对经济与社会发展、国防与军事创新的全方位、深层次、根本性影响已初见端倪。当前，走在脑科学研究前列的国家，其研究计划均立足于本国科技、经济、安全和发展需求，确立的发展目标并不完全相同。我国虽在脑科学领域开展了一定的研究，并且一些研究成果达到了国际先进水平，但尚缺乏统一的规划和不同学科与技术之间的系统集成，未来应着眼于科技、经济、社会、军事、安全发展，形成满足国家意志和发展需求的国家目标，组织优势研究单位联合攻关，积极抢占脑科学战略制高点，同时引导脑科学研究为我国经济社会发展和国家安全保障做出贡献。

学与教建议

本节内容对应的是《普通高中生物学课程标准（2017年版2020年修订）》中课程内容的选择性必修课程"概念1 生命个体的结构与功能相适应，各结构协调统一共同完成复杂的生命活动，并通过一定的调节机制保持稳态"，"1.3 神经系统能够及时感知机体内、外环境的变化，并作出反应调控各器官、系统的活动，实现机体稳态"，"1.3.6 简述语言活动和条件反射是由大脑皮层控制的高级神经活动"。"学业质量水平"要求：平1-2"能认识到生物学概念是基于科学事实，经过归纳与概括、演绎与推理等方法形成的"；水平3-1"能运用结构与功能观、物质与能量观、稳态与平衡观等观念，举例说明生物体组成结构和功能之间的关系、遗传与变异的物质基础、稳态的维持和调节机制、生态系统的平衡原理等"。

关于人类对脑的认知内容主要涉及人教版《普通高中生物学 选择性必修1 稳态与调节》第2章第5节内容。其中，主要帮助学生理解脑认知的发展，拓展对脑的高级功能产生机制的认识。人脑的功能是生命现象复杂性的典型代表，但在中学学习阶段，无论是从学生知识储备还是分析能力上，很难将人脑工作机制的研究作为重点内容，补充脑认知的科学史，可以帮助学生更好地梳理知识脉络。在介绍实例时，应结合学生已有的神经兴奋机制的相关知识，避免空洞的说教，利用相关研究的分析形成对人脑高级功能的总体认识才是重点。

科学本质维度分析

表 3-2-1　科学知识的本质维度分析

本质	维度分析	实例
认识性	世界是可以被认识的,科学是对客观世界的解释	通过人类对脑的认知,人们逐渐认识到脑对于生命活动的重要性,极大拓展了人们对脑的结构基础、活动基础和大脑定位系统等方面理解
相对性	科学知识不是绝对真理,是暂时性与持久性的统一	从相信心脏是思维器官,到后来人们逐渐认识到脑对于生命活动的重要性,并用科学的方法对脑展开深入的研究;从间隔定位论、神经元学说、"线性反射论"模式到脑是综合全层次信息网络系统的理论模式,人类对脑认知是暂时性与持久性的统一,脑科学一直在发展的路上
累积性	科学知识是长期积累的结果	在相当长的历史时期内,绝大多数人都相信心脏是思维器官,后来人们逐渐认识到脑对于生命活动的重要性,并用科学的方法对脑展开深入的研究 间隔定位论是对脑认识的第一个理论模型,脑机能定位的基本理论为脑的研究提供了重要的思路。应用显微镜观察脑的微细结构始于 17 世纪后半叶。19 世纪细胞学说建立后,对脑的研究逐渐深入细胞生物学的角度。卡扎尔就做出了一个划时代的伟大贡献:确立神经系是由分开来的、边界明确的神经细胞通过突触互相联系的神经元学说。他还认为这种联系是高度结构化的,而且是特异的。后来用电子显微镜观察的结果表明,卡扎尔的结论是完全正确的 "神经元学说"确立以后,实验神经解剖学、神经组织学,以及电生理学的发展和实验成就,丰富了"反射论"的线性联系,证明各种反射中枢为线性的神经元通路所连接。随后,谢灵顿和巴甫洛夫的理论使"反射论"模式达到了光辉的顶点 20 世纪中叶以来,脑研究的各个领域突飞猛进,已经从根本上突破了"线性反射论"模式,脑是综合全层次信息网络系统的理论模式已经取代并包容了"定位论"和"反射论"

续　表

本质	维度分析	实例
累积性	科学知识是长期积累的结果	"人和动物对环境的认识是如何表达的"这个问题一直困扰着人们,是20世纪至21世纪脑科学研究的主要问题之一。在对位置细胞超过30年的研究中,奥基夫的团队对这类细胞作了更加深入的研究。奥基夫还注意到位置细胞可以分出一些亚类,如有一类敏感的神经元,他们将其命名为边界细胞 很长一段时间内学术界普遍认为,动物的空间定位能力完全来自海马的记忆,因此对于空间定位机制的研究也一直局限在海马内部。荷兰神经生物学家莫泽尔夫妇独辟蹊径地想到空间定位机制可能还依赖于海马之外的脑区。他们从投射向海马的上游神经元入手,经过多年努力搜索,直到2005年莫泽尔等人发现了一种具有强烈空间放电特性的神经元,他们将其命名为网格细胞。21世纪初期,人们逐渐在啮齿动物、蝙蝠和猴子中发现网格细胞的存在。2013年,研究人员将电极通过颅内移植到正在接受治疗的抗药性癫痫患者的脑中,这是首次在人脑中发现网格细胞的存在。有了网格细胞确定的坐标系,有了位置细胞记录的位置特征,再加上边界细胞划定的边界,在大脑中绘制地图所需的基本信息也就完备了。顺着这个思路,莫泽夫妇、奥基夫以及该领域的许多其他科学家很快就建立了一套不同导向细胞之间相互协作的理论模型
重复性	科学理论的研究过程应该是可以重复的	在探究脑认知的过程中,每位科学家的研究成果是基于重复他人的实验,并加以改进创新,提出自己的观点。 1873年意大利解剖学家高尔基建立了显示神经细胞全貌的镀染方法,将每个神经细胞连同其全部突起都染得十分完整。瓦尔代尔根据染色首先确定神经细胞和它的树突、轴突一起,是构成脑的基本单位,并命名为神经元。随后高尔基提出了"神经元互相以树突和轴突连接,构成一个连续的网"的网状说 与高尔基同时代的西班牙神经解剖学家卡扎尔则反对这种网状说,以其惊人的创造性应用高尔基染色法研究了神经系统几乎每一个部分,做出一个划时代的伟大贡献:确立了神经系是由分开来的、边界明确的神经细胞通过突触互相联系的神经元学说。他还认为这种联系是高度结构化的,而且是特异的。后来用电子显微镜观察的结果表明,卡扎尔的结论是完全正确的
公开性	科学成果应公开,接受批判,并得到科学共同体的确认	每一位科学家都应该将自己的科学成果公开交流讨论,接受人们的评价、指正

续 表

本质	维度分析	实例
局限性	科学不能为所有问题提供完美的解决方案	我国虽在脑科学领域开展了一定的研究,并且一些研究成果达到了国际先进水平,但尚缺乏统一的规划和不同学科与技术之间的系统集成

表3-2-2 科学探究的本质维度分析

本质	维度分析	实例
实证性	科学的正确性决定于观察和实验的检验	卡扎尔尽毕生的精力,以其惊人的创造性应用高尔基染色法研究了神经系统几乎每一个部分。他染出的切片显示出大量分离的、着色很完全的神经细胞,并没有任何迹象表明那种直接连接的网存在。这样卡扎尔就做出了一个划时代的伟大贡献:确立神经系是由分开来的、边界明确的神经细胞通过突触互相联系的神经元学说 英国生理学家谢灵顿和俄国生理学家巴甫洛夫以"反射论"为指导,研究了中枢神经系统的功能。他们分别研究了脊髓和脑高级中枢对于刺激给出的反应,定量地分析了刺激-反应之间的因果关系,他们的研究成果形成了神经生物学的经典理论
归纳性	科学始于观察,科学知识主要来自对观察的归纳	1811年,贝尔观察高等动物和人的脑形态不同,将脑分为大脑和小脑,又将脊髓分为背根和后根,在研究过程中意识到脊髓的前、后根有不同的功能,这个里程碑式发现可视为机能定位学说的发端
创造性	科学是人类推理、想象和创造力的产物	卡扎尔用毕生的精力,以其惊人的创造性应用高尔基染色法研究了神经系统几乎每一个部分,并做出一个划时代的伟大贡献:确立神经系是由分开来的、边界明确的神经细胞通过突触互相联系的神经元学说
预见性	科学具有预见性,可以根据观察和理论进行假说	很长一段时间内学术界普遍认为,动物的空间定位能力完全来自海马的记忆,因此对于空间定位机制的研究也一直局限在海马内部。荷兰神经生物学家莫泽尔夫妇独辟蹊径地想到空间定位机制可能还依赖于海马之外的脑区
非固定性	尽管科学研究的一些基本方法是相似的,但是学科知识背景和问题不完全固定,同一问题有不同的解决办法	奥基夫和他的团队发现了位置细胞,对于空间定位机制的研究在海马内部。荷兰神经生物学家莫泽尔夫妇独辟蹊径地想到空间定位机制可能还依赖于海马之外的脑区,从而发现了网格细胞

本质	维度分析	实例
非权威性	科学研究不依仗权威，没有一个科学家可以代表绝对真理，要有怀疑精神	脑认知的发展，依赖科学家们不迷信权威，敢于怀疑和提出不同的观点。例如，古代在相当长的历史时期内，绝大多数人都相信心脏是思维器官。古希腊医学最早完成"从心到脑"认识的转移。人们逐渐认识到脑对于生命活动的重要性，用科学的方法对脑展开了深入的研究 关于神经元是怎样连接的这个问题，高尔基提出了"神经元互相以树突和轴突连接，构成一个连续的网"的网状说。与高尔基同时代的西班牙神经解剖学家卡扎尔则反对这种网状说，用毕生的精力，以其惊人的创造性应用高尔基染色法研究了神经系统几乎每一个部分。他染出的切片显示出大量分离的、着色很完全的神经细胞，并没有任何迹象表明那种直接连接的网存在。这样卡扎尔就做出了一个划时代的伟大贡献：确立神经系是由分开来的、边界明确的神经细胞通过突触互相联系的神经元学说。他还认为这种联系是高度结构化的，而且是特异的。后来用电子显微镜观察的结果表明，卡扎尔的结论是完全正确的
非绝对客观性	科学受科学家文化背景、信仰和看待事物方式等的影响；科学观察依赖理论的指导，这都难保证观察和研究的客观性	—

表3-2-3　科学事业的本质维度分析

本质	维度分析	实例
科学与道德	科学研究中有普遍接受的道德规范	科学家们具有独特的科学洞察力、卓越的管理才能、言简意赅的表达能力、强烈的质疑精神和卓越的远见
科学与技术	科学与技术是有区别的，科学与技术可以相互作用	随着研究技术的不断进步，脑科学也一直在发展的路上爱伦宝发现了神经细胞，雷马克记载了神经纤维。如果说神经切片和显微镜的应用使脑研究摆脱了粗略幼稚的阶段，那么神经染色法的发明则标志着脑研究大大前进了一步
科学与社会	科学与社会密切相关，总体上给人类带来了福音，但也会产生不良后果	随着脑科学研究的多点突破，其对经济与社会发展、国防与军事创新的全方位、深层次、根本性影响已初见端倪
科学家身份	科学家也是公民，会运用科学知识来解决公众事务问题	我国脑科学领域应着眼于未来科技、经济、社会、军事、安全发展，形成满足国家意志和发展需求的国家目标，组织优势研究单位联合攻关，积极抢占脑科学战略制高点，同时引导脑科学研究为我国经济社会发展和国家安全保障做出贡献

思考与运用

1. 简述人类对于脑认知发展各个阶段的重大事件？

2. 大脑定位系统都含有哪些细胞？它们是如何被发现的？

第3节　神经反射的发现

科学谜团

反射是神经生物学中的一个重要的概念。以经典的"膝反射"为例，通过介绍其最初的发现、名称的由来、科学的认知及其在实际中的应用等，帮助学生更好地理解神经反射的概念以及意义。神经反射的过程是怎样被发现的呢？有哪些科学家通过实验证明了反射的存在呢？

一、反射概念的由来

反射是针对一个外界刺激作出刻板的、无意识的行为反应。反射现象与生俱来，但如何理解和解释这一现象则伴随人们漫长的认知过程。神经医学家对这一特殊的行为活动有着不同的解释，其中较有影响力的是笛卡尔的观点。

笛卡尔认为，人体如同一部机器，被位于松果体的灵魂所控制。松果体能够过滤血液，过滤后的血液成为动物的精神储存在脑室中。他在1649年首次以动词的形式使用了"反射"，用来描述有松果体参与的复杂的反射活动。经过十多年的实验研究，1660年他又描述了简单反射——缩脚反射。他认为人将脚从炙热的火中缩回这一动作，涉及外围和中枢神经系统，但躲过了松果体，因此并不涉及灵魂。假如给眼睛一个刺激，眼睑会自己闭合，即使是很亲密的人开一个玩笑，依然会出现这一行为，它涉及外围和中枢神经系统，但仍然躲过了松果体，因此并不涉及灵魂。从例子中可以看出，笛卡尔认为简单反射与复杂反射的区别在于有没有松果体的参与。

科学家对笛卡尔关于反射的理解提出了诸多的质疑，在大量实验的基础上，给出了科学的理解和修正。怀特等人澄清了反射的概念；普罗查斯卡明确了反射传入和传出肢体之间的中心环节是神经中枢；哈尔引入目前所理解的名词形式的"反射"。在"反射"的研究中，一些具体的反射形式（如对"膝跳反射"的深入研究）对其科学概念的形成起到重要的促进作用。

二、膝腱反射的发现

埃尔布是 20 世纪初德国著名的神经学家，他在 1870 年到 1871 年期间注意到人的"膝腱反射"现象。以健康成人作为被试者，让被试者臀部和膝关节旁的肌肉处于完全放松的状态，然后用手或锤敲击髌骨下韧带区域，可以观察到肌肉有轻微而明显的收缩反应，后来他又在病人身上重复这一实验得到了相同的结论。在有脊髓疾病的患者身上这一反应则更加精细，并具有临床检查意义。于是他将这种现象称为"膝腱反射"，后来他通过系列实验证实在许多其他肌腱中也存在这一反应。

韦斯特法尔是一位专攻精神病学和神经紊乱的德国医生。1871 年，他的一位下肢运动障碍及脑部症状的患者向他抱怨说："当我坐在椅子上，然后轻轻地、快速地敲击髌骨下韧带区域时，下肢被突然地、猛地向上推，这是不是因为我得了某种要命的病啊？"起初，韦斯特法尔不能很好地向患者解释这一现象。可是慢慢地，他发现这种症状在下肢运动障碍的患者麻痹侧，轻碰膝盖下肌腱都会出现小腿快速地伸展"跳"起来，而且可以明显地观察到肌肉收缩。于是，他将这种现象称为"下肢现象"。现在我们知道，膝反射在麻痹侧的表现通常称为"膝反射亢进"，也称为韦斯特法尔亢进。

埃尔布和韦斯特法尔关于膝反射成果的发表还经历了一个有趣的过程。埃布尔将自己的成果投稿到杂志编辑部，而韦斯特法尔是这个期刊的编辑，在看到埃布尔的文章之后，韦斯特法尔联系了埃布尔，表明自己在这方面有着与他相同的发现，只是还未投稿，希望两人能以共同作者同时发表，并以埃布尔作为第一作者将其研究成果放在文章前面。

后人在评价他俩发现"膝腱反射"的贡献谁优先时，还是给予了埃布尔。因为，埃布尔对"膝腱反射"解释是肌肉的收缩是膝腱反射的结果，这一解释切合科学本质。而韦斯特法尔尽管发现了"跳"的现象，但他认为肌腱收缩牵拉是肌肉收缩引起的解释是错误的。

三、"膝反射"替代"膝腱反射"

高尔斯是一名英国医生，他在 1879 年出版的 *Medico-Chirurgical Transactionsin* 一书中，借助波动曲线记录仪生动地展示了牵张反射和踝阵挛的波形。在 1881 年出版的 *The Diagnosis of Diseases of the Spinal Cord* 一书中创造了"膝反射"一词来替代"肌腱反射"。在他看来，"肌腱反射"可替代用词则是"肌肉反射活动"，"肌腱反射"一词不利于公众对其内涵的理解。在英国剑桥协会主办的研讨会上，高尔斯与韦斯特法尔等医学家指出"肌腱反射"一词的不合理性，韦斯特法尔偏向使用"膝现象"，另一些科学家则对高尔斯提出的"膝反射"表示赞同和支持。后来，随着愈来愈多的科学家的使用，"膝反射"像星星之火一样散播开来，逐渐替代了"膝腱反射"。

高尔斯关于膝反射本质的认识随着时间而深入。在 1880 年出版的书中，他认为膝反射是一个简单的反射，但由于敲击肌腱和肌肉收缩之间的间隔很短，于是在 1881 年第 2 版书中开始质疑自己的结论。他认为，肌腱需要一定的张力才能使肌肉收缩，这种张力刺激肌肉中的传入神经，该神经与脊髓中的肌肉反射中枢相连，后者随后与传出神经相连从而导致肌肉收缩。1888 年，神经科学家米切尔发表评论："经过大量的实验证明，对敲击引起一个膝反射而言，被动张力不是必要的，膝反射是在短时间内发生的一个特殊的反射，肌肉—肌肉之间神经传导速度可能比想象更短。"随后，高尔斯为推断自己质疑的假设给 *Nature* 杂志的编辑写了一封信以询问真正的神经传导速度，两周后他得到了答案——66 m/s。

高尔斯还在他 1886 年出版的《神经系统疾病手册》中提到两种增强膝反射的方法。一是可以将自己的一只手从病人的一侧膝盖下穿过放在病人的另一侧大腿上，可增强膝反射；二是让患者将右手和左手的手指彼此钩住置于髌骨下方的韧带区域，并将其拉开来可加强膝反射。这些方法给相关病人的膝反射检查提高了敏感度。

四、膝反射的科学认知

查尔斯·斯科特·谢灵顿（简称"谢灵顿"）是现代神经生理学的开创者之一。他因对神经元功能研究的卓越贡献，1932年获得诺贝尔生理学或医学奖。

1891—1892年，他以脊髓动物和去大脑动物为研究对象，运用单因素变量控制方法研究膝反射。谢灵顿将脊髓与高级中枢分离的动物命名为"脊髓动物"。目前所知的包括膝反射在内的几乎所有的脊髓反射特性都是在这种"脊髓动物"身上研究获得的。1898年，谢灵顿研究了猫的去大脑僵直现象：在中脑水平切断猫的脑干，猫表现出头尾昂起、脊柱挺硬、四肢僵直的现象。这一现象表明，大脑作为神经系统的高级中枢，对低级中枢的反射具有抑制作用。为了证明大脑对低级中枢具有抑制作用，俄国生理学之父——谢切诺夫用自身所做的实验更具有说服力：他将一个手指迅速插进硫酸溶液中，用意志力控制住缩手反射。由此，人们对膝反射的认知更加深入：膝反射是脊髓反射，反射的神经中枢位于脊髓，但反射受到来自大脑的控制。

荷兰神经病学家Jan van Gijn注意到，"膝反射确实是一种脊髓反射，这很快就被动物实验所证实，但是反射的潜伏期太短，以致临床医生直到20世纪20年代还怀疑肌肉收缩反应是否是由神经反射所引起"。后来科学家研究确认，惊人快速的膝反射与其神经环路具有较少的连接接头密切相关。今天我们知道，膝反射的反射弧在脊髓中枢只有一个"接头"。

尽管在"脊髓动物"身上证明了膝反射的存在，但谢灵顿当年并不能在自己身上再现小腿"跳"的现象。但他于1897年创造了"突触"这一学术用语。如今，我们称膝反射为"单突触反射"。

在临床医学方面：膝反射亢进是一种在临床实践中应用的下肢神经学检查体征；在神经科门诊坐诊时都要进行该项检查，检查结果对诊断有明显的参考意义。

学与教建议

　　本节内容对应的是《普通高中生物学课程标准（2017年版2020年修订）》中课程内容的选择性必修课程"概念1.3 神经系统能够及时感知机体内、外环境的变化，并作出反应调控各器官、系统的活动，实现机体稳态"，"1.3.1 概述神经调节的基本方式是反射（可分为条件反射和非条件反射），其结构基础是反射弧"，"1.3.4 分析位于脊髓的低级神经中枢和脑中相应的高级神经中枢相互联系、相互协调，共同调控器官和系统的活动，维持机体的稳态"。本节内容学生在初中大多已学过，反射的概念、反射弧的机构，以及条件反射与非条件反射的区别在初中教材中都有涉及。本节教材实际上是初中所学内容的深入，给出兴奋的概念，将初中教材中所说的简单反射与复杂反射明确为非条件反射与条件反射，进一步揭示条件反射的意义。

　　神经反射的发现及其意义的内容主要涉及人教版《普通高中教科书 生物学 选择性必修1 稳态与调节》第2章第2节"神经调节的基本方式——反射"。在膝反射研究的科学史中，经历了曲折的过程，开创了一些新的生命科学研究方法，伴随许多有趣励志的故事，影印着生命科学探究的思维轨迹，蕴含丰富的教育资源。深入研究学习和开发生命科学史教学资源，对于促进学生更好地体验科学探究过程、理解课本结论背后的历史故事、感悟科学探究的可贵精神品质、帮助学生搭建新旧知识的桥梁以便他们更好地构建自己的知识网络等，都具有不可替代的作用。

科学本质维度分析

表 3-3-1　科学知识的本质维度分析

本质	维度分析	实例
认识性	世界是可以被认识的,科学是对客观世界的解释	通过确定反射的概念和对膝反射的深入研究,人们对于神经调节有了新的认识,并为临床医学提供了案例
相对性	科学知识不是绝对真理,是暂时性与持久性的统一	笛卡尔认为简单反射与复杂反射的区别在于有没有松果体的参与,后续的科学家对笛卡尔关于反射的理解提出诸多的质疑,并且在大量实验的基础上,给出科学的理解和修正 在膝反射研究的科学史中,由"膝腱反射"到"膝反射"的转变经历了曲折的过程,开创了一些新的生命科学研究方法,科学知识在不断创新修正中
累积性	科学知识是长期积累的结果	笛卡尔在1649年首次以动词的形式使用了"反射",用来描述有松果体参与的复杂的反射活动。1660年,笛卡尔描述了简单反射——缩脚反射 罗伯特·怀特等人澄清了反射的概念 普罗查斯卡明确了反射传入和传出肢体之间的中心环节是神经中枢 马歇尔·哈尔引入目前所理解的名词形式的"反射" 埃尔布在1870—1871年期间提出"下肢现象" 埃尔布和韦斯特法尔发现了"膝腱反射" 高尔斯在1881年出版的 *The Diagnosis of Diseases of the Spinal Cord* 一书中创造了"膝反射"一词来替代"肌腱反射"
重复性	科学理论的研究过程应该是可以重复的	1888年,神经科学家米切尔通过大量实验证明膝反射是在短时间内发生的一个特殊的反射,高尔斯从 *Nature* 杂志得到了答案——66 m/s 1891—1892年,谢灵顿研究膝反射表明大脑作为神经系统的高级中枢,对低级中枢的反射具有抑制作用 荷兰神经病学家 Jan van Gijn 注意到"膝反射确实是一种脊髓反射",很快就被动物实验所证实 谢灵顿在1897年创造了"突触"这一学术用语

续 表

本质	维度分析	实例
公开性	科学成果应公开,接受批判,并得到科学共同体的确认	笛卡尔认为简单反射与复杂反射的区别在于有没有松果体的参与,但是被后续许多科学家质疑,并用大量的实验来进行修正,表明笛卡尔的理论不具有可重复性;而膝反射的发现正是大量重复性的相同的实验得出的结论
局限性	科学不能为所有问题提供完美的解决方案	每一位科学家都应该将自己的科学成果公开交流讨论,接受人们的评价、指正
重复性	科学理论的研究过程应该是可以重复的	—

表3-3-2 科学探究的本质维度分析

本质	维度分析	实例
实证性	科学的正确性决定于观察和实验的检验	神经反射的发现过程有很多科学家相继提出观点促进其向前发展。这些观点均是在大量实验的基础上提出的。笛卡尔通过大量实验观察,如缩脚反射等实证性研究,得出反射的概念。后继的科学家对笛卡尔关于反射的理解提出诸多的质疑,也是在大量实验的基础上,给出了科学的理解和修正
归纳性	科学始于观察,科学知识主要来自对观察的归纳	笛卡尔通过大量实验归纳出"反射"的概念,而后许多科学家:怀特、普罗查斯卡、哈尔通过大量的实验归纳对科学概念的形成起到了重要的促进作用。而由"膝腱反射"到"膝反射"概念的转变和认知,也是对大量实证性研究证据归纳得来的
创造性	科学是人类推理、想象和创造力的产物	1649年首次以动词的形式使用了"反射",用来描述有松果体参与的复杂的反射活动 韦斯特法尔通过一位有下肢运动障碍及脑部症状患者的病症分析得出"下肢现象"
预见性	科学具有预见性,可以根据观察和理论进行假说	—
非固定性	尽管科学研究的一些基本方法是相似的,但是学科知识背景和问题不完全固定,同一问题有不同的解决办法	对于"反射"的概念的研究,不同科学家使用不同的研究方法,共同推进概念的发展。如笛卡尔最早利用人将脚从炙热的火中缩回动作等实验提出"反射"的概念,埃尔布用"膝腱反射"加深反射的概念

136

续　表

本质	维度分析	实例
非权威性	科学研究不依仗权威,没有一个科学家可以代表绝对真理,要有怀疑精神	神经反射的发现过程就是科学家用证据质疑不断推进概念的发展过程。例如:后继的科学家对笛卡尔关于反射的理解提出诸多的质疑,在大量实验的基础上,给出科学的理解和修正;在英国剑桥协会主办的研讨会上,高尔斯与韦斯特法尔等医学家指出了"肌腱反射"一词的不合理性,韦斯特法尔偏向使用"膝现象",另一些科学家则对高尔斯提出的"膝反射"表示赞同和支持
非绝对客观性	科学受科学家文化背景、信仰和看待事物方式等的影响;科学观察依赖理论的指导,这都难保证观察和研究的客观性	—

表 3-3-3　科学事业的本质维度分析

本质	维度分析	实例
科学与道德	科学研究中有普遍接受的道德规范	科学家在对神经反射概念的发现过程中,不惧失败,多次实验最终推进概念的发展
科学与技术	科学与技术是有区别的,科学与技术可以相互作用	最早人们认识到"反射"的概念后,通过技术的发展,利用更多先进的手段研究神经反射,而通过对神经反射的概念深入研究,人们又得到更多应用在临床医学上的技术
科学与社会	科学与社会密切相关,总体上给人类带来了福音,但也会产生不良后果	通过对膝反射的研究,膝反射亢进可以在临床实践中应用于下肢神经学检查体征
科学家身份	科学家也是公民,会运用科学知识来解决公众事务问题	—

思考与运用

1. "膝反射"的发现过程经历了几次转折点?

2. "膝反射"在临床医学上的应用有哪些?

3. 神经反射的发现对人类的发展有何意义?

第4节　乙酰胆碱作为化学突触递质的发现

科学谜团

　　神经调节的基本方式是反射，人体能够根据外界的变化作出一些反应。在反射活动中，传导的是兴奋。那么兴奋是怎么产生的？它可能以一种什么形式传导使反射活动如此迅速地完成？兴奋在不同位置的传递方式一样吗？科学家是如何探究到兴奋在传递过程中的方式呢？

一、乙酰胆碱作为化学突触递质

　　化学突触传递是神经信号传递的主要形式。乙酰胆碱是人体内分布最广泛的神经化学物质，通常由神经细胞利用胆碱和乙酸盐在辅酶 A 和胆碱乙酰化酶作用下形成。合成后的乙酰胆碱储存在神经细胞突触囊泡内，当神经冲动传播到神经末梢时，末梢以胞吐囊泡方式"量子释放"乙酰胆碱，作用于突触后膜相应的受体，引起兴奋或抑制反应。然而，乙酰胆碱作为化学突触递质的发现却有着曲折的过程。

二、乙酰胆碱的发现过程

　　1867年，乙酰胆碱首次合成成功，但人们并不清楚生物体内天然含有该物质。1904年，来自伦敦的亨利·哈雷·戴尔（简称"戴尔"）接受了一个为制药厂商工作的机会。正是这次机会，戴尔及其实验室的科研人员充分地接触和认识了麦角碱（寄生于大麦及其他谷类穗中的麦角菌菌核所含多种生物碱的总称），并先后分离出麦角毒碱（早期的肾上腺素受体阻滞剂）、组胺、酪胺和乙酰胆碱等物质。乙酰胆碱的分离可谓是一次"幸运的事故"，因为它是在分离麦角碱时作为一种罕见的污染物被发现的。

随后，研究人员集中探究了乙酰胆碱的生物学效应。经过深入研究发现，这一物质具有两种相反的生物学效应：一种称为"毒蕈碱"样效应，即在外周能够模拟兴奋副交感神经的生物学效应；另一种称为"烟碱"样效应，即类似烟碱作用肌肉及植物性神经节引起的肌肉兴奋性效应。

1909年，在德国接受医学教育的奥托·勒维（简称"勒维"）被奥地利格拉茨大学聘为药理学教授，主要利用青蛙离体心脏进行心脏药理学领域的研究。勒维早年在英国留学期间受到一些前辈关于神经传递物质观点的启发，一直渴望能用实验证明神经传递是通过化学物质实现的想法。1921年复活节前夜，勒维反复做一个梦，醒来他按照梦中提示开展实验，结果就有了重大的发现，这个实验就是经典的生理学双蛙心灌流实验。他取出两只青蛙的心脏，一个连着迷走神经，另一个切断迷走神经，用导管将动脉与静脉连接起来，充"任氏液"进行灌流，形成体外循环。当刺激迷走神经时，与之相连的心脏跳动受到抑制；同时将流经该心脏的"任氏液"灌流切断迷走神经的另一只青蛙心脏时，其跳动也受到明显抑制。很明显切断迷走神经的青蛙心脏受到的抑制效应，应该是来自溶于灌流溶液中的某种化学物质。勒维推测这种化学物质可能是迷走神经末梢释放的。这个实验进一步支持迷走神经不是通过"电传递"影响心脏，而是通过"化学传递"影响心脏功能的观点。他的这个结论奠定了神经兴奋化学传递学说的实验基础。

然而，这种化学物质到底是什么却并不清楚，勒维称之为迷走神经素。为探究迷走神经素，勒维和他的同事做了大量的研究工作。他们发现非常低浓度的乙酰胆碱可极大地抑制心跳，向心脏内加入可抑制酯酶活性的毒扁豆碱，可明显加强外源乙酰胆碱对心脏的抑制效应。这一结果提示心脏可能拥有内源性水解乙酰胆碱的酯酶，即胆碱酯酶。于是他们推测，迷走神经素应该是一种胆碱，能被酯酶快速水解，但并不能确认是乙酰胆碱，因为当时还不知道动物体内含有天然的乙酰胆碱。

当时，戴尔也一直在孜孜不倦探究从动物体内分离天然的乙酰胆碱，但一直苦于没有找到有效的办法。经过多年的摸索，他认为乙酰胆碱之所以不能被分离，可能是因为其"短命"，一旦分泌很快就被酯酶分解。

1929年，这项工作终于有了突破，戴尔和化学家达德利发现在马和牛的脾脏内有着很高浓度的乙酰胆碱，说明它是动物体内天然的组成成分。

1930年，戴尔实验室的Mathes证明血液中的乙酰胆碱是被酯酶分解的，但这种酶的作用可以被毒扁豆碱抑制。1934年，戴尔与Fedberg一起首次对用毒扁豆碱处理的水蛭肌肉标本进行实验，刺激支配胃的迷走神经，在静脉血中检测到乙酰胆碱。同样，刺激内脏神经，乙酰胆碱也出现在肾上腺髓质。后来，他们刺激猫的坐骨神经，在其支配的腓肠肌静脉血管中也收集到了乙酰胆碱，直接刺激肌肉可获得同样的结果，剪断神经支配则不行，但注射乙酰胆碱可模拟刺激效应。这说明乙酰胆碱是由神经末梢释放并传递给肌肉。实验期间，戴尔及其同事还陆续证明乙酰胆碱是自主神经节神经元与神经元之间的信号传递分子，并引进"胆碱能"和"肾上腺素能"等概念，为后来多种多样神经递质的发现奠定了理论基础。1936年，勒维和戴尔因证明乙酰胆碱是神经冲动的化学递质而获得诺贝尔生理学或医学奖。

1937年，布朗发现给去神经支配的肌肉动脉注射乙酰胆碱，可引起肌肉快速收缩，并可在肌肉上记录到动作电位的发放。20世纪50年代以后，随着乙酰胆碱受体的发现，以及有关离子学说得到科学实验的验证，化学突触传递的分子机制得到了完美的解释。

三、乙酰胆碱的应用

随着研究的深入，乙酰胆碱的生理功能愈来愈多地被揭示。除了作为重要的神经递质，乙酰胆碱对植物的代谢、生长、发育都有着重要的调控作用。在人体，乙酰胆碱更是广泛参与骨骼肌运动、内脏活动、腺体分泌、感觉、学习记忆与思维等活动的控制和调节。人体内乙酰胆碱分泌不足或作用受阻，将引起多种疾病。例如，阿尔茨海默病（老年痴呆）大脑基底前脑的神经元退化或损伤，导致乙酰胆碱分泌不足，是引起相应病症的重要原因。目前，治疗该疾病的临床药物多是乙酰胆碱酯酶的抑制剂或前膜摄取乙酰胆碱转运蛋白的抑制剂，目的是延长乙酰胆碱的作用时效，以缓解疾病的临床表现。

学与教建议

　　本节内容对应的是《普通高中生物学课程标准（2017年版2020年修订）》中课程内容的选择性必修课程"概念 1.3　神经系统能够及时感知机体内、外环境的变化，并作出反应调控各器官、系统的活动，实现机体稳态"，"1.3.3　阐明神经冲动在突触处的传递通常通过化学传递方式完成"。在"学业要求"中要求学生通过本节课的学习能够"认同并采纳健康文明的生活方式，远离毒品，向他人宣传毒品的危害及其传染病的防控措施等"。教学中不仅要明确突触结构及传递过程这两个重要而抽象的内容，还要带领学生分析毒品成瘾的分子机制，培养学生的健康生活观念、法律规则意识和民族责任感。

　　本节内容主要涉及人教版《普通高中教科书 生物学 选择性必修1 稳态与调节》第2章第3节"神经冲动的产生和传导"。科学史内容主要涉及"兴奋在神经元之间的传递"，通过对乙酰胆碱发现历程的了解，明白兴奋在神经元之间是利用化学递质进行传递，并且对其产生以及作用的机理有更深入的了解。

科学本质维度分析

表3-4-1　科学知识的本质维度分析

本质	维度分析	实例
认识性	世界是可以被认识的,科学是对客观世界的解释	通过了解乙酰胆碱作为化学突触递质的过程,对于兴奋在神经之间传递的深入研究,进而丰富对神经调节中神经冲动的产生和传导的认知

续　表

本质	维度分析	实例
相对性	科学知识不是绝对真理,是暂时性与持久性的统一	戴尔由于没有找到分离天然乙酰胆碱的办法就认为乙酰胆碱不能被分离。然而在1929年戴尔和化学家达德利发现马和牛的脾脏内有着很高浓度的乙酰胆碱,说明它是动物体内天然的组成成分。通过对乙酰胆碱进行深入的研究,最终在动物体内收集到了乙酰胆碱
累积性	科学知识是长期积累的结果	1867年,乙酰胆碱首次合成成功 1904年,戴尔在研究麦角碱时分离出了乙酰胆碱 1909年,勒维利用双蛙心灌流实验奠定了神经兴奋化学传递学说的实验基础。他们推测:迷走神经素应该是一种胆碱,能被酯酶快速水解,但并不能确认是乙酰胆碱 1929年,戴尔和化学家达德利发现乙酰胆碱是动物体内天然的组成成分。1930年,戴尔实验室的Mathes证明血液中的乙酰胆碱是被酯酶分解的。1934年,戴尔与Fedberg一起首次对用毒扁豆碱处理的水蛭肌肉标本进行实验,乙酰胆碱出现在肾上腺髓质。实验期间,戴尔及其同事还陆续证明乙酰胆碱是自主神经节神经元与神经元之间的信号传递分子 1937年,布朗发现给去神经支配的肌肉动脉注射乙酰胆碱,可引起肌肉快速收缩,并可在肌肉上记录到动作电位的发放 20世纪50年代以后,随着乙酰胆碱受体的发现,以及有关离子学说得到科学实验的验证,化学突触传递的分子机制得到完美的解释
重复性	科学理论的研究过程应该是可以重复的	1936年,勒维和戴尔因证明乙酰胆碱是神经冲动的化学递质。布朗发现给去神经支配的肌肉动脉注射乙酰胆碱,引起肌肉快速收缩,并在肌肉上记录到动作电位的发放,是可以重复试验被验证的结论
公开性	科学成果应公开,接受批判,并得到科学共同体的确认	每一位科学家都应该将自己的科学成果公开交流讨论,接受人们的评价、指正
局限性	科学不能为所有问题提供完美的解决方案	人体内乙酰胆碱分泌不足或作用受阻,将引起多种疾病。例如,阿尔茨海默病(老年痴呆)大脑基底前脑的神经元退化或损伤,导致乙酰胆碱分泌不足,是引起相应病症的重要原因。目前,治疗手段能够延长乙酰胆碱的作用时效,缓解疾病的临床表现,但不能根本消除这种疾病

表3-4-2　科学探究的本质维度分析

本质	维度分析	实例
实证性	科学的正确性决定于观察和实验的检验	通过"双蛙心灌流实验"进一步支持迷走神经不是通过"电传递"影响心脏,而是通过"化学传递"影响心脏功能的观点,奠定了神经兴奋化学传递学说的实验基础 后续科学家更是通过大量的实证性研究,利用试验结果证明了乙酰胆碱是神经冲动的化学递质
归纳性	科学始于观察,科学知识主要来自对观察的归纳	戴尔和Mathes、Fedberg通过对用毒扁豆碱处理的水蛭肌肉标本进行实验、刺激猫的坐骨神经收集到了乙酰胆碱,并且归纳出乙酰胆碱是神经冲动的化学递质
创造性	科学是人类推理、想象和创造力的产物	乙酰胆碱的分离是一次"幸运的故事",因为它是在分离麦角碱时作为一种罕见的污染物被发现的。随后,研究人员集中探究了乙酰胆碱的生物学效应。经过深入研究发现这一物质的生物学效应
预见性	科学具有预见性,可以根据观察和理论进行假说	早期勒维提出神经传递是通过化学物质实现的,并一直进行实验想证实这个想法。1936年,勒维和戴尔因通过实验证明乙酰胆碱是神经冲动的化学递质而获得诺贝尔生理学或医学奖
非固定性	尽管科学研究的一些基本方法是相似的,但是学科知识背景和问题不完全固定,同一问题有不同的解决办法	戴尔与Fedberg用毒扁豆碱处理的水蛭肌肉标本进行实验,刺激支配胃的迷走神经,在静脉血中检测到乙酰胆碱。同样,刺激内脏神经,乙酰胆碱也出现在肾上腺髓质。后来,他们刺激猫的坐骨神经,在其支配的腓肠肌静脉血管中也收集到乙酰胆碱 1936年,勒维和戴尔因证明乙酰胆碱是神经冲动的化学递质,1937年布朗发现给去神经支配的肌肉动脉注射乙酰胆碱,可引起肌肉快速收缩,并可在肌肉上记录到动作电位的发放
非权威性	科学研究不依仗权威,没有一个科学家可以代表绝对真理,要有怀疑精神	勒维通过双蛙心灌流实验进一步支持迷走神经不是通过"电传递"影响心脏,而是通过"化学传递"影响心脏功能的观点
非绝对客观性	科学受科学家文化背景、信仰和看待事物方式等的影响;科学观察依赖理论的指导,这些都难保证观察和研究的客观性	—

表 3-4-3　科学事业的本质维度分析

本质	维度分析	实例
科学与道德	科学研究中有普遍接受的道德规范	科学家们大胆地质疑，并不惧失败多次重复实验，证明实验结论
科学与技术	科学与技术是有区别的，科学与技术可以相互作用	随着研究的深入，乙酰胆碱的生理功能愈来愈多地被揭示。除了作为重要的神经递质，乙酰胆碱对植物的代谢、生长、发育都有着重要的调控作用。随着技术的发展，人们对于乙酰胆碱的作用了解越来越深入
科学与社会	科学与社会密切相关，总体上给人类带来了福音，但也会产生不良后果	人体内乙酰胆碱分泌不足或作用受阻，将引起多种疾病。目前治疗该疾病的临床药物多是乙酰胆碱酯酶的抑制剂或前膜摄取乙酰胆碱转运蛋白的抑制剂，目的是延长乙酰胆碱的作用时效，以缓解疾病的临床表现
科学家身份	科学家也是公民，会运用科学知识来解决公众事务问题	—

思考与运用

1. 简单叙述"双蛙心灌流实验"的过程和意义。

2. 乙酰胆碱在生理学上对人体有哪些作用？

第5节 雌激素受体的发现

科学谜团

促胰液素是人们发现的第一种激素，它的发现不仅使人们发现了一种新的化学物质，更重要的是认识到机体还存在由内分泌器官或细胞分泌的化学物质——激素进行调节的方式，即激素调节。众多的激素分子弥散在全身的体液中，是不是对所有细胞都起作用呢？能被特定激素作用的器官和细胞犹如靶子，是该激素的靶器官和靶细胞。那么激素究竟是如何作用于器官？器官对激素又有何种影响？雌激素作用机制的完善和激素受体的研究有什么关系呢？

乳腺癌已成为当前社会的重大公共卫生问题。美国生物化学家埃尔伍德·詹森（简称"詹森"）在雌激素受体研究领域的巨大贡献，使人类对雌激素受体阳性乳腺癌等类型乳腺癌的治疗获得巨大进步。

一、因事故萌生从事生物医学研究的想法

1920年1月13日，詹森出生于美国北达科他州的法戈市，母亲是一位教师，很注重对詹森阅读等学习习惯的培养，所以詹森4岁就开始上学，成绩表现优异，并连跳两级。詹森在威腾伯格大学取得化学学士学位后，进入芝加哥大学深造并取得博士学位。在太平洋战争爆发后，詹森学业不得不中断。在战争年代，他与很多热血青年一样想成为一名军事飞行员，但因视力不好未能如愿，转而从事毒气等化学武器的研发工作。二战期间詹森除研究毒气外，还参与橡胶人工合成，并取得一系列重大成果。1944年，詹森获有机化学博士学位，得到业内人士的赏识和

青睐，这对詹森的人生成功起了重要作用。在毒气研究中，由于防护措施不完善，詹森两次遭遇重大事故。他深刻意识到有毒物质的危害远比想象的严重，于是逐渐萌生从事生物医学研究的想法。

二战结束后，詹森进入瑞士联邦理工学院，跟随1939年诺贝尔化学奖获得者鲁日奇学习类固醇激素化学，正式开始他从化学向医学的初步过渡。在瑞士期间，詹森的研究没有太大起色，曾一度怀疑自己的选择是否正确，但一次意外的经历让他有所感悟。作为一名爬山新手，詹森和一位爱好爬山的同学在瑞士导游带领下，成功地从瑞士一侧（东北面）登顶欧洲阿尔卑斯山脉第二高峰——马特峰。许多专业登山人士更倾向于从意大利或法国一侧登顶，可是詹森以一种非同寻常的方式完成了任务。这次成功对詹森而言意义非同寻常：首先是敢于挑战自我，其次是不迷信权威，最后是尝试不同方法。詹森还从中归纳出自己一生都津津乐道的"变换方法"：当从正面解决问题存在困难时，变换思维可能收获意想不到的效果。

在瑞士学业即将完成之际，詹森回到芝加哥大学进入哈金斯的跨学科癌症研究小组。哈金斯是卓越的泌尿外科医生，于1941年和助手首次通过切除睾丸或补充雌激素而达到治疗晚期前列腺癌的目的。他也因此荣获1966年诺贝尔生理学或医学奖。哈金斯和詹森相处十分愉快，他们之间的知识互补非常有利于研究的开展。哈金斯可以辅导詹森医学，而詹森可以分享更多化学知识。

二、詹森开创性地解开雌激素作用之谜

当时，雌激素研究虽然阐明了雌激素的生物学功能，包括胚胎发育、组织生长和性器官保持等，但一直不清楚激素发挥生物学效应的机制。哈金斯十分注重雌激素生物学作用的研究，当注射极微量雌二醇可使幼鼠子宫和其他生殖器官表现出惊人的生长速度。雌激素的这种效应也深深吸引了詹森的注意，因此当哈金斯建议詹森开展雌激素作用机制的研究时，詹森欣然接受。当时生命科学研究的重点与主流是物质和能量代谢。许多的生物化学家认为，雌激素进入细胞后可被特定的酶氧化为雌酮，同时释放出氢，生成烟酰胺腺嘌呤二核苷磷酸（NADPH）。NADPH通过参与特定代谢通路而发挥多重生物学效应，雌酮还可被相关酶进一步还原为雌二醇而重生，因此NADPH是雌性激素作用机制的重要中介分子。但是，这种假说无法解释一些不带还原氢的雌激素类似物（如己烯雌酚）的作用。

詹森在研究过程中打破常规，不去关注激素如何作用器官，而是观察器官对激素有何种影响。1957年，詹森设计出用氢的放射性同位素氚替换雌二醇中正常氢的实验，最终在芝加哥大学费米实验室合成氚标记的雌二醇，从而将雌二醇检测灵敏度提升到万亿分之一克。随后，詹森等科学家将生理剂量的氚标记雌二醇注射到未成年雌性大鼠体内，然后通过检测同位素的放射活性，追踪雌二醇在不同器官内的分布与滞留。实验发现，在非生殖器官中雌二醇浓度会迅速衰减，而在子宫和阴道里则可保存较长的时间，说明这些器官中可能存在一种结合雌二醇的物质。同时，在整个过程中雌二醇未发生结构改变，即没有出现氢的转移，从而否定了代谢学说。于是，詹森提出雌激素作用机制的假说，即雌激素通过与子宫和阴道等器官内特定物质结合而发挥促生长效应，并将这种物质命名为亲雌激素蛋白。但是，这一假说当时并未引起足够多的人关注。

虽然学术界对他的研究没有关注，但是詹森并没有因此放弃研究工作。他与戈尔斯基等人一起继续深入研究雌激素的作用机制，终于发现雌二醇是可以穿过细胞膜进入细胞内的。在细胞质中，雌激素与雌激素受体结合而形成复合物，并迁移至细胞核。这种复合物通过和特定DNA序列结合而启动靶基因表达，从而发挥生物学效应。随着雌激素受体机制逐步完善，其他相关激素作用机制的研究也取得长足进展，自此细胞内存在激素受体的概念逐渐被科学界所接受。

詹森的开创性成果，为类固醇受体的研究奠定了基础。此后，多种类固醇激素的受体先后被鉴定。这些类固醇激素受体都在细胞核中发挥生物学效应，并且在结构和作用模式上相似，统称为核受体，詹森因此被科学界称为"核受体之父"。

三、将雌激素受体引入乳腺癌治疗

19世纪末，首创卵巢切除术治疗乳腺癌后，又开发出肾上腺甚至垂体的切除手术，治疗绝经期后的乳腺癌患者。但是这些治疗方案存在两个根本性的缺陷：一是治疗的有效性问题，二是外科手术使许多女性望而却步。随着雌激素受体逐渐得到证实，詹森开始考虑其研究成果的临床意义，而乳腺癌的治疗成为重点考虑对象。

詹森推测，雌激素受体是雌激素促生长效应的必要中介，因此检测乳腺癌患者雌激素受体的含量，可能对治疗效果评判具有重要意义。詹森开发出蔗糖密度梯度离心检测雌激素受体分子含量的方法，对手术治疗的乳腺癌患者进行检测发现，雌激素受体含量越高，去雌激素手术的治疗效果越显著。然而，雌激素受体的密度梯度离心方法，其敏感性较低，从而给早期乳腺癌的筛查带来巨大不便，而特异性抗体检测可极大地提高测试灵敏性，但抗体迟迟无法制备成功。詹森仍然利用蔗糖密度梯度离心，分离出氢标记雌激素—雌激素受体—抗体三元复合物，进一步从复合物中分离出雌激素受体的抗体。1980年，他终于获得单克隆抗体，并利用抗体开发出雌激素受体酶联免疫试剂盒和细胞免疫组化试剂，极大地增加了临床乳腺癌患者雌激素受体含量分析的敏感性，对雌激素受体阳性乳腺癌患者切除卵巢的预后效果显著好于雌激素受体阴性患者，从而更加方便了临床筛查。接着，詹森开始寻找可替代外科手术治疗乳腺癌的药物。詹森发现，雌激素受体阳性的乳腺癌患者对一种抗雌激素物质——他莫昔芬有较高敏感性。他莫昔芬最早开发用作女性避孕药，可是因效果有限且毒性较大而被放弃，但在乳腺癌治疗中被测试出理想效果。大样本实验表明，他莫昔芬对预防乳腺癌的发生有重要的作用。

詹森的这两项发现使成千上万乳腺癌妇女免于手术的痛苦，改用简单服药的方式来接受治疗；还为他莫昔芬治疗乳腺癌的适应症提供了科学标准——雌激素受体阳性，从而每年挽救或延长了许多乳腺癌患者的生命。他又积极探索雌激素受体抑制剂的作用机制，为开发更好的乳腺癌治疗药物和减少治疗副作用提供有力支持。

四、遗憾错过诺贝尔奖

2012年，詹森由于肺炎并发症在辛辛那提郊区一家护理和康复中心去世。他一生的研究主要完成了两项奠基性工作：确立细胞核受体的存在，从而开创了一个全新的研究领域；开发出雌激素受体检测方法，革新乳腺癌的分类和治疗。他一直被视为诺贝尔奖热门人选，但最终还是无法得到诺贝尔奖青睐，这不能不说是一件憾事。但是，詹森所做卓越贡献已被科学界和医学界所铭记，他的发现为众多乳腺癌患者带来了巨大福音。他的贡献获得多项科学荣誉，包括曾任美国内分泌学会主席、美国科学院院士、美国艺术和科学院院士，先后获得美国通用癌症凯特林基金会奖、美国内分泌学会最高奖科克奖、加拿大盖尔德纳基金奖和美国拉斯克基础医学奖等。

学与教建议

本节内容对应的是《普通高中生物学课程标准（2017年版2020年修订）》中课程内容的选择性必修课程"概念1 生命个体的结构与功能相适应，各结构协调统一共同完成复杂的生命活动，并通过一定的调节机制保持稳态"，"1.4 内分泌系统产生的多种类型的激素，通过体液传送而发挥调节作用，实现机体稳态"，"1.4.1 说出人体内分泌系统主要由内分泌腺组成，包括垂体、甲状腺、胸腺、肾上腺、胰岛和性腺等多种腺体，它们分泌的各类激素参与生命活动的调节"。为帮助学生达成对选择性必修课程概念1的理解，促进学生生物学学科核心素养的提升，应开展下列活动：以某种激素的发现史为例，讨论研究激素生理功能的方法。"学业质量水平"要求：水平3-1"能运用结构与功能观、物质与能量观、稳态与平衡观等观念，举例说明生物体组成结构和功能之间的关系、遗传与变异的物质基础、稳态的维持和调节机制、生态系统的平衡原理等"；水平 3-2 "能基于给定的事实和证据,采用归纳与概括、演绎与推理等方法,以文字、图示或模型的形式,说明分子与细胞、遗传与变异、稳态与调节、生物与环境等相关概念的内涵,举例说明生物工程与技术的原理及其与社会之间的关系"。

关于詹森发现雌激素受体内容主要涉及人教版《普通高中教科书 生物学 选择性必修 1 稳态与调节》第 3 章第 1~2 节内容。其中,主要帮助学生了解詹森完善雌激素的作用机制的过程,深入理解激素调节的特点和作用方式,感受激素受体在激素调节中的重要性。结合教材"思考·讨论",提供的研究激素的方法中主要涉及两个方面:摘除法和移植法可以初步确定内分泌腺的功能,以及制备组织提取液研究腺体分泌物的有效成分和作用,可以补充利用细胞与分子生物学技术,阐明激素作用机制的研究方法,从而引出詹森发现雌激素受体的科学史。学习时结合思维训练栏目的"验证假说,预测结果",训练学生应用实验设计中的"加法原理"和"减法原理",引导归纳研究激素调节的实验方法,理解激素调节和神经调节的本质区别,加深学生对于科学本质中关于"科学工作采用基于实证的范式"等的认识。

科学本质维度分析

表 3-5-1 科学知识的本质维度分析

本质	维度分析	实例
认识性	世界是可以被认识的,科学是对客观世界的解释	詹森逐步完善雌激素受体机制,其他相关激素作用机制的研究也取得长足进展,自此细胞内存在激素受体的概念逐渐被科学界所接受
相对性	科学知识不是绝对真理,是暂时性与持久性的统一	当时,雌激素研究虽然阐明雌激素等的生物学功能,包括胚胎发育、组织生长和性器官保持等,但一直不清楚这些激素发挥生物学效应的机制

续　表

本质	维度分析	实例
相对性	科学知识不是绝对真理，是暂时性与持久性的统一	当时生命科学研究的重点与主流是物质和能量代谢，许多的生物化学家认为NADPH是雌性激素作用机制的重要中介分子，但是无法解释一些不带还原氢的雌激素类似物（如己烯雌酚）的作用 詹森等人发现雌二醇是可以穿过细胞膜进入细胞内的。在细胞质中，雌激素与雌激素受体结合而形成复合物，并迁移至细胞核。这种复合物通过和特定DNA序列结合而启动靶基因表达，从而发挥生物学效应。随着雌激素受体机制逐步完善，其他相关激素作用机制的研究也取得长足进展，自此细胞内存在激素受体的概念逐渐被科学界所接受
累积性	科学知识是长期积累的结果	哈金斯十分注重雌激素生物学作用的研究，而当时生命科学研究的重点与主流是物质和能量代谢。许多的生物化学家认为，雌激素进入细胞后可被特定的酶氧化为雌酮，同时释放出氢，生成烟酰胺腺嘌呤二核苷磷酸（NADPH）。NADPH通过参与特定代谢通路而发挥多重生物学效应，雌酮还可被相关酶进一步还原为雌二醇而重生，因此NADPH是雌性激素作用机制的重要中介分子。但是，这种假说无法解释一些不带还原氢的雌激素类似物（如己烯雌酚）的作用 詹森提出雌激素作用机制的假说，即雌激素通过与子宫和阴道等器官内特定物质结合而发挥促生长效应，并将这种物质命名为亲雌激素蛋白。但是，这一假说当时并未引起足够多的人关注 詹森与戈尔斯基等人坚持深入研究雌激素的作用机制。他们终于发现雌二醇是可以穿过细胞膜进入细胞内的。在细胞质中，雌激素与雌激素受体结合而形成复合物，并迁移至细胞核。这种复合物通过和特定DNA序列结合而启动靶基因表达，从而发挥生物学效应。随着雌激素受体机制逐步完善，其他相关激素作用机制的研究也取得长足进展，自此细胞内存在激素受体的概念逐渐被科学界所接受 詹森的这一开创性成果，为类固醇受体的研究奠定了基础并铺平了道路。此后，多种类固醇激素的受体先后被鉴定
重复性	科学理论的研究过程应该是可以重复的	詹森的这一开创性成果，为类固醇受体的研究奠定了基础并铺平了道路。此后，多种类固醇激素的受体先后被鉴定。这些类固醇激素受体都在细胞核中发挥生物学效应，并且在结构和作用模式上相似，统称为核受体，詹森因此被科学界称为"核受体之父"

续　表

本质	维度分析	实例
公开性	科学成果应公开,接受批判,并得到科学共同体的确认	詹森提出雌激素作用机制的假说虽然当时并未引起足够多的人关注。但是随着深入研究,雌激素受体机制逐步完善,其他相关激素作用机制的研究也取得长足进展,自此细胞内存在激素受体的概念逐渐被科学界所接受
局限性	科学不能为所有问题提供完美的解决方案	詹森推测,雌激素受体是雌激素促生长效应的必要中介,因此检测乳腺癌患者雌激素受体的含量,可能对治疗效果评判具有重要意义 詹森开发出蔗糖密度梯度离心检测雌激素受体分子含量的方法。对手术治疗的乳腺癌患者进行检测发现,雌激素受体含量越高,去雌激素手术的治疗效果越显著。然而,雌激素受体的密度梯度离心方法,其敏感性较低,给早期乳腺癌的筛查带来巨大不便,而特异性抗体检测可极大地提高测试灵敏性,但抗体迟迟无法制备成功

表3-5-2　科学探究的本质维度分析

本质	维度分析	实例
实证性	科学的正确性决定于观察和实验的检验	1957年,詹森设计出用氢的放射性同位素氚替换雌二醇中正常氢的设施,最终在芝加哥大学费米实验室合成了氚标记的雌二醇,从而将雌二醇检测灵敏度提升到万亿分之一克。詹森等人将生理剂量的氚标记雌二醇注射到未成年雌性大鼠体内,然后通过检测同位素的放射活性,追踪雌二醇在不同器官内的分布与滞留。实验发现,在非生殖器官中雌二醇浓度会迅速衰减,而在子宫和阴道里则可保存较长的时间,说明这些器官中可能存在一种结合雌二醇的物质。同时,在整个过程中雌二醇未发生结构改变,即没有出现氢的转移,从而否定了代谢学说。于是,詹森提出了雌激素作用机制的假说,即雌激素通过与子宫和阴道等器官内特定物质结合而发挥促生长效应,并将这种物质命名为亲雌激素蛋白
归纳性	科学始于观察,科学知识主要来自对观察的归纳	詹森等人坚持深入研究雌激素的作用机制,通过观察发现了雌二醇是可以穿过细胞膜进入细胞内的。提出在细胞质中,雌激素与雌激素受体结合而形成复合物,并迁移至细胞核。这种复合物通过和特定DNA序列结合而启动靶基因表达,从而发挥生物学效应
创造性	科学是人类推理、想象和创造力的产物	詹森在研究过程中打破常规,不去关注激素如何作用于器官,而是观察器官对激素有何种影响。他在研究雌激素的作用机制过程中取得的开创性成果,为类固醇受体的研究奠定了基础

续　表

本质	维度分析	实例
预见性	科学具有预见性,可以根据观察和理论进行假说	1957年,詹森设计实验,观察分析实验结果,否定了代谢学说,并提出了雌激素作用机制的假说,即雌激素通过与子宫和阴道等器官内特定物质结合而发挥促生长效应,并将这种物质命名为亲雌激素蛋白。但是,这一假说当时并未引起足够多的人关注
非固定性	尽管科学研究的一些基本方法是相似的,但是学科知识背景和问题不完全固定,同一问题有不同的解决办法	在詹森研究雌激素作用机制时,当时生命科学研究的重点与主流是物质和能量代谢。詹森在研究过程不去关注激素如何作用于器官,而是观察器官对激素有何种影响
非权威性	科学研究不依仗权威,没有一个科学家可以代表绝对真理,要有怀疑精神	当时生命科学研究的重点与主流是物质和能量代谢,所以詹森在最初提出雌激素作用机制的假说时,他的研究没有获取更多人的关注。但是,詹森没有依仗权威而放弃自己的研究工作,坚持不懈的研究,最终获得了成功的果实
非绝对客观性	科学受科学家文化背景、信仰和看待事物方式等的影响;科学观察依赖理论的指导,这都难保证观察和研究的客观性	在战争年代,他与很多热血青年一样想成为一名军事飞行员。但因视力不好未能如愿,转而从事毒气等化学武器的研发工作。在毒气研究中,由于防护措施不完善,詹森两次遭遇重大事故。他深刻意识到有毒物质的危害远比想象的严重,于是逐渐萌生从事生物医学研究的想法

表3-5-3　科学事业的本质维度分析

本质	维度分析	实例
科学与道德	科学研究中有普遍接受的道德规范	詹森用正确的科学方法,坚持不懈、百折不挠的科学精神,进一步完善雌激素作用机制,并为类固醇受体的研究奠定了基础
科学与技术	科学与技术是有区别的,科学与技术可以相互作用	1957年,詹森设计出用氢的放射性同位素氚替换雌二醇中正常氢的实验,研究技术的进步推动了科学发展的进程
科学与社会	科学与社会密切相关,总体上给人类带来了福音,但也会产生不良后果	詹森的科学研究发现使成千上万乳腺癌妇女免于手术的痛苦,改用简单服药的方式来接受治疗;还为他莫昔芬治疗乳腺癌的适应症提供了科学标准——雌激素受体阳性,从而每年挽救或延长了许多乳腺癌患者的生命。他又积极探索雌激素受体抑制剂的作用机制,从而为开发更好的乳腺癌治疗药物和减少治疗副作用提供有力支持
科学家身份	科学家也是公民,会运用科学知识来解决公众事务问题	—

思考与运用

1. 谈谈雌激素的作用机制的发现历程。

2. 詹森为什么被科学界称为"核受体之父"?

第6节　植物向光生长的发现历程

科学谜团

　　幼嫩的向日葵花盘总是面朝着太阳，家里的花花草草也会向着窗户的方向弯曲生长，这些生活现象背后蕴含着什么科学道理？在单侧光的照射下，植物朝向光源方向生长的现象叫向光性。其实生活中许多人对这种现象熟视无睹，但它本身并没有那么简单，而是一种复杂的生物反应。从驳斥植物对环境不敏感的谬论，到发现生长素和光感受器，植物向光性研究都有哪些重大意义的历史事件？这一领域又有哪些最新研究进展呢？

　　人类最早的对于植物向光性的描述见于古希腊神话，爱神维纳斯将迷恋太阳神阿波罗的水神克吕提厄变成了一株随着阿波罗的移动而转动的绿色植物。这种基于不需要回报的爱，被早期的哲学家认为植物对外界环境的反应完全是被动的。受亚里士多德影响的植物学家泰奥弗拉斯托斯将植物的向光趋势完全归因于太阳的活动，即太阳将液体运送到植物向光的一面。而这种对于植物向光性的解释一直持续到文艺复兴时期。

一、实验学派对于植物敏感性和运动能力的论证

　　文艺复兴时期，一些早期的科学家反对古希腊哲学家只重视逻辑思考的缺点，积极地运用实验观察的方法去研究问题。Porta作为其中的先驱者利用黄瓜幼苗进行观察，并对比泰奥弗拉斯托斯的观点，将植物的向光性描述成对太阳的"愉悦反应"。这种对于植物向光性的拟人化解释在现在看来虽然荒谬，但它却帮助人类打开了植物灵敏性的讨论之门。

　　出人意料的是，可能是最早也是最简单的植物向光性实验是作为炼

金术师的托马斯·布朗进行的。他观察到生长在地下室窗台的芥菜幼苗在他转动花盆之后最终仍是朝向窗户。当时人们认为植物可以产生对其他植物不利的气体，因此布朗对于这一现象的解释是该运动可以使其避免被周边植物产生的有毒气体所伤害。但是，波涅特等人重复该试验后认为，这种反应是由新鲜空气或是温度促进植物的生长所导致的，而不是气体的毒害。虽然这些假说在后来被证实是错误的，但植物具有敏感性的观点开始被部分人所认可。

随着哲学"内因起到至关重要的力量"的思想不断渗透各个研究领域，有些科学家试图从内外因素上去探寻植物的向光性的原因。迪特罗谢最早提出向光性是植物对于光所产生诱导反应。他的猜想最终由威斯纳的实验证实，其发现当灯光熄灭后植物仍会弯向光源的方向。

伟大的生物学家达尔文进一步探讨了植物向光性和向地性的自然感应与力学机制之间的联系。在他的植物运动理论中最重要的发现是解释光感受的部位在茎尖，和弯曲的部分是分开的，以及茎尖可产生某种"刺激"诱导植物下端弯曲。可惜他没有来得及完成对自己猜想的验证，但他深刻的见解，最终促使第一种植物激素——生长素的发现。

二、生长素在植物向光性中的不同作用模型

在达尔文之后，罗特尔特同样证明在玉米胚芽鞘中光感应部位在茎尖附近，Fitting、Boysen-Jensen 和 Paal 提出更多的证据证明达尔文学说的正确性。类似的研究在乔罗尼和文特提出的模型中结束，他们通过巧妙的实验得出，由光介导的植物生长素在背光侧再分配后引起植物两侧以不同速度生长，从而出现向光弯曲生长的现象。这种物质随后由 Kogl 和 Haagen-Smit 在人类的尿液中发现，并将其命名为植物的生长素，是由希腊语"auxein"演变而来，意为生长。

尽管文特模型在植物向光性研究中占主要地位，但很快受到了新的挑战。有实验表明类胡萝卜素在光下会使得生长素失活，因此植物的向光性是不同的类胡萝卜素调节生长素的失活所导致的。另一实验发现光照是抑制生长素的极性运输而不是促进，由此产生的假说是，向光性是

在光照下向光侧的生长素极性运输被抑制的结果。Boysen-Jensen 和文特认为这两种模型可能共同起到作用。Overbeek 的实验证实了他们的推测，尽管单侧光促进向光侧生长素向背光侧运输，但植物的向光造成两侧生长速度不等都可归因于光调节抑制作用。随后越来越多的实验开始支持背光面的生长促进和向光侧的生长抑制是同时发生的。然而也有实验表明由光调节的生长抑制比向光性的曲率来得更加迅速，这是一项不经文特模型推出的发现。

根据经典的文特模型，单侧生长素的运输引起向光反应。然而，有实验表明光线抑制生长素的极性运输。纳克维提出光感应的产物，即幼苗向光面的脱落酸，因其导致生长素极性运输的不平衡。事实上当时的人们已经发现红光或赤霉素能引起向光性增强与单侧生长素的运输并没有联系，因此他们提出向光反应的程度是由生长素的敏感性所调节。总而言之，这些研究探索了生长素在向光性形成过程中的作用，但更加详细的信号机制仍然是个谜。

更多关于生长素运输的变化是怎样影响向光性的细节，是从以拟南芥为样本的研究中显现出来。例如，两种与生长素横向运输有关的载体蛋白 PIN3 和 PIN1 的基因突变能够影响向光性。在一种编码 P-糖蛋白 ABC 转运体的 MDR1 基因突变中，分布在下胚轴细胞底端的 PIN1 减少，且向光反应增强。因此有学者提出这 PIN1 减少引起的向光性变化可能是通过增强生长素的横向运输来实现的。但是，一些生长素的极性运输仍然对正常过程的向光反应起到重要作用。

Harper 等人继续研究发现拟南芥下胚轴无向光性突变 4 基因（nph4）编码生长素响应因子 7（ARF7），这是向光性研究历程中的一项重大成果。作为转录调节物的 ARF 家族，它的功能会因与 AUX/IAA 蛋白的结合而丧失。生长素通过泛素依赖途径降解 AUX/IAA 蛋白进而提高 ARF 因子的活性。但在 nph4/ARF7 的突变体中，给予乙烯或红光处理也会产生向光反应。对此合理的解释是，ARF 家族通过控制含有生长素响应元件（AuxREs）基因的表达来促进向光性。研究发现甘蓝下胚轴在向光反应中会导致 8 种基因特异性地转录增强，而这些基因都含有一种或更多的

AuxREs，从而支持上述说法。有趣的是，这些基因其中的两种可编码与细胞壁伸展有关的扩展素，因此人们将向光性与生长素促进扩展素的活性联系在一起。

三、寻找光反应的感受器

1.向光素及其信号机制

在思考向光反应中生长素的作用时，我们另外关心的是植物如何感受单侧光源。1817年，就有报道指出蓝光在能使得植物更有效地定向生长。在进行了一系列有争论的研究后，Wiesner证明在蓝光或紫光下，植物的向光性最强，如图3-11-1所示。随后的研究确认了向光性的波长峰值在450nm左右，以及植物具有440nm和480nm两个吸收峰。

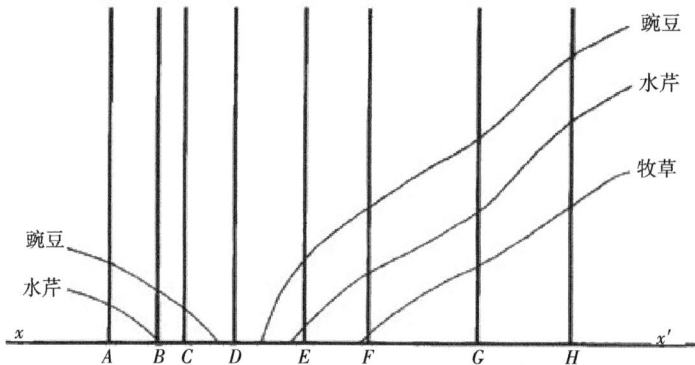

图3-6-1　Wiesner观察豌豆，水芹，和牧草幼苗对不同光质的反应

注：横轴代表夫琅和费线，字母表示759nm（A）到396nm（H）之间不同的光质。

在明确向光反应的作用光谱后，寻找蓝光感受器成为当务之急。由于类胡萝卜素的吸收光谱与其高度相似，同时尖端的灵敏性最强，其中的类胡萝卜素的浓度也是最高，因此类胡萝卜素当仁不让地成为光感受器最有力候选者。直到发现黄素和黄素蛋白参与向光作用，这一假设才被质疑。黄素假说最初是基于观察黄素吸收的最大值在450nm左右，且黄酮类物质会使在试管内的生长素迅速失去活性。

最终Briggs和他的同事利用生化技术手段找到了光感受器，从而结束了黄素与类胡萝卜素究竟谁才是真正的光感受器的争论。他们发现在向光反应中。蓝光会改变一种120KD的膜结合蛋白的磷酸化状态和活性。nph1基因的克隆证实这一基因座编码该120KD膜蛋白，随后的生化分析发现该膜蛋白的两个结构域——LOV1和LOV2在向光性反应中与黄素生色团相结合。因此该膜蛋白被重新命名为向光素，而类胡萝卜素作为光感受器的假说则彻底破产。

今天我们知道向光素1（phot1）更多地集中在黄化苗的顶部而不是基部，这就为达尔文所观察的现象提供现代解释。但是，我们对向光素的下游信号仍然知之甚少。两种与phot1绑定而功能未知的蛋白：nph3和rpt2，在向光素的早期信号传递中怎样调节生长素的运输中还有争议。钙离子途径可能也是向光素早期信号的参与者，但其参与的转导途径究竟如何？这些我们仍不清楚。

2.光敏色素和隐花色素及其信号机制

向光素并非向光反应中唯一的光感受器，幼苗在红光预处理条件下可以改变自身对单侧蓝光的敏感性，而由红光增强的向光性可被远红外光所逆转，这与光敏色素在红光调节下的向光反应相一致。同时，在单侧红光照射下观察到玉米子胚轴产生向光反应，因此有学者提出光敏色素在某些情况下对于向光性作用是必需的。但是，红光诱导植物向光反应的能力较弱，所以光敏色素未被认为是植物向光性反应中的直接光感受器。实验研究也发现，隐花色素作为蓝光感受器可以增强向光弯曲。由于光敏色素和隐花色素的功能相似，他们可能以同一种方式影响植物的向光性。最有力的证据是光敏色素和隐花色素双突变类型在光下表现出向光性的严重缺失，而光敏色素和隐花色素的单突变体则在光下表现正常。这很可能是一种与光形态建成有关的转录激活因子HY5存在的原因。HY5可能通过光敏色素和隐花色素调节向光性，因为HY5突变体在极低的光照下显著延缓了向光反应的时间。

四、向光反应中敏感性与应答性之间关系

在近150年的向光性研究中，人们更侧重于研究向光性的应答机制，而植物体或其某部分对单侧光的应答程度往往不一致。在某些情况下的向光反应涉及机械力的细微作用，如较粗的幼芽与较细的相比需要更多特异性生长才能达到同样的弯曲角度。此外，人们很早就发现黄化苗在单侧强光连续照射下其向光性的应答时间与弱光相比偏慢，而当光强超过特定的域值则会延迟黄化苗的向光反应。近代的研究发现至少有两种光信号的转导途径参与了强光下的向光性减退。Blaauw利用不同的时长和强度的光脉冲发现植物的应答程度是与光强成正比的。随后发现该结论仅在较低的光强下才有效（第一正向光性），提高光强则会产生负性的应答（第一负向光性），然而更高的光强则会恢复了正性的向光应答（第二正向光性）。现代科学家利用黄化的拟南芥重复该研究后发现，不同光脉冲产生的光信号对于下胚轴的弯曲会起到正反两方面的影响。因此，有学者提出这种光诱导的向光性与向光素的存在部位以及磷酸化的程度有关，然而这一理论仍需更多的实验来证实。

五、展望

向光性的研究历程久远而又丰富多彩，我们对于向光反应的理解根生在古希腊哲学，起源于启蒙运动中早期生理学的研究。现代科学利用拟南芥所得的实验结果极大地拓展了我们对于向光反应的理解。我们绝不能将向光反应视为简单的或线性的生理学反应，向光性应该被理解为一种复杂的生物学反应，其中包括多种光感受器、植物激素和各种信号转导途径共同作用形成的特异性生长差异。考虑到其复杂性，我们仍需要更多的实验来解释并未熟知的向光性机制及其生物学意义。

学与教建议

本节内容对应的是《普通高中生物学课程标准（2017年版2020年修订）》中课程内容的选择性必修课程"概念1 生命个体的结构与功能相适应，各结构协调统一共同完成复杂的生命活动，并通过一定的调节机制保持稳态"，"1.6 植物生命活动受到多种因素的调节，其中最重要的是植物激素的调节"，"1.6.1 概述科学家经过不断的探索，发现了植物生长素，并揭示了它在调节植物生长时表现出两重性，既能促进生长，也能抑制生长"。为帮助学生达成对选择性必修课程概念1的理解，促进学生生物学学科核心素养的提升，应开展"以某种激素的发现史为例，讨论研究激素生理功能的方法"活动。"学业质量水平"要求：水平1-1"能在给定的问题情境中，能以生命观念为指导，分析生命现象，探讨生命活动的规律，设计解决简单问题的方案"；水平1-2"能认识到生物学概念是基于科学事实，经过归纳与概括、演绎与推理等方法形成的"；水平3-2"能基于给定的事实和证据，采用归纳与概括、演绎与推理等方法，以文字、图示或模型的形式，说明分子与细胞、遗传与变异、稳态与调节、生物与环境等相关概念的内涵"。

本节内容主要涉及人教版《普通高中教科书 生物学 选择性必修1 稳态与调节》第5章第1节的内容。主要帮助学生更全面认识植物生命活动调节中植物生长素的发现，深入体会生长素发现过程中的实验方法和科学思维。结合教材本节"问题探讨"从日常生活中常见的植物向光性入手创建情境、提出问题，反应科学发现往往是从对常见现象的追问、探索开始的，引入植物向光性研究过程中具有重大意义的历史事件。教师可以采用"问题驱动式"教学策略，对科学家的实验过程和结论以问题的形式呈现，引领学生思考探究，还可以对原有资料再加工，设置新的问题，引发学生二次思考，通过一组组环环相扣的问题，使学生在探究问题的过程中，经历一次生物知识的"再发现"，结合科学史提高学生的科学探究能力。

科学本质维度分析

表 3-6-1   科学知识的本质维度分析

本质	维度分析	实例
认识性	世界是可以被认识的,科学是对客观世界的解释	从驳斥植物对环境不敏感的谬论,到发现生长素和光感受器,促进对植物向光性、生长素以及光反应感受器的认识
相对性	科学知识不是绝对真理,是暂时性与持久性的统一	Browne 观察到生长在地下室窗台的芥菜幼苗在他转动花盆之后最终仍是朝向窗户,结合当时的观点他认为该运动可以使其避免被周边植物产生的有毒气体所伤害。但 Charles Bonnet 等人重复该试验后认为这种反应是由新鲜空气或是温度促进植物的生长所导致的,而不是气体的毒害。但这些假说在后来被证实是错误的 Went 模型在植物向光性研究中占主要地位,但很快也受到新的挑战,以实验为基础涌现出一些其他的猜想 在明确向光反应的作用光谱后,寻找蓝光感受器成为当务之急。由于类胡萝卜素的吸收光谱与其高度相似,同时尖端的灵敏性最强,科学家提出类胡萝卜素作为光感受器的假说,直到发现黄素和黄素蛋白参与向光作用,这一假设才被质疑,出现黄素假说。最终 Briggs 和他的同事利用生化技术手段找到了光感受器,从而结束了黄素与类胡萝卜素究竟谁才是真正的光感受器的争论
累积性	科学知识是长期积累的结果	植物学家 Theophrastus 将植物的向光趋势完全归因于太阳的活动,即太阳将液体运送到植物向光的一面 Porta 作为其中的先驱者利用黄瓜幼苗进行观察,并对比 Theophrastus 的观点,将植物的向光性描述成对太阳的"愉悦反应" Browne 观察到生长在地下室窗台的芥菜幼苗在他转动花盆之后最终仍是朝向窗户,他对于这一现象的解释是,该运动可以使其避免被周边植物产生的有毒气体所伤害 Charles Bonnet 等人重复 Browne 试验后认为这种反应是由新鲜空气或是温度促进植物的生长所导致的,而不是气体的毒害

续　表

本质	维度分析	实例
累积性	科学知识是长期积累的结果	随着哲学"内因起到至关重要的力量"的思想不断渗透到各个研究领域,有些科学家试图从内外因素上去探寻植物的向光性的原因。Dutrochet最早提出向光性是植物对于光所产生诱导反应。他的猜想最终由Wiesner的实验证实 达尔文进一步探讨了植物向光性和向地性的自然感应与力学机制之间的联系,猜测茎尖可产生某种"刺激"诱导植物下端弯曲 这种物质随后由Kogl和Haagen-Smit在人类的尿液中被发现,他们将其命名为植物的生长素 Cholodny和文特通过巧妙的实验得出,由光介导的植物生长素在背光侧再分配后引起植物两侧以不同速度生长,从而出现向光弯曲生长的现象 Overbeek的实验解释说,尽管单侧光促进向光侧生长素向背光侧运输,但植物的向光造成两侧生长速度不等都可归因于光调节抑制作用 Harper等人以拟南芥为样本的研究中逐渐显现生长素运输的变化是怎样影响向光性的细节 Wiesner证明在蓝光或紫光下,植物的向光性最强 Briggs和他的同事利用生化技术手段找到了光感受器,他们发现在向光反应中。蓝光会改变一种120KD的膜结合蛋白的磷酸化状态和活性。该膜蛋白后被重新命名为向光素 向光素并非向光反应中唯一的光感受器,光敏色素和隐花色素对向光性也有一定影响
重复性	科学理论的研究过程应该是可以重复的	Browne观察到生长在地下室窗台的芥菜幼苗在他转动花盆之后最终仍是朝向窗户,结合当时的观点他解释为该运动可以使其避免被周边植物产生的有毒气体所伤害。但Charles Bonnet等人重复该试验后提出了新的观点 Blaauw利用不同的时长和强度的光脉冲发现植物的应答程度是与光强成正比的。而随后发现该结论仅在较低的光强下才有效(第一正向光性),提高光强则会产生负性的应答(第一负向光性),然而更高的光强则会恢复了正性的向光应答(第二正向光性)。现代科学家利用黄化的拟南芥重复该研究后发现,不同光脉冲产生的光信号对于下胚轴的弯曲会起到正反两方面的影响。因此有学者提出这种光诱导的向光性与向光素的存在部位以及磷酸化的程度有关

续　表

本质	维度分析	实例
公开性	科学成果应公开,接受批判,并得到科学共同体的确认	每一位科学家都应该将自己的科学成果公开交流讨论,接受人们的评价、指正
局限性	科学不能为所有问题提供完美的解决方案	向光素 1(phot1)更多地集中在黄化苗的顶部而不是基部,但我们对向光素的下游信号仍然知之甚少。两种与 phot1 绑定而功能未知的蛋白:nph3 和 rpt2,在向光素的早期信号传递中怎样调节生长素的运输中还有争议。钙离子途径可能也是向光素早期信号的参与者,但其参与的转导途径究竟如何仍不清楚 我们绝不能将向光反应视为简单的或线性的生理学反应,考虑到其复杂性,我们仍需要更多的实验来解释并未熟知的向光性机制及其生物学意义

表 3-6-2　科学探究的本质维度分析

本质	维度分析	实例
实证性	科学的正确性决定于观察和实验的检验	从文艺复兴时期开始,科学家们便积极地运用实验观察的方法去研究植物向光性的问题,并获得许多重要的研究结论。例如达尔文猜想茎尖可产生某种"刺激"诱导植物下端弯曲。随后许多类似的实验研究提供更多的证据证明达尔文学说的正确性,最终 Cholodny 和文特通过巧妙的实验得出,由光介导的植物生长素在背光侧再分配后引起植物两侧以不同速度生长,从而出现向光弯曲生长的现象。这种物质随后由 Kogl 和 Haagen-Smit 在人类的尿液中被发现,他们将其命名为植物的生长素
归纳性	科学始于观察,科学知识主要来自对观察的归纳	众多科学家通过大量的实验观察,经过不懈努力得到了许多令人满意的成果,如发现了生长素、向光素及其信号机制
创造性	科学是人类推理、想象和创造力的产物	文艺复兴时期,一些早期的科学家一反古希腊哲学家只重视逻辑思考的缺点,积极地运用实验观察的方法去研究问题,Porta 便是其中的先驱者

续 表

本质	维度分析	实例
预见性	科学具有预见性,可以根据观察和理论进行假说	随着哲学"内因起到至关重要的力量"的思想的发展,Dutrochet最早提出向光性是植物对于光所产生的诱导反应,他的猜想最终由Wiesner的实验证实 达尔文进一步探讨了植物向光性和向地性的自然感应与力学机制之间的联系。在他的植物运动理论中最重要的发现是解释了光感受的部位在茎尖,和弯曲的部分是分开的,并据此猜想茎尖可产生某种"刺激"诱导植物下端弯曲。他的深刻的见解,最终促使第一种植物激素——生长素的发现 实验发现光照是抑制生长素的极性运输而不是促进,由此产生的假说是,向光性是在光照下向光侧的生长素极性运输被抑制的结果
预见性	科学具有预见性,可以根据观察和理论进行假说	在明确向光反应的作用光谱后,寻找蓝光感受器成为当务之急。由于类胡萝卜素的吸收光谱与其高度相似,同时尖端的灵敏性最强,科学家提出类胡萝卜素作为光感受器的假说;黄素假说最初是基于观察黄素吸收的最大值在450nm左右,且黄酮类物质会使在试管内的生长素迅速失去活性
非固定性	尽管科学研究的一些基本方法是相似的,但是学科知识背景和问题不完全固定,同一问题有不同的解决办法	在明确向光反应的作用光谱后,寻找蓝光感受器成为当务之急。由于类胡萝卜素的吸收光谱与其高度相似,同时尖端的灵敏性最强,其中的类胡萝卜素的浓度也是最高,因此类胡萝卜素当仁不让地成为光感受器最有力候选者 黄素假说最初是基于观察黄素吸收的最大值在450nm左右,且黄酮类物质会使在试管内的生长素迅速失去活性 Briggs和他的同事利用生化技术手段找到了光感受器,从而结束了黄素与类胡萝卜素究竟谁才是真正的光感受器的争论
非权威性	科学研究不依仗权威,没有一个科学家可以代表绝对真理,要有怀疑精神	经典的文特模型在植物向光性研究中占主要地位,但科学家们并没有就此止步,随后越来越多的实验开始支持背光面的生长促进和向光侧的生长抑制是同时发生的。然而也有实验表明由光调节的生长抑制比向光性的曲率来得更加迅速,这是一项不经文特模型推出的发现
非绝对客观性	科学受科学家文化背景、信仰和看待事物方式等的影响;科学观察依赖理论的指导,这都难保证观察和研究的客观性	受亚里士多德影响的植物学家Theophrastus将植物的向光趋势完全归因于太阳的活动,即太阳将液体运送到植物向光的一面 受哲学"内因起到至关重要的力量"的思想的影响,有些科学家试图从内外因素上去探寻植物的向光性的原因。Dutrochet最早提出向光性是植物对于光所产生的诱导反应

表3-6-3 科学事业的本质维度分析

本质	维度分析	实例
科学与道德	科学研究中有普遍接受的道德规范	科学家们用正确的科学方法,坚持不懈、百折不挠的科学精神,不断推动植物向光性相关研究。
科学与技术	科学与技术是有区别的,科学与技术可以相互作用	技术影响着科学研究的进程,科学家不懈探索相关实验方法,采用多种研究技术,探究植物向光性背后的原理。
科学与社会	科学与社会密切相关,总体上给人类带来了福音,但也会产生不良后果	—
科学家身份	科学家也是公民,会运用科学知识来解决公众事务问题	—

思考与运用

1. 在植物向光性的发现历程中有哪些意义重大的研究?

2. 经典的文特模型的主要观点是什么?

第4章

稳态与调节

——人物故事

历史里的稳态从不缺席科学大家，
发现黑色反应的高尔基，
验证中枢化学突触传递的艾克尔斯，
分离出第一个生长因子的蒙塔尔奇尼，
着迷于神秘免疫学的贝纳塞拉夫，
人类因他们而受益良多。
开辟肾移植、治疗乳腺癌……
使成千上万的病患免于痛苦。

第1节　高尔基的科学故事

🧬 科学谜团

　　人类的一些复杂运动都需要体内多个器官、系统的配合，在这个过程中，神经系统扮演了重要的角色，它通过复杂而精巧的调节，使得机体能够保持高度的协调与稳定。神经系统的功能与组成它的细胞的特点是密切相关的，组成神经系统的细胞主要包括神经元和神经胶质细胞两大类。神经元是神经系统结构和功能的基本单位，它由细胞体、树突和轴突等部分构成。我们怎样才能在显微镜下观察到清晰的神经元呢？又如何能够观察到单一神经元呢？

　　卡米洛·高尔基（简称"高尔基"）一生研究领域广泛，为现代生物科学尤其是神经科学做出了巨大贡献，被称为现代神经科学奠基者之一。1906年，他与西班牙科学家圣地亚哥·拉蒙·卡哈尔（简称"卡哈尔"）共同获诺贝尔生理学或医学奖。

一、高尔基生平

　　1843年7月，高尔基出生于意大利北部一个名叫科尔特诺的乡村。他的父亲是一名医生，受他父亲的影响，他选择在帕维亚大学学习医学，并在那里以实习生的身份加入龙勃·罗梭指导的精神病学研究所。1865年，大学毕业后，高尔基师从细胞生物学先驱之一的Gioni Bizzozero教授学习，得到组织学技术的系统训练。

　　1869年，高尔基将研究重点集中于神经系统结构的实验观察上，开始了他孜孜追求的科学研究生涯。然而，由于当时技术发展水平有限，神经组织又十分复杂，他在进行神经系统的结构研究时，并没有出现令人满意的进展。1872年，由于经济原因，高尔基受聘在一家慢性病医院担任院长，但是医院有严格的隔离制度，使他无法在医院内开展实验工作。于是，他就在自家的厨房里支起显微镜和仪器建立起了简陋的实验室，继续开展神经科学的研究，很多的重要发现都诞生于此。1873年，就在那个简陋的小厨房里，高尔基发现了一种神经组织染色方法，即黑色反应，又称神经组织锁银法。晚年，他这样回忆这段时光："我在分配给我的小公寓厨房里进行组织微观研究时，虽然当时孤立无援，但我没有觉得这对我的科学研究造成困扰，科学的神圣之火驱使我打败了恶劣的环境。"

19世纪末，基于对中枢神经系统结构和人类血液中寄生虫发育周期研究的贡献，高尔基已然闻名遐迩。1906年，高尔基被授予诺贝尔生理学或医学奖。1926年1月21日，高尔基在他工作了一生的帕维亚逝世。高尔基虽然离开了我们，但他对科学的热情，认真钻研的科学精神值得当代每一位科研工作者学习。

二、高尔基的科学发现

1.黑色反应

高尔基在研究脑内神经元时发现由于神经元数量庞大，普通染色会将所有神经元都染上颜色，无法观察到单一神经元的结构。1873年，高尔基发现了一种神经组织染色方法，即黑色反应，但在当时并没有得到重视。因为首先，当时科研人员对组织结构进行微观研究时，创建了许多的技术方法，黑色反应只是其中一种，各种方法良莠不齐，人们一时难以辨别；其次，当时科学家普遍接受尼式染色法，高尔基的染色法冲击了当时大多数研究神经系统科学家的传统观念；最后，高尔基黑色反应的成果所发表的期刊不被人们重视，导致很长一段时间，很少有人愿意尝试运用他的技术发现去进行相关的研究。但是，高尔基从未怀疑过黑色反应技术的正确性，为了更清晰地显示神经元的精细结构，高尔基不断修改化学试剂和物理参数，尝试得出黑色反应的"最佳条件"。经过无数次的尝试和失败，高尔基终于运用这些"最佳条件"拍摄出精美的神经元显微图片。1885年，高尔基在他的著作《神经系统器官显微解剖学》中大量引用了这些图片作为插图。人们从书中看到这些完美的图片时，才认识到黑色反应的魅力。

黑色反应对神经科学研究影响深远，直到今天我们仍然运用这种方法进行神经组织的病理学检查和科学研究。这种方法其实较为简单：先用重铬酸钾将神经组织硬化，再用硝酸银浸渍，结果由于铬酸银的沉淀，填充了神经细胞体及其突起，因此神经细胞的黑色轮廓得以显现。由于某种"神奇"原因，铬酸银沉淀物只能染黑很少的神经细胞（通常只占总神经元的1%~5%），从而解决了观察单一神经元结构的难题。

高尔基发现的黑色反应让神经元学说得以证实，但他一生却支持神经元学说的对立学说——神经网状学说。1838—1839年，施莱登和施旺阐述了细胞理论，但没有涉及神经细胞。高尔基利用黑色反应进行了一系列研究并支持"神经网状学说"。他认为中枢神经系统是由网络状的神经纤维构成。与此同时，威廉·沃尔代提出的"神经元"细胞学说得到了广泛支持。西班牙神经科学家卡哈尔就是"神经元学说"的支持者之一。他改进了高尔基发现的黑色反应染色法，并利用此法对脊神经在脊髓内分布做了系统研究，发现神经元之间并没有原生质联系，而是相互接触的。因此，他支持神经系统是由分开的、边界分明的细胞通过高度有序的特异性突触连结而成的"神经元学说"，反对神经网状学说。

虽然卡哈尔与高尔基在理论上支持的观点不同，但在实际工作上，他正是应用高尔基的黑色反应技术进行他的研究工作。尽管观点对立，但这两位神经科学的开拓者并没有失去彼此的爱惜和尊重。他们都对神经组织进行详细的研究，为人们日后深入认知神经系统的功能打下坚实的基础。瑞士神经科学家鲁道夫·科利克曾说："根据对科学的贡献，卡米洛·高尔基公爵在1901年（首届诺贝尔奖）就应该获得颁奖。"但直到1906年，高尔基才与卡哈尔共同获得诺贝尔生理学或医学奖。委员会认为两名科学家都在"神经系统结构"方面作出了杰出贡献，高尔基提供研究方法，卡哈尔对脑和脊髓结构方面见解深入。

值得一提的是高尔基基于当时的科学事实，即黑色反应所观察的结果，支持"神经网状学说"。今天我们知道，这一解释科学事实的理论与客观事实有偏差，但高尔基所创立的实验方法及其所揭示的科学事实在今天仍然被视为科学经典。在某种意义上，科学就是一个不断发现问题、提出问题、不断更新答案的过程，并不会因为当时认知的不完美，而否定他对现代神经科学作出的卓越贡献。

2.高尔基体的命名

高尔基体是细胞分泌途径中重要的细胞器，既控制细胞内蛋白质和脂类合成后的修饰、分选和运输等过程，又参与物质运输和信号转导过程。1897年，高尔基用显微镜研究猫头鹰脊髓神经元时，在细胞质中观察到了一个"网状堆层结构"，该结构与细胞核和细胞膜有明显的分隔。1898年4月，他在帕维亚医学外科学会研讨会上介绍了这一"内部网状结构"，并以他自己的名字命名为高尔基体。这种细胞器的发现是细胞生物学的一个真正突破。然而，由于当时显微镜技术的发展有限，更主要的是高尔基染色呈现高尔基体不稳定，具有偶然性。因此，高尔基体的存在一直备受争议，细胞学家赋予它几十种不同的名称，也有很多人认为高尔基体是由于固定和染色而产生的人工假象。直到20世纪50年代中期通过使用透射电子显微镜才证实了高尔基体的真正存在。

1910年，"高尔基体"作为术语在研讨交流中被使用，1913年在科学文献中首次出现了这一名词。至此，高尔基成为细胞和分子生物学中被引用最多的科学家名字之一。

3.多个研究领域的开拓者

高尔基除了以上为众人所知的重要贡献以外，在神经科学的多个方向都做出开拓性工作，被誉为现代神经科学创始人之一。他发现了神经轴突的分支和树突在神经网络中不融合的事实。他在小脑结构的研究中，详细描述了小脑皮质和嗅觉叶的组织结构。在舞蹈病例中观察到了纹状体和皮质损伤，为理解其发病机制提供了结构基础。同时，高尔基还揭示了神经胶质细胞的形态特征，以及神经胶质细胞与血管之间的关系。他根据细胞的形态特征，将神经元分为两种基本类型，即"Golgi Ⅰ"和"Golgi Ⅱ"。1878年，他还描述了两种腱感觉小体：高尔基腱器官（本体感受器）和高尔基—马佐尼小体（压力刺激小体）。

1886—1892年，高尔基将研究重点转移到当时死亡率极高的流行性疾病疟疾的发病规律上，并做出了重要的贡献。他阐明了红细胞中疟疾治病因子——疟原虫的发育规律，以及复发性寒战和发热与血液中寄生虫的释放之间的时间关系。高尔基还研究了在发病期间使用奎宁的疗效，为防止这种流行性疾病在欧洲的肆虐提供了科学支撑。

高尔基是一位敏锐又多产的科学家，他的研究领域还涉及组织学、组织发生学、肾脏病理学。1892—1893年，他发现了胃腺壁细胞小管，现在我们通常称为Müller–Golgi小管。

有趣的是，尽管高尔基曾担任过医院院长，其研究成果挽救了无数人的生命，但他从未进入临床医疗领域。然而，他创立的神经病理学研究所，向全世界热爱做实验的学者开放，培养了许多杰出的年轻医生。高尔基一生积极支持公益事业，第一次世界大战时，他已步入高龄，但依然坚持在军队医院工作，为神经损伤患者的诊治和康复提供科学指导。

学与教建议

本节内容对应的是《普通高中生物学课程标准（2017年版2020年修订）》中课程内容的选择性必修课程"概念1 生命个体的结构与功能相适应，各结构协调统一共同完成复杂的生命活动，并通过一定的调节机制保持稳态"，"1.3 神经系统能够及时感知机体内、外环境的变化，并作出反应调控各器官、系统的活动，实现机体稳态"。在"学业要求"中要求学生结合日常生活中的情境，分析说明人体通过神经系统、内分泌系统以及免疫系统的调节作用对内外环境的变化作出反应，以维持内环境稳态（生命观念、科学思维）。"学业质量水平"要求：水平2-4"形成敬畏生命的观念，遵循正确的伦理道德，能对有关生物学的社会热点议题进行理性判断"；水平3-2"能基于给定的事实和证据，采用归纳与概括、演绎与推理等方法，以文字、图示或模型的形式，说明分子与细胞、遗传与变异、稳态与调节、生物与环境等相关概念的内涵，举例说明生物工程与技术的原理及其与社会之间的关系"。

关于高尔基与神经科学内容主要涉及人教版《普通高中教科书 生物学 选择性必修 1 稳态与调节》第 2 章第 1 节内容。其中，主要帮助学生理解神经系统的基本结构，扩展延伸研究神经系统的科学方法。利用教材中提供的情境，指导学生在结构图的基础上构建概念图，总结神经系统的基本组成。利用科学史或者组织观察显微镜，引导学生认识组成神经系统的细胞。在实际教学中，教师可以提供随着技术手段不断改进，在显微镜下观察到的神经元的图片，引导学生认识组成神经系统的细胞及其结构和功能，指导神经纤维和神经的区别。神经科学和脑科学的发展不仅能解释我们日常工作、生活中的一些现象，而且对于临床的研究和治疗意义更大，教师还可以将知识还原到科学家实验研究背景和临床病例分析中，增强学生关爱健康的社会责任感。

科学本质维度分析

表 4-1-1　科学知识的本质维度分析

本质	维度分析	实例
认识性	世界是可以被认识的,科学是对客观世界的解释	通过高尔基在神经科学领域的开创性发现,丰富了观察神经细胞的研究方法,极大拓展了人们对神经系统结构等方面的理解
相对性	科学知识不是绝对真理,是暂时性与持久性的统一	科学就是一个不断发现问题、提出问题、不断更新答案的过程。高尔基基于当时的科学事实,即黑色反应所观察的结果,支持"神经网状学说"。随后卡哈尔改进了高尔基发现的黑色反应染色法,并利用此法对脊神经在脊髓内分布做了系统研究,发现神经元之间并没有原生质联系,而是相互接触的。今天我们知道,当时高尔基科学事实的理论与客观事实有偏差,但高尔基所创立的实验方法及其所揭示的科学事实在今天仍然被视为科学经典

续 表

本质	维度分析	实例
累积性	科学知识是长期积累的结果	1869年,高尔基将研究重点集中于神经系统结构的实验观察上。然而,由于当时技术发展水平有限,神经组织又十分复杂,他在进行神经系统的结构研究时,并没有出现令人满意的进展 1873年,高尔基发现了一种神经组织染色方法,即黑色反应。1885年,高尔基在他的著作《神经系统器官显微解剖学》中大量引用了实验图片作为插图。当人们从这本书中看到这些完美的图片时,方才认识到黑色反应的魅力 卡哈尔改进了高尔基发现的黑色反应染色法,并利用此法对脊神经在脊髓内分布作了系统研究,发现神经元之间并没有原生质联系,而是相互接触的。因此,他支持神经系统是由分开的、边界分明的细胞通过高度有序的特异性突触连结而成的"神经元学说",反对神经网状学说 1906年,高尔基与卡哈尔共同获得诺贝尔生理学或医学奖。委员会认为,两名科学家都在"神经系统结构"方面作出了杰出贡献,高尔基提供了研究方法,卡哈尔对脑和脊髓结构方面见解深入 1897年,高尔基用显微镜研究猫头鹰脊髓神经元时,在细胞质中观察到了一个"网状堆层结构"。1898年4月,他在帕维亚医学外科学会研讨会上介绍了这一"内部网状结构",并以他自己的名字命名为高尔基体。由于当时显微镜技术的发展有限,更主要的是高尔基染色呈现高尔基体不稳定,具有偶然性。因此,高尔基体的存在一直备受争议。直到20世纪50年代中期通过使用透射电子显微镜证实了高尔基体的真正存在。1910年,"高尔基体"作为术语在研讨交流中被使用。1913年在科学文献中首次出现了这一名词
重复性	科学理论的研究过程应该是可以重复的	高尔基发现的黑色反应对神经科学研究影响深远,直到今天我们仍然运用这种方法进行神经组织的病理学检查和科学研究
公开性	科学成果应公开,接受批判,并得到科学共同体的确认	每一位科学家都应该将自己的科学成果公开交流讨论,接受人们的评价、指正
局限性	科学不能为所有问题提供完美的解决方案	由于某种"神奇"原因,铬酸银沉淀物只能染黑很少的神经细胞(通常只占总神经元的1%~5%)

表4-1-2 科学探究的本质维度分析

本质	维度分析	实例
实证性	科学的正确性决定于观察和实验的检验	高尔基利用黑色反应进行了一系列研究并支持"神经网状学说"。他认为中枢神经系统是由网络状的神经纤维构成。与此同时,威廉·沃尔代提出的"神经元"细胞学说得到了广泛支持。西班牙神经科学家卡哈尔就是"神经元学说"的支持者之一。他改进了高尔基发现的黑色反应染色法,并利用此法对脊神经在脊髓内分布做了系统研究,发现神经元之间并没有原生质联系,而是相互接触的。因此,他支持神经系统是由分开的、边界分明的细胞通过高度有序的特异性突触连结而成的"神经元学说" 1897年,高尔基用显微镜研究猫头鹰脊髓神经元时,在细胞质中观察到了一个"网状堆层结构",并以他自己的名字命名为高尔基体。然而,由于当时显微镜技术的发展有限,更主要的是高尔基染色呈现高尔基体不稳定,具有偶然性。因此,高尔基体的存在一直备受争议,细胞学家赋予它几十种不同的名称,也有很多人认为高尔基体是由于固定和染色而产生的人工假象。直到20世纪50年代中期通过使用透射电子显微镜才证实了高尔基体的真正存在
归纳性	科学始于观察,科学知识主要来自对观察的归纳	高尔基通过对神经系统结构的实验观察,发现了一种神经组织染色方法,即黑色反应,且在神经科学的多个方向都做出了开拓性工作
创造性	科学是人类推理、想象和创造力的产物	1873年,高尔基发现了一种神经组织染色方法,即黑色反应。黑色反应对神经科学研究影响深远,直到今天我们仍然运用这种方法进行神经组织的病理学检查和科学研究
预见性	科学具有预见性,可以根据观察和理论进行假说	—
非固定性	尽管科学研究的一些基本方法是相似的,但是学科知识背景和问题不完全固定,同一问题有不同的解决办法	高尔基利用黑色反应进行了一系列研究并支持"神经网状学说"。他认为中枢神经系统是由网络状的神经纤维构成 西班牙神经科学家卡哈尔支持"神经元学说",他改进了高尔基发现的黑色反应染色法,并利用此法对脊神经在脊髓内分布作了系统研究,发现神经元之间并没有原生质联系,而是相互接触的。因此,他支持神经系统是由分开的、边界分明的细胞通过高度有序的特异性突触连结而成的"神经元学说",反对神经网状学说 尽管观点对立,但他们都对神经组织进行了详细的研究,为人们日后深入认知神经系统的功能打下了坚实的基础

续　表

本质	维度分析	实例
非权威性	科学研究不依仗权威,没有一个科学家可以代表绝对真理,要有怀疑精神	高尔基发现的黑色反应在当时并没有得到重视。当时科学家普遍接受尼式染色法,高尔基的染色法冲击了当时大多数研究神经系统科学家的传统观念,而且高尔基黑色反应的成果所发表的期刊不被人们重视,以至于很长一段时间,很少有人愿意尝试运用他的这一技术发现去进行相关的研究。但高尔基从未怀疑过黑色反应技术的正确性。经过无数次的尝试和失败,高尔基终于运用这些"最佳条件"拍摄出了精美的神经元显微图片。1885年,高尔基在他的著作《神经系统器官显微解剖学》中大量引用了这些图片作为插图。当人们从这本书中看到这些完美的图片时,方才认识到黑色反应的魅力
非绝对客观性	科学受科学家文化背景、信仰和看待事物方式等的影响;科学观察依赖理论的指导,这都难保证观察和研究的客观性	高尔基的父亲是一名医生,受他父亲的影响,他选择在帕维亚大学学习医学,并在那里以实习生的身份加入龙勃·罗梭指导的精神病学研究所,开始神经科学探索之路

表 4-1-3　科学事业的本质维度分析

本质	维度分析	实例
科学与道德	科学研究中有普遍接受的道德规范	高尔基具有独特的科学洞察力、强烈的质疑精神和卓越的远见
科学与技术	科学与技术是有区别的,科学与技术可以相互作用	高尔基在研究脑内神经元时发现由于神经元数量庞大,普通染色会将所有神经元都染上颜色,无法观察到单一神经元的结构。1873年,高尔基发现了一种神经组织染色方法,即黑色反应。黑色反应对神经科学研究影响深远,直到今天我们仍然运用这种方法进行神经组织的病理学检查和科学研究 高尔基体的存在一直备受争议,细胞学家赋予它几十种不同的名称,也有很多人认为高尔基体是由于固定和染色而产生的人工假象。直到20世纪50年代中期通过使用透射电子显微镜才证实了高尔基体的真正存在
科学与社会	科学与社会密切相关,总体上给人类带来了福音,但也会产生不良后果	高尔基对小脑结构的研究中,详细描述小脑皮质和嗅觉叶的组织结构。并且在舞蹈病例中观察到纹状体和皮质损伤,为理解其发病机制提供了结构基础 高尔基阐明了红细胞中疟疾治病因子——疟原虫的发育规律,以及复发性寒战和发热与血液中寄生虫的释放之间的时间关系。高尔基还研究在发病期间使用奎宁的疗效,为防止这种流行性疾病在欧洲的肆虐提供了科学支撑

续　表

本质	维度分析	实例
科学家身份	科学家也是公民,会运用科学知识来解决公众事务问题	第一次世界大战时,高尔基已步入高龄,但依然坚持在军队医院工作,为神经损伤患者的诊治和康复提供科学指导

思考与运用

1.高尔基发现的神经组织锁银法对神经结构的研究有什么意义?

2.从高尔基体的发现到确认,你认为技术与科学发展有什么关系?

第2节　艾克尔斯与中枢化学突触传递的实验验证

科学谜团

田径场上，短跑比赛一声枪响运动员像离弦的箭一样冲出。运动员听到信号后神经产生兴奋，兴奋的传导经过哪些结构呢？在反射活动中，从感受器接受刺激到效应器作出反应，神经冲动需要经过传入神经元、中间神经元、传出神经元等多个环节的传递，就像接力跑一样，需要多个运动员依次传递接力棒。一般情况下，相邻的两个神经元并不是直接接触的，当神经传导到一个神经元的末端时，它是如何传递到另一个神经元的呢？

1963年，60岁的约翰·卡鲁·艾克尔斯（简称"艾克尔斯"）与另外两位科学家安德鲁·菲尔丁·赫克斯利和艾伦·劳埃德·霍奇金（简称"赫克斯利"和"霍奇金"）共同荣获了诺贝尔生理学或医学奖。艾克尔斯一生成就卓著，在神经科学、认知心理学和哲学等领域都做出了杰出的贡献，被称为20世纪重要的神经系统科学家之一。1951年他和同事所做的一个关键性的实验，证明了中枢的"化学突触传递"，标志着神经科学进入一个新纪元。但是，艾克尔斯对中枢的"化学突触传递"学说的认知却有着一个较为曲折的过程，也给我们后人带来很多的启示。

一、早期学习经历，奠定研究基础

1903年1月27日，艾克尔斯出生于澳大利亚的墨尔本。他的父母都是教师，在父母的精心指导下，艾克尔斯健康苗壮地成长。1915—1918年，艾克尔斯到距离墨尔本约70千米的维多利亚瓦南布尔上学，高年级时返回墨尔本，1919 年毕业于墨尔本中学。

1925 年，年仅 22 岁的艾克尔斯来到英国牛津，成为著名生理学家谢灵顿的学生，共同研究猫的脊髓反射。在这里，他被聘为牛津艾克赛特学院的初级研究员，并作为谢灵顿教授研究小组的成员继续他的研究生工作。1928—1931 年，艾克尔斯成为谢灵顿的研究助手。正是在这里，艾克尔斯学到了丰富的有关猫脊髓的解剖学和生理学知识，以及精湛的实验技能。三年合作期间，艾克尔斯和谢灵顿共同研究神经冲动和突触问题，他们把实验结果写成八篇论文发表在生理学杂志和皇家学会的会议记录上，而这些都为艾克尔斯将来的实验探究起到了奠基性作用。

二、观点碰撞，实验验证中枢的"化学突触传递"

1936 年，英国科学家戴尔和德国科学家勒维基于在外周发现神经冲动的化学传递而共同获得了诺贝尔生理学或医学奖。但是，在整个 20 世纪 30 年代和 40 年代，神经中枢的突触传递一直处于以戴尔为代表的"化学突触传递说"与以艾克尔斯坚定支持的"电突触传递说"争论不休的状态。1932 年，艾克尔斯在实验中发现，对猫迷走神经的刺激在心脏起搏器上产生的抑制效应有 0.1 秒的延迟，而他对这一"秒"级延迟的解释却是：这个时间过程是所有外周化学传递过程的范例。化学递质普遍是长时间作用的递质，释放后需要作用秒级的时间才能发挥效应，而中枢神经突触的信息传递一定是由与神经冲动相联系的电流所介导的。他的观点也切合当时形态学的观察，在这个时期一张最好的突触组织学图片也仅能辨别 1 微米的细胞间隙，根本辨别不出像"突触前膜""突触后膜""突触小泡"这样的化学突触传递的结构基础。在一次生理学学会的会议上，艾克尔斯和诺贝尔奖获得者戴尔因各自的观点争得面红耳赤。面对学会主席并已经获得了诺贝尔奖的戴尔，"年轻的、傲慢的、容易激动的"艾克尔斯毫不示弱。

1937 年，艾克尔斯回到澳大利亚，这时他的研究团队包括两位得力助手伯纳德·卡茨和斯蒂芬·库夫勒。20 世纪 40 年代，他们的主要工作是研究箭毒处理的骨骼肌终板电位及其抗胆碱酯酶毒素的影响。研究结果表明，神经肌肉接头处的化学物质是乙酰胆碱。随后，艾克尔斯否定了外周电突触传递的理论，但仍然坚持认为中枢是电突触传递。他认为，脊髓抑制性通路包括一个短轴突的中间神经元，突触电位引起电流，流经中间神经元末梢，被动地抑制运动神经元的兴奋。中枢的电突触传递理论成为1949年巴黎研讨会和1950年布鲁塞尔专题研讨会上普遍接受的观点。

1944年初，艾克尔斯搬到新西兰的达尼丁，任奥塔哥医学院生理学教授。在这里他得到了不同学科背景合作者的帮助，重新建立了科研实验室，包括生物化学家诺曼·埃德森，物理系的电子工程师杰克·库姆斯，年轻的医学研究生劳伦斯·布洛克。此外，在1944年艾克尔斯遇到当时在坎特伯雷大学任教的哲学家卡尔·波普尔，后来他们成为了亲密的朋友和合作者。受波普尔的影响，艾克尔斯用哲学思维修改了自己实验的很多细节。正是艾克尔斯开放的思想，他的团队先后吸引了全世界一大批科学家来到这里学习和交流。他们的思想融会贯通，为艾克尔斯最终取得不俗的科研成就打下坚实的基础。

1946年，芝加哥大学的拉尔夫·杰勒德和他的研究生朱迪斯·格拉哈姆首先发明直径仅有数微米的玻璃微电极，并以此电极内充氯化钾溶液记录到肌细胞内电位。霍奇金在一次美国生理学会的会议上看到玻璃微电极并将它引进剑桥大学的实验。霍奇金还修改了电极液的浓度，发展了记录装置，运用这个装置成功地记录到许多神经和肌肉细胞内的电位，包括乌贼巨神经轴突、青蛙和哺乳动物的心脏等。

身在达尼丁实验室的艾克尔斯很快就意识到玻璃微电极的重要性，并应用这种电极记录麻醉猫的脊髓运动神经元内的电位。1951年8月中旬，艾克尔斯团队制出直径仅为 $0.5 \sim 1.0\mu m$ 的玻璃微电极，并成功地记录到猫脊髓运动神经元细胞内电位。记录的细胞内电位相对负电性，平均为 $-70mV$，且为腱反射单突触运动神经元，即腱器官兴奋传入的是抑制性信号。于是，艾克尔斯推论腱器官兴奋所传入的抑制信号，如果中枢突触传递是电传递模式，则在运动神经元内应该可以记录到一个短暂的电场移动，即动作电位；如果是化学传递模式，则应该记录到跨膜的超极化电位。结果他们记录到的是超极化电位，且在60多个神经元上得到重复验证。

艾克尔斯后来回忆说："我们当时都对这一结果惊呆了。"值得称赞的是艾克尔斯很快发表文章撤回他的中枢电传递观点，并立刻给戴尔写信，告诉他实验中脊髓抑制的化学传递。戴尔回信说，"亲爱的艾克尔斯，我由衷地祝贺你，不仅是因为你完美的实验，而且也是因为你文章中非常简明清晰但引人入胜的表述"。艾克尔斯和戴尔有着长期的联系，由于对立的观点，有时会进行紧张的交流，然而这两位伟人之间，始终互相尊重，学术上的争论丝毫不影响他们成为亲密的朋友。在剑桥大学戴尔的百年研讨会上，艾克尔斯说："在这个创造性的年代，能与他保持如此亲密的联系是极大的荣耀。最初我们是切磋问题的对手，后来成为皈依者。在我们的生活和文化中，这种伟大的人很珍贵。"

三、坚持不懈的科学精神，谱成神经科学史上的一段佳话

艾克尔斯的固执源于他对科学的尊重，在科学实验结果面前，他勇于否定自己错误的观点。他开放的态度和善于合作的精神，汇集了一大批不同学科背景科学家的智慧，成就了这一完美的实验，已成为神经科学史上的一段佳话。艾克尔斯的故事对我们今天从事生命科学教学和研究工作的人来说也是一个有益的启示。

学与教建议

本节内容对应的是《普通高中生物学课程标准（2017年版2020年修订）》中课程内容的选择性必修课程"概念1 生命个体的结构与功能相适应，各结构协调统一共同完成复杂的生命活动，并通过一定的调节机

制保持稳态","1.3 神经系统能够及时感知机体内、外环境的变化，并作出反应调控各器官、系统的活动，实现机体稳态","1.3.3 阐明神经冲动在突触处的传递通常通过化学传递方式完成"。在"学业要求"中要求学生结合日常生活中的情境，分析说明人体通过神经系统、内分泌系统以及免疫系统的调节作用对内外环境的变化作出反应，以维持内环境稳态（生命观念、科学思维）。"学业质量水平"要求：水平 3-1 "能运用结构与功能观、物质与能量观、稳态与平衡观等观念，举例说明生物体组成结构和功能之间的关系、遗传与变异的物质基础、稳态的维持和调节机制、生态系统的平衡原理等"；水平 3-2 "能基于给定的事实和证据，采用归纳与概括、演绎与推理等方法，以文字、图示或模型的形式，说明分子与细胞、遗传与变异、稳态与调节、生物与环境等相关概念的内涵，举例说明生物工程与技术的原理及其与社会之间的关系；针对生物学相关问题，能运用科学思维方法展开探讨、审视或论证；在面对有争议的社会议题时，能利用生物学重要概念或原理，通过逻辑推理阐明个人立场，作出决策"。

关于艾克尔斯与中枢化学突触传递的实验验证内容主要涉及人教版《普通高中教科书 生物学 选择性必修 1 稳态与调节》第 2 章第 3 节内容。其中，主要通过中枢化学突触传递模式的发现历程，帮助学生全面理解兴奋在神经元之间传递的方式。教师展示突触电镜图和结构示意图，讲解结构，引导学生根据突触结构，基于严密的逻辑、证据推测突触处兴奋传递过程，引入艾克尔斯与中枢化学突触传递的实验验证过程，随后总结突触传递的单向性特点并阐述理由。最后提出问题"神经元和肌肉细胞或腺体细胞之间如何传递兴奋？"出示神经—肌肉接头结构示意图，学生进一步理解兴奋在突触通过化学信号传递。最后讨论滥用兴奋剂和吸食毒品的危害，拓展兴奋传导、传递的应用，讨论毒品种类、上瘾的生理及心理机制，使学生从心底认识吸食毒品的危害，远离毒品的同时做好宣传工作。

科学本质维度分析

表 4-2-1　科学知识的本质维度分析

本质	维度分析	实例
认识性	世界是可以被认识的,科学是对客观世界的解释	艾克尔斯所做的一个关键性的实验,证明了中枢的"化学突触传递",丰富了人们对神经中枢的突触传递方式的认识
相对性	科学知识不是绝对真理,是暂时性与持久性的统一	在整个 20 世纪 30 年代和 40 年代,神经中枢的突触传递一直处于以戴尔为代表的"化学突触传递说"与以艾克尔斯坚定支持的"电突触传递说"争论不休的状态。后来艾克尔斯通过实验验证中枢突触传递是化学传递模式
累积性	科学知识是长期积累的结果	1936 年,英国科学家戴尔和德国科学家勒维基于在外周发现神经冲动的化学传递而共同获得了诺贝尔生理学或医学奖 在整个 20 世纪 30 年代和 40 年代,神经中枢的突触传递一直处于以戴尔为代表的"化学突触传递说"与以艾克尔斯坚定支持的"电突触传递说"争论不休的状态。中枢的电突触传递理论成为 1949 年巴黎研讨会和 1950 年布鲁塞尔专题研讨会上普遍接受的观点 1946 年,芝加哥大学的拉尔夫·杰勒德和他的研究生朱迪斯·格拉哈姆首先发明直径仅有数微米的玻璃微电极,并以此电极内充氯化钾溶液记录到肌细胞内电位。霍奇金在一次美国生理学会的会议上看到玻璃微电极并将它引进剑桥大学的实验中。霍奇金还修改了电极液的浓度,发展了记录装置 1951 年 8 月中旬,艾克尔斯团队制出直径仅为 $0.5 \sim 1.0\ \mu\mathrm{m}$ 的玻璃微电极,并以此电极成功地记录到了猫脊髓运动神经元细胞内电位,实验验证中枢突触传递是化学传递模式

本质	维度分析	实例
重复性	科学理论的研究过程应该是可以重复的	1946年,芝加哥大学的拉尔夫·杰勒德和他的研究生朱迪斯·格拉哈姆首先发明直径仅有数微米的玻璃微电极,并以此电极内充氯化钾溶液记录到肌细胞内电位。霍奇金修改了电极液的浓度,发展了记录装置。运用这个装置,他们成功地记录到了许多神经和肌肉细胞内的电位,包括乌贼巨神经轴突、青蛙和哺乳动物的心脏等。身在达尼丁实验室的艾克尔斯很快就意识到玻璃微电极的重要性,并首先应用这种电极记录麻醉猫的脊髓运动神经元内的电位
公开性	科学成果应公开,接受批判,并得到科学共同体的确认	艾克尔斯实验验证发现中枢突触传递是化学传递模式,很快发表文章撤回他的中枢电传递观点,并立刻给戴尔写信,告诉他实验中脊髓抑制的化学传递解释
局限性	科学不能为所有问题提供完美的解决方案	—

表4-2-2　科学探究的本质维度分析

本质	维度分析	实例
实证性	科学的正确性决定于观察和实验的检验	1951年8月中旬,艾克尔斯团队拉制出了直径仅为0.5~1.0 μm的玻璃微电极,并以此电极成功地记录到了猫脊髓运动神经元细胞内电位。记录到的细胞内电位相对负电性,平均为-70mV,且为腱反射单突触运动神经元,即腱器官兴奋传入的是抑制性信号。于是,艾克尔斯推论:腱器官兴奋所传入的抑制信号,如果中枢突触传递是电传递模式,则在运动神经元内应该可以记录到一个短暂的电场移动,即记录到动作电位;如果是化学传递模式,则应该记录到跨膜的超极化电位。结果他们记录到的是超极化电位,且在60多个神经元上得到了重复验证
归纳性	科学始于观察,科学知识主要来自对观察的归纳	艾克尔斯团队以此电极成功地记录到猫脊髓运动神经元细胞内电位,并且观察记录到的是超极化电位,且在60多个神经元上得到了重复验证。从而得出实验结论中枢突触传递是化学传递模式
创造性	科学是人类推理、想象和创造力的产物	芝加哥大学的拉尔夫·杰勒德和他的研究生朱迪斯·格拉哈姆发明直径仅有数微米的玻璃微电极,并以此电极内充氯化钾溶液记录肌细胞内电位

本质	维度分析	实例
预见性	科学具有预见性,可以根据观察和理论进行假说	1951年8月中旬,艾克尔斯团队成功地记录到猫脊髓运动神经元细胞内电位。记录到的腱器官兴奋传入的是抑制性信号。于是,艾克尔斯推论:腱器官兴奋所传入的抑制信号,如果中枢突触传递是电传递模式,则在运动神经元内应该可以记录到一个短暂的电场移动,即动作电位;如果是化学传递模式,则应该记录到跨膜的超极化电位
非固定性	尽管科学研究的一些基本方法是相似的,但是学科知识背景和问题不完全固定,同一问题有不同的解决办法	—
非权威性	科学研究不依仗权威,没有一个科学家可以代表绝对真理,要有怀疑精神	神经中枢的突触传递以戴尔为代表的"化学突触传递说"与以艾克尔斯坚定支持的"电突触传递说"争论不休的状态。面对学会主席并已经获得诺贝尔奖的戴尔,"年轻的、傲慢的、容易激动的"艾克尔斯毫不示弱
非绝对客观性	科学受科学家文化背景、信仰和看待事物方式等的影响;科学观察依赖理论的指导,这都难保证观察和研究的客观性	三年合作期间,艾克尔斯和谢灵顿共同研究神经冲动和突触问题,他们把实验结果写成八篇论文发表在生理学杂志和皇家学会的会议记录上,而这些都为艾克尔斯将来的实验探究起到了奠基性作用 1944年,艾克尔斯遇到当时在坎特伯雷大学任教的哲学家卡尔·波普尔。受波普尔的影响,艾克尔斯用哲学思维修改实验的很多细节

表4-2-3　科学事业的本质维度分析

本质	维度分析	实例
科学与道德	科学研究中有普遍接受的道德规范	艾克尔斯的成功源于开放的态度和善于合作的精神,以及他对科学的尊重,在科学实验证据面前,他能够勇于否定自己错误的观点
科学与技术	科学与技术是有区别的,科学与技术可以相互作用	正因芝加哥大学的拉尔夫·杰勒德和他的研究生朱迪斯·格拉哈姆首先发明了直径仅有数微米的玻璃微电极,霍奇金修改了电极液的浓度,发展了记录装置。这种技术推动了艾克尔斯团队实验的进程
科学与社会	科学与社会密切相关,总体上给人类带来了福音,但也会产生不良后果	艾克尔斯一生成就卓著,在神经科学、认知心理学和哲学等领域都做出了杰出的贡献,他被称为20世纪重要的神经系统科学家之一
科学家身份	科学家也是公民,会运用科学知识来解决公众事务问题	—

思考与运用

1.艾克尔斯证明了中枢的"化学突触传递"关键性的实验是什么?

2.艾克尔斯在科学实验证据面前,勇于否定自己错误的观点,对此你有什么看法?

第 3 节 蒙塔尔奇尼分离出第一个生长因子

科学谜团

神经元是神经系统的基本单位，也就是大家俗称的"脑细胞"。传统的观点认为，高等动物的神经发生只存在于胚胎期或出生后的发育早期，成年后大脑就不会再生长了。脑细胞真的是死一个少一个吗？然而，近几十年来的发现逐步改变了这种认识，在包括人类等多种动物成体脑中，都有神经发生，并且受多种激素和生长因子的复杂调节。生长因子是一类由机体自身产生并具有促进细胞生长、增殖和分化等多种生物学功能的活性物质。与神经相关的生长因子有哪些？其中的神经生长因子又是怎么被发现的呢？

女神经生物学家丽塔·列维·蒙塔尔奇尼（简称"蒙塔尔奇尼"）具有意大利和美国双重国籍，曾发现了神经生长因子以及上皮细胞生长因子，并因这项成就与史丹利·科恩共同获得1986年诺贝尔生理学或医学奖。他们为神经生物学乃至整个生物学开辟了一个全新的研究领域，极大地拓展了对细胞间相互作用过程的理解与认识。

一、毅然走上医学科研之路

1909年4月22日，意大利都灵的一个富裕犹太人家庭喜得一对女双胞胎：保拉和蒙塔尔奇尼。蒙塔尔奇尼曾经因喜爱《尼尔斯骑鹅旅行记》而梦想成为一名作家，但在经历好友死于癌症后，她不顾父亲的反对，毅然选择学医之路。1930年，蒙塔尔奇尼考入都灵大学。六年后，她顺利获得了神经学和精神病学两个医学学位。毕业后，她在大学解剖学系找了个助理研究的职位。但是，两年后墨索里尼政府开始禁止犹太人在大学工作。丢掉工作后的她并没闲着，受拉蒙卡哈尔曾独自搭建家中临时实验室开展研究的鼓舞和启发下，她也在自己家中建立卧室实验室，专门研究鸡胚胎中的神经纤维。

德国著名胚胎学家施佩曼因发现胚胎诱导效应而获得诺贝尔生理学或医学奖。他的得力助手汉布尔格在1935年发表文章提出，去除鸡胚胎四肢可导致支配神经节减小。他还在此基础上推测，神经节萎缩可能缘于去除四肢后丧失了组织释放的某种诱导因子，而该因子参与了前体细胞的增值与分化。由于汉布尔格单纯使用光学显微镜研究，无法更详细地观察神经纤维，因此蒙塔尔奇尼决定用银染法进一步重复这个实验。

可以想象，战争期间的实验条件极其恶劣，而蒙塔尔奇尼的实验室极为简陋，实验用的鸡胚胎通常是从菜市场获得的，但是她却坚持继续神经实验。蒙塔尔奇尼观察到，当去除鸡胚胎的四肢后，神经节并未立即萎缩，其中的神经细胞可进一步增殖、分化和靶向生长，仅仅在到达靶点时，已分化的神经细胞出现死亡。蒙塔尔奇尼据此认为，四肢释放的并非分化诱导因子，而是生长促进因子。在意大利的排犹政策之下，蒙塔尔奇尼无法在国内发表文章，不得不通过比利时的一家杂志发表了研究的结果。

之后的八年，纳粹德军占领了意大利又撤出意大利，她从都灵南逃至佛罗伦萨，又从佛罗伦萨搬回都灵，在逃难期间她还曾担任盟军的军医，协助安置难民。

二、发现并分离出第一个生长因子

生长因子是一类由机体自身产生并具有促进细胞生长、增殖和分化等多种生物学功能的活性物质。生长因子通过与靶细胞膜上特异受体的结合，进而激活细胞内的下游事件来发挥生物学活性。几乎在所有系统的发育和正常功能保持过程中都发挥关键性作用，包括神经系统、造血系统、呼吸系统和消化系统等。目前已鉴定出百余种生长因子，而第一个生长因子——神经生长因子就是蒙塔尔奇尼的研究成果。

　　由于蒙塔尔奇尼在二战期间发表了两篇论文，引起时任华盛顿大学动物系主任汉布尔格的注意。于是，汉布尔格邀请她加入研究所，以进一步重复并拓展她的实验。蒙塔尔奇尼最终答应来到圣路易斯，尽管最初的聘期仅半年，但是她此行一去就是三十年，在这里她完成了一生中最重要的工作和事业。

　　蒙塔尔奇尼在华盛顿大学应用胚胎移植方法进一步研究神经系统的发育，证实了早期的发现，即缺乏肢体可造成鸡神经细胞大量死亡。此时另外一个实验引起她极大的兴趣。汉布尔格的一位研究生比克尔，在实验室中决定探索是否其他快速增长的组织也拥有和四肢一样吸引神经纤维生长的能力。当将增殖的小鼠肿瘤组织移植到胚胎后，发现神经纤维快速生长，并大量侵入肿瘤，其侵入数远多于四肢。他推测这种效应缘于肿瘤巨大的表面积。当蒙塔尔奇尼看到比克尔的结果后，敏锐的洞察力和过人的直觉使她意识到肿瘤组织和肢体的血管生长之间存在着巨大差异，四肢中的血管呈规律性生长，而侵入肿瘤组织中的则是快速侵袭和随机分叉。

　　为了进一步探索这种现象背后的机制，蒙塔尔奇尼重复并适当修改了这个实验：不再将肿瘤组织植入胚胎，而是将其放在包含胚胎的卵黄囊外侧，这样既可保证两者之间通过血液相通，又可达到空间隔离的目的，以便区分肿瘤诱导是缘于直接效应还是间接效应。结果发现，肿瘤诱导了鸡感觉神经和交感神经的发育，说明肿瘤释放一种可扩散的因子，通过血液循环运输到神经系统而发挥刺激神经纤维生长与神经节扩散的作用。经过摸索，蒙塔尔奇尼实现了体外培养鸡胚感觉神经节，随后将小鼠肿瘤碎块放置于其周围。最后她惊异发现，所产生的神经纤维形成一个像太阳似的圆晕样结构，且朝向肿瘤的密度最高。

　　通过体内和体外实验确立了一种未知物质的存在，蒙塔尔奇尼将其称为神经生长促进因子。更为重要的是，体外实验的建立简化了未知因子的功能检测程序，为随后的纯化实验奠定了基础。但是，许多科学家对蒙塔尔奇尼的发现持一定怀疑态度，因为当时很难让人相信特定组织非内分泌器官可以产生一种因子，并通过扩散到达神经系统而发挥生物学作用。

为了进一步证明神经生长促进因子客观存在，其纯化显得至关重要，但是拥有发育生物学背景的蒙塔尔奇尼和汉布尔格缺乏相关的知识，因此他们于1953年招募了华盛顿大学微生物学系的生物化学家科恩共同来完成该项任务，知识的互补使他们的合作取得了巨大成功。

蒙塔尔奇尼和科恩6年的愉快合作，为神经生长因子的存在提供了确切证据。科恩的生物化学背景使他主要负责神经生长因子的分离与纯化，而蒙塔尔奇尼的神经生物学背景使她主要负责生物学活性的检测，这样就奠定了神经生长因子研究的基础。终于在1954年，蒙塔尔奇尼和科恩合作分离出了神经生长因子。1986年，蒙塔尔奇尼和科恩由于"生长因子的发现"而分享诺贝尔生理学或医学奖。神经生长因子的发现在发育神经生物学研究史上具有里程碑意义，因为它第一次确定了神经发育调节过程中化学信号分子的存在。这一成果帮助人类进一步认识肿瘤、心血管疾病、阿尔茨海默症和孤独症等诸多医学难题，为这些疾病的治疗带来了新机遇。

三、只身一人奉献科学研究

蒙塔尔奇尼终生未嫁，只身一人将自己"许配"给一生热爱的医学研究。蒙塔尔奇尼曾在一次采访中提及她并不因此而后悔，因为生活中充满了良好的人际关系、工作和兴趣，所以她从未感到过孤独。

蒙塔尔奇尼一直坚持工作不辍，于102岁之际仍在发表文章，这也创造了论文发表的最高年龄纪录。在她的不懈努力下，她除了获得了诺贝尔奖外，还荣获很多至高荣誉。1968年，蒙塔尔奇尼成为美国科学院第十位女院士；1975年成为罗马教皇科学院第一位女院士；1976年成为意大利科学院院士；1979年成为比利时皇家医学院院士；1989年成为法国科学院院士等。此外，蒙塔尔奇尼曾获得美国哈佛大学、瑞典乌普萨拉大学、英国伦软大学等校的多个荣誉学位。

尽管蒙塔尔奇尼取得了美国国籍但她仍心系祖国意大利的科学发展。在美国期间，蒙塔尔奇尼就与意大利科研委员会建立了合作研究关系，

1961—1969年，她主持意大利国家研究委员会的神经生物学研究中心；1969—1978年，她是细胞生物学研究室负责人。到了退休年龄，她一直作为客座教授担任教学工作。1992年，她与妹妹一起为纪念父亲成立了丽塔·莱维·蒙塔尔奇尼基金会，对青年培训进行资助，给非洲留学生提供助学金，旨在培养新一代女青年，成为各自国家社会和科研工作的带头人。

1999年，蒙塔尔奇尼被联合国粮农组织总干事迪乌任命为"向饥饿作斗争"的形象大使。2001年8月，蒙塔尔奇尼被当时的意大利总统钱皮任命为终身参议员，成为意大利共和国历史上第二位获此殊荣的女性。

蒙塔尔奇尼曾说："我不在乎自己究竟还能活多久，能为世界留下什么才是最重要的。" 她走过人生103个春秋的坎坷道路之后，这位科学界的传奇人物早已为世界留下了丰厚的财富：整个神经生长因子领域、一群活跃的科学家，以及她那激励无数女性的传奇人生。

学与教建议

本节内容对应的是《普通高中生物学课程标准（2017年版2020年修订）》中课程内容的选择性必修课程"概念1 生命个体的结构与功能相适应，各结构协调统一共同完成复杂的生命活动，并通过一定的调节机制保持稳态"，"1.3 神经系统能够及时感知机体内、外环境的变化，并作出反应调控各器官、系统的活动，实现机体稳态"。在"学业要求"中要求学生结合日常生活中的情境，分析说明人体通过神经系统、内分泌系统以及免疫系统的调节作用对内外环境的变化作出反应，以维持内环境稳态（生命观念、科学思维）；"学业质量水平"要求：水平1-2"能认识到生物学概念是基于科学事实，经过归纳与概括、演绎与推理等方法形成的；能理解分子与细胞、遗传与变异等相关概念的内涵；能用上述概念和科学思维方法解释简单情境中的生命现象"。

本节的内容主要涉及人教版《普通高中教科书 生物学 选择性必修1 稳态与调节》第2章第1节的内容。其中，主要帮助学生全面深入理解神经发育调节过程中化学信号分子的存在，且神经生长因子在发育神经生物学研究史上具有里程碑意义。结合本节"生物科技进展"栏目："脑细胞真的是死一个少一个吗"，引入蒙塔尔奇尼发现神经生长因子的科学研究历程，在学习神经系统的组成基础上，扩展理解生长因子在神经发育过程中的作用。这一科技新进展内容的安排，其意图不仅仅是丰富学生的知识，还隐含了两个目的，一是使学生认识到环境与生活方式，对神经系统发育的影响，有利于学生形成健康的生活方式；二是让学生感悟，科学的发展总是不断改变与丰富人们的已有认知，科学的研究需要有质疑与打破"定论"的批判性与创造性思维，学习亦然。

科学本质维度分析

表4-3-1　科学知识的本质维度分析

本质	维度分析	实例
认识性	世界是可以被认识的,科学是对客观世界的解释	蒙塔尔奇尼发现神经生长因子,以及上皮细胞生长因子,极大地拓展了对细胞间相互作用过程的理解与认识
相对性	科学知识不是绝对真理,是暂时性与持久性的统一	汉布尔格提出去除鸡胚胎四肢可导致支配神经节减小,但他单纯使用光学显微镜研究,无法更详细地观察神经纤维。蒙塔尔奇尼后来采用银染法进一步重复这个实验,观察到更多的现象,并据此认为,其四肢释放的并非分化诱导因子,而是生长促进因子
累积性	科学知识是长期积累的结果	德国著名胚胎学家施佩曼因发现胚胎诱导效应而获得诺贝尔生理学或医学奖。他的得力助手汉布尔格在1935年发表文章提出,去除鸡胚胎四肢可导致支配神经节减小。他还在此基础上推测,神经节萎缩可能缘于去除四肢后丧失了组织释放的某种诱导因子,而该因子参与了前体细胞的增值与分化

续　表

本质	维度分析	实例
累积性	科学知识是长期积累的结果	蒙塔尔奇尼决定用银染法进一步重复汉布尔格实验,观察到当去除鸡胚胎的四肢后,神经节并未立即萎缩,其中的神经细胞可进一步增殖、分化和靶向生长;仅仅在到达靶点时,已分化的神经细胞出现死亡。蒙塔尔奇尼据此认为,四肢释放的并非分化诱导因子,而是生长促进因子 汉布尔格的一位研究生比克尔,在实验室中决定探索是否其他快速增长的组织也拥有和四肢一样吸引神经纤维生长的能力。当将增殖的小鼠肿瘤组织移植到胚胎后,发现神经纤维快速生长,并大量侵入肿瘤,其侵入数远多于四肢。他推测这种效应缘于肿瘤巨大的表面积 蒙塔尔奇尼重复并适当修改了实验,结果发现肿瘤诱导了鸡感觉神经和交感神经的发育,说明肿瘤释放一种可扩散的因子,该因子通过血液循环运输到神经系统而发挥刺激神经纤维生长与神经节扩散的作用。经过摸索,最后她惊异发现,所产生的神经纤维形成一个像太阳似的圆晕样结构,且朝向肿瘤的密度最高。通过体内和体外实验确立了一种未知物质的存在,蒙塔尔奇尼将其称为神经生长促进因子 1954年,蒙塔尔奇尼和科恩合作分离出了神经生长因子。1986年,蒙塔尔奇尼和科恩因为"生长因子的发现"而分享了诺贝尔生理学或医学奖
重复性	科学理论的研究过程应该是可以重复的	蒙塔尔奇尼在华盛顿大学应用胚胎移植方法进一步研究神经系统的发育,证实了早期的发现,即缺乏肢体可造成鸡神经细胞大量死亡 比克尔在实验室中决定探索是否其他快速增长的组织也拥有和四肢一样吸引神经纤维生长的能力。当将增殖的小鼠肿瘤组织移植到胚胎后,发现神经纤维快速生长,并大量侵入肿瘤,其侵入数远多于四肢。他推测这种效应缘于肿瘤巨大的表面积。当蒙塔尔奇尼看到比克尔的结果后,为了进一步探索这种现象背后的机制,蒙塔尔奇尼重复并适当修改了实验,最后发现了神经生长因子
公开性	科学成果应公开,接受批判,并得到科学共同体的确认	每一位科学家都应该将自己的科学成果公开交流讨论,接受人们的评价、指正
局限性	科学不能为所有问题提供完美的解决方案	—

表4-3-2 科学探究的本质维度分析

本质	维度分析	实例
实证性	科学的正确性决定于观察和实验的检验	蒙塔尔奇尼在华盛顿大学应用胚胎移植方法进一步研究神经系统的发育,证实了早期的发现,即缺乏肢体可造成鸡神经细胞大量死亡。此时另外一个实验引起她极大的兴趣。当蒙塔尔奇尼看到比克尔的结果后,为了进一步探索她所观察到的现象背后的机制,蒙塔尔奇尼重复并适当修改了实验,通过体内和体外实验确立了一种未知物质的存在,蒙塔尔奇尼将其称为神经生长促进因子。但是,许多科学家对蒙塔尔奇尼的发现持一定怀疑态度,因为当时很难让人相信特定组织非内分泌器官可以产生一种因子,并通过扩散到达神经系统而发挥生物学作用。为了进一步证明神经生长促进因子客观存在,蒙塔尔奇尼和科恩合作研究,终于在1954年,蒙塔尔奇尼和斯科恩合作分离出了神经生长因子
归纳性	科学始于观察,科学知识主要来自对观察的归纳	蒙塔尔奇尼等人在前人研究工作的基础上,通过观察到的实验现象,作出猜想,不断实验,从而取得了傲人的成果
创造性	科学是人类推理、想象和创造力的产物	女神经生物学家蒙塔尔奇尼曾发现了神经生长因子以及上皮细胞生长因子,并因这项成就与科恩共同获得1986年诺贝尔生理学或医学奖。他们为神经生物学乃至整个生物学开辟了一个全新的研究领域
预见性	科学具有预见性,可以根据观察和理论进行假说	蒙塔尔奇尼观察到,当去除鸡胚胎的四肢后,神经节并未立即萎缩,其中的神经细胞可进一步增殖、分化和靶向生长;仅仅在到达靶点时,已分化的神经细胞出现死亡。蒙塔尔奇尼据此认为,四肢释放的并非分化诱导因子,而是生长促进因子
非固定性	尽管科学研究的一些基本方法是相似的,但是学科知识背景和问题不完全固定,同一问题有不同的解决办法	汉布尔格在1935年发表文章提出,去除鸡胚胎四肢可导致支配神经节减小。他还在此基础上推测,神经节萎缩可能缘于去除四肢后丧失了组织释放的某种诱导因子,而该因子参与了前体细胞的增殖与分化。由于汉布尔格单纯使用光学显微镜研究,无法更详细地观察神经纤维,因此蒙塔尔奇尼决定用银染法进一步重复这个实验
非权威性	科学研究不依仗权威,没有一个科学家可以代表绝对真理,要有怀疑精神	正是因为蒙塔尔奇尼有着怀疑和批判精神,总结前人的研究,创新自己的实验,才能发现第一个生长因子——神经生长因子

本质	维度分析	实例
非绝对客观性	科学受科学家文化背景、信仰和看待事物方式等的影响;科学观察依赖理论的指导,这都难保证观察和研究的客观性	蒙塔尔奇尼曾经因喜爱《尼尔斯骑鹅旅行记》而梦想成为一名作家。但在亲历好友死于癌症后,她不顾父亲的反对,毅然选择学医之路,迈上科研之旅科恩的生物化学背景使他主要负责神经生长因子的分离与纯化,而蒙塔尔奇尼的神经生物学背景使她主要负责生物学活性的检测,这样就奠定了神经生长因子研究的基础。终于在1954年,蒙塔尔奇尼和斯科恩合作分离出了神经生长因子。1986年,蒙塔尔奇尼和科恩因为"生长因子的发现"而分享了诺贝尔生理学或医学奖

表4-3-3　科学事业的本质维度分析

本质	维度分析	实例
科学与道德	科学研究中有普遍接受的道德规范	蒙塔尔奇尼将一生全部精力都投入到科研项目上。科学家们坚持不懈、百折不挠的科学精神,才能把生命的奇迹精妙展现在人们面前
科学与技术	科学与技术是有区别的,科学与技术可以相互作用	在当时汉布尔格单纯使用光学显微镜研究,无法更详细地观察神经纤维,现在随着科学技术的发展,也便利了科学家科研工作的开展
科学与社会	科学与社会密切相关,总体上给人类带来了福音,但也会产生不良后果	神经生长因子的发现在发育神经生物学研究史上具有里程碑意义,因为它第一次确定了神经发育调节过程中化学信号分子的存在。这一成果帮助人类进一步认识肿瘤、心血管疾病、阿尔茨海默症、痴呆和孤独症等诸多医学难题,为这些疾病的治疗带来了新机遇
科学家身份	科学家也是公民,会运用科学知识来解决公众事务问题	—

思考与运用

1.生长因子对于机体有什么作用? 你知道哪些生长因子?

2.第一个被发现的生长因子是什么?

第4节　贝纳塞拉夫独特的人生解密人生的独特

科学谜团

在我们生活的环境中，存在着许多有致病的细菌、病毒等病原体，机体本身也会产生一些异常的细胞，但一般情况下，这些病原体和体内的异常细胞并不能对人体造成危害，这是为什么呢？因为人体具有强大的免疫系统，周围环境中的病原体大多数被健康的皮肤所阻挡，进入呼吸道的大多数病原体也被黏膜清扫出来，但总会有一些漏网之鱼，这时候机体会怎样应对？机体又是如何区分"外来者"和"本地居民"？个体的免疫效应是否存在差异？

每个人就像世界上没有两片完全相同的树叶一样，与生俱来地拥有自身的独特性。这种独特不仅带来了整个动物界的多样和精彩，同时也保证了物种及个体自身的安全。这种独特背后涉及免疫学的基本问题就是机体识别"自我"和"非我"的机制。直到1960年，巴鲁赫·贝纳塞拉夫（简称"贝纳塞拉夫"）借助遗传学方法鉴定出免疫应答基因的存在，才使人们对免疫机制有了科学认识。

一、投身生物学研究

贝纳塞拉夫出生于委内瑞拉的加拉加斯，具有西班牙犹太血统。少年期间，贝纳塞拉夫体弱多病，特别是慢性支气管哮喘严重影响他的健康和学业，这反而促使他对医学产生了极大兴趣，为将来从事免疫学研究埋下种子。他的父亲是一位成功的商人，经营着金融和纺织品出口等生意，从而积累了大量财富。他也因此从小接受良好的经典法式教育。

全家期望贝纳塞拉夫能追随父亲的足迹将来从事商业，因此将其送到费城艺术博物馆进行纺织工程专业的学习。令全家遗憾的是贝纳塞拉夫对商业并不感兴趣，1942年贝纳塞拉夫从哥伦比亚大学毕业，年轻的他决心放弃家族企业而投身生物医学研究，却由于种族和身份，被他申请的医学院拒绝。幸运的是，贝纳塞拉夫在一位朋友帮助下，得到了弗吉尼亚医学院的一个新生名额而可以继续接受医学教育。1943年，贝纳塞拉夫加入美国国籍，并与诺贝尔生理学或医学奖获得者莫诺的侄女德雷富斯结婚，婚后的德雷富斯为贝纳塞拉夫在科研上提供了许多无私而又重要的帮助，为贝纳塞拉夫日后的成功提供了重要的基石。

二战结束后，贝纳塞拉夫从弗吉尼亚医学院毕业并获得医学学位，作为军医被派往法国服役两年后退伍。受求知欲的驱使，他再次投身科学研究。贝纳塞拉夫申请进入哥伦比亚大学神经科学研究所主任卡巴特的实验室做一名无偿的研究助手。卡巴特是免疫学领域一位先驱性的人物，他将贝纳塞拉夫正式引入免疫学领域。

二、着迷于神秘的免疫学

20世纪50年代，人们对免疫系统的认识很少，抗体才刚刚发现，但其结构仍然是个谜。免疫学仍然是一个充满着众多神秘问题、尚待全面开发的领域，尤其是涉及免疫学基本原理的许多深层次问题，包括机体生成抗体的机制、机体区分"自我"和"非我"等均未阐明。贝纳塞拉夫觉得，这个尚待开发的领域让他难以抵抗为之着迷。尽管他真正开始系统接受免疫学培训时已近30岁，但他不懈努力仍然取得了巨大成功。

贝纳塞拉夫跟随卡巴特完成的第一个实验是探索过敏的特征，从而对过敏有了较全面的理解。在卡巴特的严格指导下，贝纳塞拉夫收获巨大。1949年，贝纳塞拉夫在哥伦比亚大学的研究工作由于父亲患病而暂时中断。在法国陪伴父亲期间，贝纳塞拉夫在巴黎布鲁赛医院免疫学家阿尔佩恩实验室找到一份工作。阿尔佩恩是抗组胺效应的发现者，主要进行细胞免疫方面的研究。

尽管贝纳塞拉夫在巴黎取得了一些成绩，但巴黎无法提供一个外国人一份永久性职业，贝纳塞拉夫无法找到充分发挥他才华的实验室。因此，他于1956年回到美国，并在纽约大学获得一份病理学助理教授的职位。科研的同时，他还管理着一家家族银行，然而很快科研带来的挑战和成就感，使他再次放弃银行产业。在纽约大学，贝纳塞拉夫拥有充足的科研资金、装备优良的实验室和同样热爱免疫学研究的同事等优越条件，在这里开始了他职业生涯的黄金阶段。

三、发现免疫应答基因

在纽约大学浓厚的科学氛围影响下，贝纳塞拉夫与他的同事们对许多重要的免疫学问题开展了广泛研究，并取得一系列重要发现。包括细胞超敏机制、全身过敏性疾病、复杂免疫性疾病、肿瘤特异性免疫和抗体结构及特异性等。在一次学术交流中，贝纳塞拉夫与洛克菲勒大学的埃德尔曼合作进行了一系列有关抗体结构的实验，埃德尔曼因此于1972年分享了诺贝尔生理学或医学奖。

贝纳塞拉夫在对豚鼠进行免疫学观察的一次偶然实验发现了一类新免疫相关基因的存在。他注意到，面对相同的抗原刺激，豚鼠们有些反应强烈，有些则没有反应。这种模棱两可的现象可能会被大多数研究人员忽视，但贝纳塞拉夫经过详细分析确认这并非偶然现象，而可能与豚鼠特定的遗传差异相关。为了证实自己的推测，贝纳塞拉夫随即进行了一系列的杂交试验，继而发现豚鼠的这种免疫应答差异具有遗传性，造成这种反应性差异的原因来自遗传，并且这种反应性受到常染色体显性基因的控制。他将控制免疫反应敏感性的基因命名为免疫应答基因。

此后很长一段时间，贝纳塞拉夫及其团队的研究都是围绕免疫反应基因展开的。他们通过大量研究，鉴定出免疫应答基因，揭示了免疫应答基因的功能和在免疫应答中发挥作用的机制，极大拓展了人们对免疫系统的理解，并对T细胞表面抗原及其参与免疫应答的机制的认识大有裨益。

正是基于上述发现，一些免疫相关的困惑得到了合理的解释：为什么人们对感染的抵抗力具有独特性，为什么机体可以对外源器官产生免疫应答，不同个体感染后免疫应答差异的遗传原因等。一些罕见的自身免疫性疾病也得到了阐释：青少年糖尿病、多发性硬化症、慢性皮肤病、强直性脊柱炎、类风湿性关节炎等问题与免疫基因联系起来。这些为将来彻底攻克许多免疫学问题，如细胞相互作用、细胞身份鉴定和免疫应答激活等奠定了基础。

四、免疫遗传学先驱

因为怀念大学的氛围，特别是喜欢和那些充满渴望、激情和不带偏见的年轻人进行互动，贝纳塞拉夫在哈佛医学院工作直至退休。在进入哈佛医学院不久，他就创立哈佛医学院最古老的研究生课程：免疫学并培养了80多名博士后和研究生。目前这些学生遍布世界各地，在免疫学领域取得丰硕的成果，最为重要的是将贝纳塞拉夫的科学精神一代代传承下去。因此，贝纳塞拉夫被科学界尊称为免疫遗传学先驱。

贝纳塞拉夫注定是一位伟大的科学家，他独特的科学洞察力、卓越的管理才能、言简意赅的表达能力、强烈的质疑精神和卓越的远见有机结合。他一生发表了500多篇高水准科学论文，由于对调节免疫应答的细胞表面物质遗传决定的发现，贝纳塞拉夫与美国科学家乔治·斯内尔、法国科学家让·多塞分享了1980年诺贝尔生理学或医学奖。除获得诺贝尔奖的荣誉外，贝纳塞拉夫还获得美国病理学家协会罗斯—惠普尔奖（1985年）、查尔斯·达纳卫生与教育先驱成就奖（1996年）和著名的美国国家科学奖章（1990年）。他先后当选美国艺术与科学院院士（1972年）、美国科学院院士（1973年）和医学科学院院士（1985年），美国免疫学家联合会主席（1973年）、美国实验生物学与医学学会主席（1974年）和国际免疫学联合会主席（1980年）。

贝纳塞拉夫关于免疫系统遗传控制的开创性发现，使我们对许多基本疾病，如感染、自身免疫性疾病和癌症等的发生有了深入理解。他的工作涵盖了从器官移植到艾滋病治疗，甚至最近的治疗性癌症疫苗开发等领域。贝纳塞拉夫以他独特的人生解密人生独特的免疫问题，他无愧免疫遗传学先驱之名。

学与教建议

本节内容对应的是《普通高中生物学课程标准（2017年版2020年修订）》中课程内容的选择性必修课程"概念1 生命个体的结构与功能相适应，各结构协调统一共同完成复杂的生命活动，并通过一定的调节机制保持稳态""1.5 免疫系统能够抵御病原体的侵袭，识别并清除机体内衰老、死亡或异常的细胞，实现机体稳态""1.5.3 阐明特异性免疫是通过体液免疫和细胞免疫两种方式，针对特定病原体发生的免疫应答""1.5.4 举例说明免疫功能异常可能引发疾病，如过敏、自身免疫病、艾滋病和先天性免疫缺陷病等"。在"学业要求"中要求学生结合日常生活中的情境，分析说明人体通过神经系统、内分泌系统以及免疫系统的调节作用对内外环境的变化作出反应，以维持内环境稳态（生命观念、科学思维）。"学业质量水平"要求：水平2-1"运用进化与适应观举例说明生物的多样性和统一性；在特定的问题情境中，能以生命观念为指导，分析生命现象，探讨生命活动的规律，设计方案解决简单问题"；水平3-2"能基于给定的事实和证据，采用归纳与概括、演绎与推理等方法，以文字、图示或模型的形式，说明分子与细胞、遗传与变异、稳态与调节、生物与环境等相关概念的内涵，举例说明生物工程与技术的原理及其与社会之间的关系"。

关于贝纳塞拉夫与免疫应答基因内容主要涉及人教版《普通高中教科书 生物学 选择性必修1 稳态与调节》第4章第2~4节内容。其中，主要帮助学生理解免疫应答基因的功能和在免疫应答中发挥作用的机制，极大拓展了对免疫系统及其遗传控制机制的认识。结合教材"问题探讨"和新冠病毒的侵入和防御，提出问题"这些免疫细胞是如何识别己方和敌方的呢？"让学生分析病原体入侵细胞后机体的免疫过程和抗体产生过程，引出科学家贝纳塞拉夫在免疫应答和免疫遗传方面所做出的杰出成就。在讲授科学史的过程中，可穿插进行特异性免疫和免疫失调内容的学习。体液免疫和细胞免疫的过程特别复杂，所以教材采用了图文结合的形式呈现，教师教学时也因采取多种教学呈现方式，结合一些案例的分析帮助学生理解相关概念。在免疫失调和应用方面，运用生活中的素材，如过敏原筛选检测报告单，渗透STS教育，培养学生健康生活的意识和关爱他人的情感。

科学本质维度分析

表4-4-1　科学知识的本质维度分析

本质	维度分析	实例
认识性	世界是可以被认识的,科学是对客观世界的解释	通过贝纳塞拉夫关于免疫系统遗传控制的开创性发现,一些免疫相关的困惑得到了合理的解释,极大拓展了人们对免疫系统的理解
相对性	科学知识不是绝对真理,是暂时性与持久性的统一	20世纪50年代,人们对免疫系统的认识很少,抗体才刚刚得以发现,但其结构仍然是个谜。免疫学仍然是一个充满着众多神秘问题、尚待全面开发的领域 在纽约大学,贝纳塞拉夫与他的同事们对许多重要的免疫学问题开展了广泛研究,并取得一系列重要发现,包括细胞超敏机制、全身过敏性疾病、复杂免疫性疾病、肿瘤特异性免疫和抗体结构及特异性等 贝纳塞拉夫及其团队通过大量研究,鉴定出免疫应答基因,揭示了免疫应答基因的功能和在免疫应答中发挥作用的机制,极大拓展了人们对免疫系统的理解,并对T细胞表面抗原及其参与免疫应答的机制的认识大有裨益
累积性	科学知识是长期积累的结果	20世纪50年代,人们对免疫系统的认识很少,抗体才刚刚得以发现,但其结构仍然是个谜 在纽约大学,贝纳塞拉夫与他的同事们对许多重要的免疫学问题开展了广泛研究,并取得一系列重要发现

续 表

本质	维度分析	实例
累积性	科学知识是长期积累的结果	贝纳塞拉夫与洛克菲勒大学的埃德尔曼合作进行了一系列有关抗体结构的实验,埃德尔曼因此于1972年分享了诺贝尔生理学或医学奖 1960年,贝纳塞拉夫借助遗传学方法鉴定出免疫应答基因的存在,才使人们对免疫机制有了科学认识
重复性	科学理论的研究过程应该是可以重复的	贝纳塞拉夫被科学界尊称为免疫遗传学先驱,他在免疫学领域取得的丰硕成果,对之后科学家的研究工作奠定了基础
公开性	科学成果应公开,接受批判,并得到科学共同体的确认	正是基于贝纳塞拉夫的发现,一些免疫相关的困惑得到了合理的解释,为将来彻底攻克许多免疫学问题如细胞相互作用、细胞身份鉴定和免疫应答激活等奠定了基础
局限性	科学不能为所有问题提供完美的解决方案	—

表4-4-2 科学探究的本质维度分析

本质	维度分析	实例
实证性	科学的正确性决定于观察和实验的检验	贝纳塞拉夫在对豚鼠进行免疫学观察时注意到,面对相同的抗原刺激,豚鼠们有些反应强烈,有些则没有反应。贝纳塞拉夫经过详细分析确认这并非偶然现象,而可能与豚鼠特定的遗传差异相关。为了证实自己的推测,贝纳塞拉夫随即进行了一系列的杂交试验,继而发现豚鼠的这种免疫应答差异具有遗传性,造成这种反应性差异的原因来自遗传,并且这种反应性受到常染色体显性基因的控制。他将这些控制免疫反应敏感性的基因命名为免疫应答基因
归纳性	科学始于观察,科学知识主要来自对观察的归纳	贝纳塞拉夫在对豚鼠进行免疫学观察时注意到,面对相同的抗原刺激,豚鼠们有些反应强烈,有些则没有反应。随后根据观察他进行了一系列的杂交试验,继而发现豚鼠的这种免疫应答差异具有遗传性,造成这种反应性差异的原因来自遗传,并且这种反应性受到常染色体显性基因的控制。他将这些控制免疫反应敏感性的基因命名为免疫应答基因
创造性	科学是人类推理、想象和创造力的产物	贝纳塞拉夫关于免疫系统遗传控制的发现具有开创性,以他独特的人生解密人生独特的免疫问题,他无愧免疫遗传学先驱之名

续 表

本质	维度分析	实例
预见性	科学具有预见性,可以根据观察和理论进行假说	贝纳塞拉夫在对豚鼠进行免疫学观察时注意到,面对相同的抗原刺激,豚鼠们有些反应强烈,有些则没有反应。这种模棱两可的现象可能会被大多数研究人员忽视,但贝纳塞拉夫经过详细分析确认这并非偶然现象,推测可能与豚鼠特定的遗传差异相关,并进行了一系列实验,发现了免疫应答基因
非固定性	尽管科学研究的一些基本方法是相似的,但是学科知识背景和问题不完全固定,同一问题有不同的解决办法	—
非权威性	科学研究不依仗权威,没有一个科学家可以代表绝对真理,要有怀疑精神	贝纳塞拉夫注具有独特的科学洞察力、强烈的质疑精神和卓越的远见,和其团队通过不懈努力才能创造免疫系统遗传控制的开创性发现
非绝对客观性	科学受科学家文化背景、信仰和看待事物方式等的影响;科学观察依赖理论的指导,这都难保证观察和研究的客观性	少年期间,贝纳塞拉夫体弱多病,这反而促使他对医学产生了极大兴趣,为将来从事免疫学研究埋下种子

表4-4-3 科学事业的本质维度分析

本质	维度分析	实例
科学与道德	科学研究中有普遍接受的道德规范	贝纳塞拉夫注具有独特的科学洞察力、卓越的管理才能、言简意赅的表达能力、强烈的质疑精神和卓越的远见 贝纳塞拉夫创立了哈佛医学院最古老的研究生课程:免疫学,并培养了80多名博士后和研究生。目前这些学生遍布世界各地,在免疫学领域取得了丰硕的成果,最为重要的是将贝纳塞拉夫的科学精神一代代传承下去
科学与技术	科学与技术是有区别的,科学与技术可以相互作用	在卡巴特的严格指导下,贝纳塞拉夫收获巨大,理解到精确测量在免疫学研究中的重要性,意识到在实验数据基础上进行严密分析和逻辑推理的重要性
科学与社会	科学与社会密切相关,总体上给人类带来了福音,但也会产生不良后果	正是基于贝纳塞拉夫的发现,一些罕见的自身免疫性疾病得到了阐释:青少年糖尿病、多发性硬化症等问题与免疫基因联系起来。这些为将来彻底攻克许多免疫学问题,如细胞相互作用、细胞身份鉴定和免疫应答激活等的解决奠定了基础。也使我们对许多基本疾病,如感染、自身免疫性疾病和癌症等的发生有了更深入理解;他的工作涵盖从器官移植到艾滋病治疗,甚至最近的治疗性癌症疫苗开发等领域

续　表

本质	维度分析	实例
科学家身份	科学家也是公民,会运用科学知识来解决公众事务问题	贝纳塞拉夫工作涵盖了从器官移植到艾滋病治疗,甚至最近的治疗性癌症疫苗开发等领域,为公众健康问题的解决献计献策

思考与运用

1.贝纳塞拉夫为什么被科学界尊称为免疫遗传学先驱?

2.贝纳塞拉夫关于免疫系统遗传控制的开创性发现有什么现实意义?

第5节 默里开辟肾移植

科学谜团

　　医学上把用正常的器官置换丧失功能的器官，以重建其生理功能的技术叫器官移植。器官移植是当代医学的重大成就，接受器官移植者的免疫系统对移植物排斥反应的强弱是移植物能否成活的关键。其实人类很早就尝试做器官移植以挽救一些病人，但最初的临床试验总是差强人意，这是什么原因呢？第一个成功进行器官移植的科学家是谁？为什么会成功？其中遇到了哪些困难和阻碍？

　　器官移植在今天已成为许多疾病治疗的重要方式，得到广泛应用，而这些成就要归功于1954年同卵双胞胎之间肾移植的首次成功及随后的技术完善，而完成这一重大突破性手术的是美国著名整形外科专家、诺贝尔生理学或医学奖获得者约瑟夫·默里（简称"默里"）。

一、被元素周期表背后的自然科学所吸引

　　1919年4月1日，默里出生在美国马萨诸塞州波士顿的米尔福德小镇。他的父母都是欧洲移民后裔，父亲威廉是法院法官，母亲玛丽娜是中学教师。所以，默里从小就受到良好的家庭教育，他的父母一方面鼓励默里好好学习，另一方面也向默里强调回报社会的重要性。默里曾是米尔福德高中的明星运动员，参加的项目包括篮球、滑雪、冰球和棒球等，那时他梦想自己成为一名优秀的运动员。在一次化学课上，默里首次看到元素周期表就被大自然不可思议的有序性深深吸引，从此他决定进一步学习和了解更多的自然科学。在圣十字学院，默里重点学习了拉

丁文、希腊文、哲学和英语等课程，考虑到将来在医学院仍有机会学习理科课程，因此只花少量时间学习化学、物理学和生物学。

从圣十字学院毕业后不久，默里进入哈佛医学院。哈佛医学院拥有的音乐厅、博物馆和俱乐部等也为默里带来丰富的业余生活，因此默里形容哈佛医学院为"天堂"。他深深被学校的氛围所感染，一方面同学和老师都非常友好，另一方面通过服务患者能更好实现人生价值。因此尽管学习和医院工作时间很长但默里仍感到非常开心和快乐。就在即将毕业时，默里在这里获得了属于自己的爱情，与一位音乐系学生林克相识并相爱，他们最终于1945年6月结婚，并育有3男3女6个孩子。

二、逐渐对组织和器官移植产生浓厚兴趣

1943年，默里从哈佛医学院获得医学学位，随后进入哈佛医学院附属的布里格姆医院进行外科实习一年。1944年，默里应征入伍担任中尉，分派到位于宾夕法尼亚州的瓦利福奇总军医院服务，在此他逐渐对组织和器官移植产生了浓厚兴趣。

瓦利福奇总军医院是当时美国最主要的整形外科中心的战时医院，其战争伤员中存在大量烧伤病人，部分甚至大面积烧伤，无法通过自体皮肤移植达到治疗目的。默里在医院中花费了大量时间照顾战争伤员。默里跟随约翰·布朗上校做整形外科，布朗上校积极展开异体皮肤移植手术，默里在此过程中被异体皮肤移植后出现的排斥反应深深吸引。默里发现一些免疫系统受损的烧伤患者，其出现皮肤排斥反应的时间大大滞后。因此，他猜想机体区分自体或异体皮肤的机制，并常就该问题与布朗进行讨论。当时布朗已完成多例的皮肤移植手术，并观察到不同供体皮肤移植后免疫排斥存在差异，结合大量事例推测皮肤接受者和提供者之间遗传背景越接近，移植后的排斥反应越弱。而在1937年，布朗就完成了同卵双胞胎之间的交叉皮肤移植，结果两个人的移植皮肤可以永久存活。结合布朗的理论和自己的实践，默里认为如果可以控制免疫系统，则移植成功的概率将大大增加，该理论成为默里进一步研究的主要依据。

在部队服役三年后，默里复员重新回到彼得·本特·布里格姆医院继续完成住院医师实习。其间还花费半年时间在纽约纪念斯隆-凯特林癌症中心学习头颈部手术，后来又花费一年时间进行整形外科培训并获得资格证书，这些都奠定了他此后整形外科的基础。

20世纪40年代末，整形外科刚起步，在大部分医院尚不占主流，默里最终进入普通外科工作，整形外科只是作为一个辅助内容。默里主要进行用于肿瘤治疗的头颈部重建手术，从而逐渐拥有较高知名度，同时也使大家意识到整形外科的重要性。

三、默里决定攻克肾移植难题

虽然器官移植想法在很早以前就已经提出，但在实践上却迟迟未获得成功。默里早期尝试用尸体肾脏移植来治疗病人，但是均以失败告终。默里决定攻克这个难题，却面临技术和伦理方面的重大挑战。他的几位最亲密同事劝说他放弃该研究，以免损害将来在整形外科方面的职业生涯。然而，默里仍坚持自己的目标，他主要以狗为实验动物来探索肾脏移植，同时在临床展开相关研究。当时，默里积极支持肾移植手术，而戴维·休姆是肾移植计划的主任，他与助手曾于1945年实施了第一例肾移植手术，尽管移植后的肾脏未出现相应功能，但这次突破为接下来的发展奠定了基础，逐渐完善了肾移植技术。在此过程中，他开发了一种手术法，可连接供体肾脏血管和受体腹腔内相应血管，同时还可直接将输尿管植入膀胱。

1952年12月，法国巴黎一位16岁的木工，不慎从脚手架上跌下撞伤了右腰。送到医院时，他的脸色苍白，腰部疼痛、肿胀，尿中充满血液，情况十分危急。医生建议立即切除右肾，以此挽救他的生命。但是，在对他进行全面检查的过程中，医生意外地发现：他没有左肾。如此一来，这位年轻的木工只能一辈子躺着，依靠人工肾来维持生命。木工的母亲反复恳求医生把自己健康的左肾切下来移植到儿子身上。医生虽然明白这是理想的办法，但他更清楚从20世纪初开始，医学家们在动物与动物之间，以及动物与人类之间进行的多次"肾移植"实验，无一不以失败告终。直到1936年，苏联医生伏罗诺伊才把一位脑炎死者的肾，成功地移植给一位26岁汞中毒的急性肾功能衰竭病人。这是世界上首例成功的人与人之间的肾移植手术，但是病人的存活时间还不到一周。最后，木工的母亲写下保证书，承诺如果手术不成功，绝不给医院添麻烦。医生被伟大的母爱感动，终于改变初衷，同意进行手术。手术完成后几分钟，这只移植上的肾就开始产生尿液。仅仅过了一周，木工就可以进行正常饮食，并起床活动。但是好景不长，手术后的第22天，情况忽然产生了急剧的变化：木工开始打寒战、发高烧、烦躁不安，移植部位胀痛难忍，小便突然停止。最后，年轻的木工还是由于肾脏完全丧失功能而死去。

这件事引起了默里的深思，并把这次肾移植手术和1936年苏联医生的同类手术作了对比，发现前者病人的存活时间是后者的3倍多。默里认为，这是因前者母子之间有一半相同的遗传基因，而后者两人之间则毫无血缘关系所导致的。他进一步推测，如果同卵双胞胎之间进行肾移植，由于遗传基因完全相同，那么病人应该可以长期存活。

肾移植动物实验和临床准备工作已经完善，接下来寻找合适移植对象成为主要问题。时隔两年后，默里获得了极好的验证机会。1954年12月23日，年仅23岁的罗纳德·赫里克和理查德·赫里克一起被推进手术室。罗纳德·赫里克和理查德·赫里克是一对同卵双胞胎兄弟，同时又是最亲密的朋友。理查德被诊断出患有慢性弥漫性肾小球肾炎而住进军队医院。全家知道理查德很快就会死亡，哥哥罗纳德提出是否可捐献自己肾脏给弟弟来实现治疗。为了确认身份，以默里为首的医疗小组将他们带到波士顿的警局打了指模，接着又互相进行植皮，均未发现排斥反应。

当默里正准备实施手术时，他受到伦理学方面的困扰。首先，部分医生反对进行器官移植，他们认为从健康人体获取器官违反医学最基本的无害原则，即在未能给捐赠人带来好处的前提下摘除器官是一种不道德行为。其次，公众也非常强烈反对器官移植，他们认为该手术违反大自然规律，医生这样做完全是以自我为中心的出风头行为。默里坚持认为自己仅仅在履行一名外科医生的本职工作。默里就赫里克兄弟间肾移植与当地其他医生、神职人员和政治领袖等进行了热烈讨论和紧密沟通，最终获得马萨诸塞州最高法院签署的特别法令批准该手术程序的实施。

这场手术在波士顿布里格姆医院进行了 5 个半小时，一切都非常顺利。手术后，罗纳德健康地活到了 79 岁，而理查德更是整整存活了 8 年之久，其间他还与一名护士结婚，生育了两个孩子，最后死于心血管疾病，临终时那只移植上去的肾仍在正常工作。1956 年，默里又为一对同卵双胞胎姐妹进行了肾移植手术。1958 年 3 月 10 日，接受移植的妹妹诞下了一个健康的男婴，母子平安。2008 年 3 月 10 日，美国国家妊娠登记处（NTPR）主持召开这个特殊孩子 50 周岁的生日纪念会，年近九旬的默里医生应邀出席，并向这对都已做了祖母的孪生姐妹及其后代表示了祝贺。这些成功病例清晰地表明器官移植可以挽救患者生命，也为医学开辟了一条新的道路。

肾移植手术自开始那一刻起就引发了持续至今的伦理争论。在广泛开展肾移植手术后，新闻界要求医院每天都发布移植手术相关细节，以使公众更多获悉肾移植的状况。器官移植也对医学界第一准则——无害原则带来巨大挑战，仍然是今天争论的话题之一。

四、被称为"器官移植之父"

默里从事外科行业 48 年，他曾表示"唯一的愿望是使更多的人活着"。肾移植疗法改变了人们对死亡的看法。1967 年，心脏移植专家诺曼·沙姆韦认为，如果脑死亡在法律上被接受而不是传统的心脏死亡概念，则对于特定心脏病患者仍有实施心脏移植的必要。鉴于此，哈佛医学院成立了一个包括默里在内的委员会，专门制定脑死亡概念和标准。1981 年，脑死亡概念被正式确定，直至今天仍被普遍接受。

1990 年，默里由于"在用于治疗人类疾病的器官和细胞移植方法的发现"与开创骨髓移植的托马斯分享诺贝尔生理学或医学奖。诺贝尔奖委员会评价默里等开创的器官移植在治愈某些疾病、延长患者寿命或提高生活质量等方面发挥了巨大作用。较少青睐临床医生的诺贝尔奖颁发给默里更加彰显器官移植的重要性，而默里因在该领域的先驱性贡献被誉为"器官移植之父"。默里是美国科学院院士；1963年，默里荣获国际外科学会金质奖章；此外他还荣获美国整形外科联合会荣誉奖和美国肾脏基金会的天才生命奖。

尽管在肾移植手术方面取得巨大成功，但默里一直把其看作业余爱好。1971年，他将移植手术交给罗伯特·威尔逊打理，自己重新回到钟情的整形外科。1951—1986年，默里带领布里格姆医院的整形外科不断发展，其间除了在美国进行手术外，每年还花费几个月时间在印度治疗麻风病人。1972—1985年，默里出任儿童医院医学中心整形外科主任，开发了儿童出生后面部缺陷修复手术。1970年起，默里还担任哈佛医学院外科教授。默里在颅面重建方面的工作不仅修补和挽救了病人生命，而且拓展了整形外科手术的范围和多样性。尽管默里不是第一个实施颅面重建手术的人，但他仍是该领域的先驱之一。

2012年11月26日，默里突发出血性中风抢救无效，永远躺在自己工作了一生的布里格姆医院，享年93岁。默里为成千上万人提供了挽救生命的器官移植技术，至今仅肾移植就已超过几万名患者。肾移植是20世纪临床医学和免疫学结合形成的最重大突破之一，从根本上改变了某些疾病的治疗方式，对推动医学发展发挥了巨大作用。在人类医学史上，将会永远铭记这位"器官移植之父"。

学与教建议

本节内容对应的是《普通高中生物学课程标准（2017年版2020年修订）》中课程内容的选择性必修课程"概念1 生命个体的结构与功能相适应，各结构协调统一共同完成复杂的生命活动，并通过一定的调节机制保持稳态""1.5 免疫系统能够抵御病原体的侵袭，识别并清除机体内衰老、死亡或异常的细胞，实现机体稳态"。为帮助学生达成对选择性必修课程概念1的理解，促进学生生物学学科核心素养的提升，应开展下列活动："讨论器官移植与组织相容性抗原的关系，并探讨干细胞移植的价值"。"学业质量水平"要求：水平1-2"能认识到生物学概念是基于科学事实，经过归纳与概括、演绎与推理等方法形成的；能理解分子与细胞、遗传与变异等相关概念的内涵；能用上述概念和科学思维方法解释简单情境中的生命现象"；水平2-4"形成敬畏生命的观念，遵循正确的伦理道德，能对有关生物学的社会热点议题进行理性判断"。

关于默里与器官移植的内容主要涉及人教版《普通高中教科书 生物学 选择性必修1 稳态与调节》第4章第4节的内容。其中，主要帮助学生全面深入理解人体免疫排斥现象对器官移植产生的影响，并深入了解器官移植在历史发展进程所遇到的困难和挑战。结合本节"思考·讨论"栏目："器官移植所面临的问题及希望"，引入默里探索肾移植手术的科学研究历程，引导学生运用免疫学反应分析，器官移植存在免疫排斥的原因，从而认识到器官移植与组织相容性抗原之间的关系。并希望通过这样的讨论活动，学生逐渐理解相关知识的基础上，能够在一定程度上具有参与社会问题讨论的意识，最终能理性地看待与此相关的问题，用辩证的眼光看待复杂的社会问题。

科学本质维度分析

表4-5-1　科学知识的本质维度分析

本质	维度分析	实例
认识性	世界是可以被认识的，科学是对客观世界的解释	默里攻克肾移植难题，极大地拓展了对器官移植的认识，为医学开辟了一条新的道路
相对性	科学知识不是绝对真理，是暂时性与持久性的统一	虽然器官移植想法在很早以前就已经提出，但在实践上却迟迟未获得成功。默里早期尝试用尸体肾脏移植来治疗病人，均以失败告终，通过不断实验探索最终才攻克肾移植手术这一难题

续　表

本质	维度分析	实例
累积性	科学知识是长期积累的结果	1937年,布朗就完成了同卵双胞胎之间的交叉皮肤移植,结果两个人的移植皮肤可以永久存活。虽然器官移植想法在很早以前就已经提出,但在实践上却迟迟未获得成功 从20世纪初开始,医学家们在动物与动物之间,以及动物与人类之间进行的多次"肾移植"实验,无一不以失败告终。直到1936年,苏联医生伏罗诺伊才把一位脑炎死者的肾,成功地移植给一位26岁汞中毒的急性肾功能衰竭病人。这是世界上首例成功的人与人之间的肾移植手术,但是病人的存活时间还不到一周 默里积极支持肾移植手术,而戴维·休姆是肾移植计划的主任,他与助手曾于1945年实施了第一例肾移植手术,尽管移植后的肾脏未出现相应功能,但这次突破为接下来的发展奠定了基础,逐渐完善了肾移植技术。在此过程中,他开发了一种手术法,可连接供体肾脏血管和受体腹腔内相应血管,同时还可直接将输尿管植入膀胱 通过观察前人临床试验,默里推测如果同卵双胞胎之间进行肾移植,由于遗传基因完全相同,那么病人应该可以长期存活。时隔两年后,默里就获得了极好的验证机会,并先后成功完成两例同卵双胞胎肾移植手术,为医学开辟了一条新的道路
重复性	科学理论的研究过程应该是可以重复的	1954年12月23日,一对同卵双胞胎兄弟罗纳德·赫里克州和理查德·赫里克在波士顿布里格姆医院进行了5个半小时肾移植手术,一切都非常顺利。手术后,罗纳德健康地活到了79岁,而理查德更是整整存活了8年之久 1956年,默里又为一对同卵双胞胎姐妹成功进行了肾移植手术。这些成功病例清晰地表明器官移植可以挽救患者生命,也为医学开辟了一条新的道路。默里因在该领域的先驱性贡献被誉为"器官移植之父"
公开性	科学成果应公开,接受批判,并得到科学共同体的确认	每一位科学家都应该将自己的科学成果公开交流讨论,接受人们的评价、指正
局限性	科学不能为所有问题提供完美的解决方案	器官移植对医学界第一准则——无害原则带来巨大挑战,仍然是今天争论话题之一

表4-5-2 科学探究的本质维度分析

本质	维度分析	实例
实证性	科学的正确性决定于观察和实验的检验	默里推测,如果同卵双胞胎之间进行肾移植,由于遗传基因完全相同,那么病人应该可以长期存活。时隔两年后,默里就获得了极好的验证机会。1954年12月23日,年仅23岁的罗纳德·赫里克和理查德·赫里克一起被推进了手术室,这场手术在波士顿布里格姆医院进行了5个半小时,一切都非常顺利。手术后,罗纳德健康地活到了79岁,而理查德更是整整存活了8年之久,其间他还与一名护士结婚,生育了两个孩子。最后死于心血管疾病,临终时移植上去的肾仍在正常工作 1956年,默里又为一对同卵双胞胎姐妹进行了肾移植手术。1958年3月10日,接受移植的妹妹诞下了一个健康的男婴,母子平安。这些成功病例清晰地表明器官移植可以挽救患者生命
归纳性	科学始于观察,科学知识主要来自对观察的归纳	默里等人通过观察肾移植手术的临床试验结果,归纳总结,大胆尝试,才能在肾移植手术方面取得巨大成功
创造性	科学是人类推理、想象和创造力的产物	戴维·休姆在肾移植技术完善过程中,开发了一种手术法,可连接供体肾脏血管和受体腹腔内相应血管,同时还可直接将输尿管植入膀胱
预见性	科学具有预见性,可以根据观察和理论进行假说	1952年法国木工的肾移植实验引起了默里的深思。他把这次肾移植手术和1936年苏联医生的同类手术作了对比,发现前者病人的存活时间是后者的3倍多。默里认为,这是因前者母子之间有一半相同的遗传基因,而后者两人之间则毫无血缘关系所导致的。他进一步推测,如果同卵双胞胎之间进行肾移植,由于遗传基因完全相同,那么病人应该可以长期存活
非固定性	尽管科学研究的一些基本方法是相似的,但是学科知识背景和问题不完全固定,同一问题有不同的解决办法	—
非权威性	科学研究不依仗权威,没有一个科学家可以代表绝对真理,要有怀疑精神	虽然器官移植想法在很早以前就已经提出,但在实践上却迟迟未获得成功。但默里并没有放弃,多次进行临床试验,最终攻克肾移植的难关
非绝对客观性	科学受科学家文化背景、信仰和看待事物方式等的影响;科学观察依赖理论的指导,这都难保证观察和研究的客观性	默里原本梦想自己成为一名优秀的运动员。1944年,默里被分派到位于宾夕法尼亚州的瓦利福总军医院,在此他逐渐对组织和器官移植产生了浓厚兴趣。默里复员的一系列学习经历,都奠定了他此后整形外科的基础

表4-5-3　科学事业的本质维度分析

本质	维度分析	实例
科学与道德	科学研究中有普遍接受的道德规范	器官移植手术自开始那一刻起就引发了持续至今的伦理争论。但科学家们坚持不懈、百折不挠的科学精神,才能把生命的奇迹精妙展现在人们面前
科学与技术	科学与技术是有区别的,科学与技术可以相互作用	在科学不断完善的同时,技术也在不断发展。默里提供的挽救生命的器官移植技术,拯救了无数人的生命
科学与社会	科学与社会密切相关,总体上给人类带来了福音,但也会产生不良后果	肾移植是20世纪临床医学和免疫学结合形成的最重大突破之一,从根本上改变了某些疾病的治疗方式,对推动医学发展发挥了巨大作用。在人类医学史上,将会永远铭记这位"器官移植之父" 器官移植也对医学界第一准则——无害原则带来巨大挑战,仍然是今天争论话题之一
科学家身份	科学家也是公民,会运用科学知识来解决公众事务问题	默里为成千上万人提供了挽救生命的器官移植技术

思考与运用

1.从免疫学角度思考,器官移植的成败主要取决于什么?

2.在当今社会,器官移植面临着哪些挑战和希望?

第5章
生物技术与工程

生命的美丽有时离不开技术和工程。

当基因编辑遇上克隆，

你不难想象未来的生命有多美好。

耶洛发现放射免疫测定技术，

测定分离的具有放射活性的胰岛素。

直到今天，

这些卓越的科学成就，

仍能够激励后来者。

第1节 当基因编辑遇上克隆

科学谜团

人们明确基因通常是有遗传效应的DNA片段后，基因表达的过程也逐渐被挖掘。生物界存在许多基因突变和基因重组的现象，随着对基因研究的深入，科学家设想，如果能对基因进行定点"修改"，以改变目的基因的序列和功能，让"不好"的基因变成"好"的基因，就可以进行基因治疗和物质改良。那么基因是否能被按照设定的想法编辑呢？如果可以的话，基因编辑该如何运用呢？能否将基因编辑技术与克隆技术结合呢？

在中关村科技园区昌平园的北京希诺谷生物科技有限公司的繁育实验室，一只黑白黄相间名叫"龙龙"的小狗正吮吸着"母亲"的乳汁。这位"母亲"是一只普通的比格犬，是生下"龙龙"的代孕妈妈。"龙龙"的供体细胞则来自世界首例人类基因编辑疾病模型犬"苹果"。这只的小狗是我国首例完全自主培育的体细胞克隆犬，更是世界首例基因编辑克隆犬。

一、疾病模型犬"苹果"

"苹果"是一只比格公犬，出生于2016年12月29日，20天后，另外一只比格犬"葫芦"也顺利出生了。经过近半年的观察与检测，这两只幼犬都表现出一些动脉粥样硬化的典型症状，如脂类代谢发生紊乱、高血脂等。因此，"苹果"成为世界首例动脉粥样硬化疾病模型犬。

动脉粥样硬化是一种老年多发性疾病，在众多的发病因素中有个叫APOE的关键基因，对脂质的运输和代谢发挥主要作用。如果敲除犬的

APOE基因，可使其血浆胆固醇升高，诱发粥样硬化病变。"苹果"得名也是缘于这个基因的读音。"苹果"和"葫芦"就是被敲除了这个基因作为疾病模型动物的，其可以被人类用来研究动脉粥样硬化疾病发生机理以及验证新药疗效。

二、神奇的基因编辑技术

DNA是遗传信息载体，基因是一段具特定生物学功能的DNA片段，决定生物体生老病死等各种生命过程。基因编辑指根据科研或临床实际需要对目的基因（靶DNA）进行插入、移除或替换等精确遗传操作，从而达到预定目的（引入或修复突变）的过程。鉴于基因在正常发育和疾病发生中的重要性，这项研究的意义不言而喻。基因编辑技术包括对于基因序列的修改，外源基因的导入整合，以及特定基因的剔除。由于该技术是在遗传最底层的DNA水平进行修改，所以相对于RNA干扰（RNAi）、蛋白质阻断剂等技术而言，它所带来的变化在生物体内是长久性的，并且是可以遗传的。目前世界各国科学家已利用该技术成功培育出基因编辑牛、羊、猪、兔、小鼠、大鼠等动物以及人类胚胎。

那么，如何让功能基因想要就要、想没就没呢？研究人员利用第三代最新基因编辑技术CRISPR/Cas9，它具有构建简单方便、基因打靶效率更高等特点。基因编辑技术应用在狗身上，实现基因敲除，在科学研究中时有发生。2015年，赖良学得到世界首例基因打靶犬，通过敲除犬肌肉生长抑制素基因，让其比普通犬肌肉更加发达，其中一条狗因此得名"大力神"。该项科研成果为基因编辑犬的制备开辟了新方法。随后，希诺谷公司科研团队在赖良学带领下利用该技术，敲除犬APOE基因，首次将其应用于人类遗传疾病犬模型的培育，并取得成功。

三、犬体细胞克隆困难重重

在科技发展的今天，克隆并不是新鲜事。1996年第一只体细胞克隆绵羊多莉诞生后，小鼠、牛、山羊、猪、猫、兔、骡、马、大鼠等多种哺乳动物的体细胞克隆相继获得成功。目前，动物体细胞克隆技术的主要环节包括：供体细胞的培养和准备、受体卵母细胞的体外成熟及去核、供体细胞核移植入去核卵母细胞中、重构胚胎的融合和激活、重构胚胎的体外发育以及重构胚胎移植入受体动物中并妊娠产仔。世界首例体细胞克隆犬的成功获得，是把重构胚胎经过融合激活后不经过体外发育而直接移植入受体母犬中妊娠，进而发育成新个体。综合各种动物克隆方法和效率，犬体细胞克隆效率较低，难度大。

犬体细胞克隆难度大，主要是因为犬卵母细胞质量较差，且不易体外培养。犬卵母细胞体外成熟（IVM）效率比其他哺乳动物和实验动物低。犬卵母细胞中富含脂类物质，颜色较深，黏性很大，体细胞电融合效率不高，犬克隆胚制备技术难度大。因此，目前无利用体外成熟卵母细胞获取克隆犬报道。为使用更多成熟卵母细进行克隆犬研究，科学家使用激素诱导母犬发情，超数排卵以获取体内成熟的卵母细胞。同时，犬发情持续时间长，一只犬平均排卵7~8枚，排出的卵子处于GV期（GV期的卵母细胞没有恢复减数分裂，将颗粒细胞去掉之后可以看到明显的核），需要在输卵管内停留48~72h到达减数第二次分裂中期，因而克隆胚与代孕母的生殖周期难以同步化等。这都成为犬体细胞克隆的瓶颈，使得犬体细胞克隆更是难上加难，制约技术的应用。

希诺谷公司相继攻克犬体细胞系建立、卵母细胞供体犬的发情鉴定、成熟卵母细胞的获取、体细胞核移植、胚胎融合激活及胚胎移植等技术难题，建立了具有自主知识产权的犬体细胞克隆技术平台。我国通过优化体细胞克隆技术平台，提高犬克隆胚胎的着床效率，其中着床效率最高的一次是移植了7枚胚胎，有5枚胚胎成功着床，最终生了2只健康的克隆犬。

四、基因编辑克隆犬的意义

开发基因编辑克隆犬技术有什么用？根据考古学记载，自1.5万年前，犬就与人类结下不解之缘。犬是犬科动物中较早被驯化的，与人类关系亲近；犬也是非常理想和成熟的实验动物，犬与人类在营养代谢、生理解剖等方面有很多相似点，犬有900种遗传疾病，其中有400多种与人类遗传相似；犬温顺，易控制、易配合，是药筛的主要动物之一。2005 年 12 月 8 日，美国科学家在 *Nature* 上宣布，研究人员成功破解犬的全部基因密码，并发现在 1.93 万个犬的基因中，至少有 1.8 万个与已经识别的人类基因相同，这表明人与犬不但有共同祖先，而且亲缘关系较近，犬中多数遗传疾病与人类遗传疾病相似。因此，体细胞核移植技术在犬上有以下几个方面应用前景：利用动物克隆技术可以拯救濒危犬科动物；利用体细胞核移植技术生产转基因克隆犬，生产具有重要药用价值的活性物质；利用优良犬品种体细胞作核供体克隆优秀子代动物，可以避免自然条件下选种所受动物生殖周期和生育效率限制，大大缩短育种年限，提高育种效率；进行疾病模型和机理研究；利用体细胞核移植技术，转入与肿瘤和癌发生有关基因，生产转基因动物，研究基因表达和调控规律，为肿瘤和癌症治疗提供方法。

　　传统的制备犬疾病模型的主要方法是饲喂法、机械损伤法及免疫学方法等，就是在健康动物的基础上，采用特殊的方法诱导使其出现疾病表型；而对犬基因组进行基因编辑，其疾病症状为原发症状，表型持续时间长，且具有可遗传性，通过自然繁殖即可获得子代疾病模型犬。

　　基因编辑克隆犬另一个应用领域，就是缉毒犬、搜救犬、军犬及导盲犬等特殊用途的工作犬市场。工作犬以前通过自然繁育，好的品种选育困难，需求大成本高。而通过基因改造，可以使狗各方面的能力较普通狗更胜一筹。

五、基因定制的克隆有风险吗？

　　科学技术是一把"双刃剑"，在其为人类的生产和生活做出贡献的同时，本身也隐含着巨大的隐患。基因编辑叠加克隆技术，它可以为人们的生命的延续带来益处，也可能危及社会的安全，甚至人类的生存，使社会为了抢夺有利的基因技术和基因编码展开战争。世界首例基因编辑克隆犬由中国人做出来，这项技术在治疗疾病、保护人类健康的同时，也引起了人们对社会伦理和道德的热烈讨论。

　　这样的克隆产品会不会带来风险？这是否损害动物福利？"定制+克

隆"会"复制"到人吗？对克隆动物进行研究和探索，是对生命技术探索的一部分。基因编辑和克隆技术都存在科学和伦理的风险。在科研层面，如克隆动物会存在发育异常甚至过早死亡的情况，对于这些问题，人类尚未深刻透彻地了解，也远远不知道答案，这正是值得科研人员探讨和研究的。在伦理特别是人胚胎克隆方面，世界各国都有严格的法律规定。人胚胎克隆只能在体外培养，严禁植入子宫，因此人生殖克隆是全世界禁止的。人胚胎克隆技术只可以应用于治疗性克隆等基础研究，这在一些国家是允许的，我国对实验动物有严格的管理办法和规范，并有专门的管理机构，对小动物基本没有伤害。

基因编辑遇上克隆，这是生命科学领域的一场新革命。对于这场科技革命，有人赞扬它强大的功能，也有人恐慌它可能带来的严重后果。不仅仅是科学家、政策的制定者和律师，越来越多的普通公众也参与到了这场激烈的讨论中来。这样的一门科学，使得人们对生物体的受孕、出生、身体构造甚至寿命等各方面具有更多的把控能力，也带来了危险的可能性继续辩论仍然是至关重要的。究竟我们想要生活在一个什么样的世界里，要实现这一愿景应该制定什么样的政策，是时候该集体做出决定了。

学与教建议

本节对应的是《普通高中生物学课程标准（2017年版2020年修订）》中课程内容的选择性必修课程"概念3 遗传信息控制生物性状，并代代相传"，"3.3 由基因突变、染色体变异和基因重组引起的变异是可以遗传的"，"3.3.1 概述碱基的替换、插入和缺失会引发基因中碱基序列的改变"，"3.3.2 阐明基因中碱基序列的而改变有可能导致它所编码的蛋白质及相应的细胞功能发生变化，甚至带来致命的后果"，"3.3.3 概述细胞在某些化学物质、射线以及病毒的作用下，基因突变概率可能提高，而某些基因突变能导致细胞分裂失控，甚至发生癌变"。

基因编辑和克隆技术的发展内容主要涉及人教版《普通高中教科书 生物学 选择性必修 2 遗传与进化》第 5 章第 1 节的内容。本节主要内容为基因突变和基因重组，在"生物科技进展"栏目中介绍了"基因组编辑"，基因组编辑是近些年来新兴的技术，发展迅猛。安排这一内容，既能拓展学生的视野，激发学生学习的兴趣，同时提醒学生认识科技发展可能带来的风险。例如，在使用基因组编辑技术时，要遵守法律法规，不能违反人类的伦理道德。

科学本质维度分析

表 5-1-1　科学知识的本质维度分析

本质	维度分析	实例
认识性	世界是可以被认识的,科学是对客观世界的解释	基因编辑的成功体现出人们能够掌握对目的基因进行插入、移除或替换的精确遗传操作技术
相对性	科学知识不是绝对真理,是暂时性与持久性的统一	最早人们认为克隆技术是可望不可即的,直到1996年第一只体细胞克隆绵羊多莉诞生,后续小鼠、牛、山羊多种哺乳动物的体细胞克隆相继获得成功,随着技术的发展,人们将基因编辑和克隆技术结合在一起,为肿瘤和癌症治疗提供方法
累积性	科学知识是长期积累的结果	基因编辑克隆技术深入发展几十年后越来越成熟,人们对于转基因、克隆的概念也逐渐由模糊到清晰 1996年第一只体细胞克隆绵羊多莉 人们对于基因编辑技术也逐渐熟练,研出第三代最新基因编辑技术 CRISPR/Cas9 2005年,体细胞克隆犬由韩国科学家黄禹锡成功制备 人类开始开发基因编辑克隆犬。2005年12月8日美国科学家在 *Nature* 杂志上宣布,研究人员成功破解犬的全部基因密码 基因编辑克隆犬应用于病理模型、机理研究以及缉毒犬、搜救犬等工作犬市场

续　表

本质	维度分析	实例
累积性	科学知识是长期积累的结果	基因编辑遇上克隆,随着科技的发展,人们对于科学的伦理也深入讨论
重复性	科学理论的研究过程应该是可以重复的	在1996年第一只体细胞克隆绵羊多莉诞生,科学家们利用这项技术还成功地克隆了小鼠、牛、山羊、猪等哺乳动物
公开性	科学成果应公开,接受批判,并得到科学共同体的确认	每一位科学家都应该将自己的科学成果公开交流讨论,接受人们的评价、指正
局限性	科学不能为所有问题提供完美的解决方案	基因编辑和克隆技术为人们生命的延续带来强大的好处,但也可能危及社会的安全甚至人类的生存,使社会为了抢夺有利的基因技术和基因编码展开战争,如克隆动物会存在发育异常甚至过早死亡的情况,对于这些问题,人类尚未深刻透彻地了解,也远远不知道答案,这正是值得科研人员探讨和研究的

表5-1-2　科学探究的本质维度分析

本质	维度分析	实例
实证性	科学的正确性决定于观察和实验的检验	"苹果"和"葫芦"两只比格犬被敲除了APOE基因,经过半年的观察与检测,它们的确表现出一些动脉粥样硬化的典型症状,如脂类代谢发生紊乱、高血脂等;2015年,赖良学得到世界首例基因打靶犬,通过敲除犬肌肉生长抑制素基因,结果也表明它比普通犬更加肌肉发达;克隆技术的主要环节:供体细胞的培养和准备、受体卵母细胞的体外成熟及去核、供体细胞核移植入去核卵母细胞中、重构胚胎的融合和激活、重构胚胎的体外发育以及重构胚胎移植入受体动物中并妊娠产仔,成功克隆出小鼠、山羊、猪等动物体现出该理论的可行性
归纳性	科学始于观察,科学知识主要来自对观察的归纳	科学家们通过归纳敲除犬的APOE基因和敲除犬肌肉生长抑制素基因等基因编辑研究,得出人们可以根据科研或临床实际需要对目的基因(亦称靶DNA)进行插入、移除或替换等精确遗传操作
创造性	科学是人类推理、想象和创造力的产物	最早人们认为克隆技术是可望不可即的,直到1996年第一只体细胞克隆绵羊"多莉"诞生,后续小鼠、牛、山羊多种哺乳动物的体细胞克隆相继获得成功,随着技术的发展,人们将基因编辑和克隆技术结合在一起,为肿瘤和癌症治疗提供依据

续 表

本质	维度分析	实例
预见性	科学具有预见性,可以根据观察和理论进行假说	科学家设想对基因进行定点"修改",以改变目的基因的序列和功能,让"不好"的基因变成"好"的基因,就可以进行基因治疗和物种改良,经过多次重复研究后,基因编辑克隆犬成功实现这个设想
非固定性	尽管科学研究的一些基本方法是相似的,但是学科知识背景和问题不完全固定,同一问题有不同的解决办法	—
非权威性	科学研究不依仗权威,没有一个科学家可以代表绝对真理,要有怀疑精神	虽然基因编辑和克隆技术为人们生命的延续带来益处,但也可能危及社会的安全甚至人类的生存,不可绝对相信其安全性,要严格遵守法律法规,不能违反人类的伦理道德
非绝对客观性	科学受科学家文化背景、信仰和看待事物方式等的影响;科学观察依赖理论的指导,这都难保证观察和研究的客观性	—

表5-1-3 科学事业的本质维度分析

本质	维度分析	实例
科学与道德	科学研究中有普遍接受的道德规范	基因编辑和克隆技术虽然给人类带来了巨大的福音,但是也存在着科学和伦理的风险。比如特别是人胚胎克隆方面,世界各国都有严格的法律规定。人胚胎克隆只能在体外培养,严禁植入子宫,人生殖克隆是全世界禁止的,在美国从事这类活动是要判刑的
科学与技术	科学与技术是有区别的,科学与技术可以相互作用	科学家们认识到基因的本质、结构、表达后,建立了基因编辑和克隆技术,随着科学技术的发展,研究人员成功破解犬的全部基因密码,而后开发了基因编辑克隆犬技术,科学与技术相辅相成,互相作用,促进共同发展
科学与社会	科学与社会密切相关,总体上给人类带来了福音,但也会产生不良后果	科学技术是一把"双刃剑",在其为人类的生产和生活做出贡献的同时,本身也隐含着巨大的隐患。基因编辑又叠加了克隆技术,它可以为人们的生命的延续带来益处,也可能危及社会的安全甚至人类的生存,使社会为了抢夺有利的基因技术和基因编码展开战争
科学家身份	科学家也是公民,会运用科学知识来解决公众事务问题	

思考与运用

1.利用动物体细胞克隆技术设计一个"克隆小鼠"方案。

2.你认为基因编辑技术和克隆技术的使用存在哪些风险？如何进行防范？

第2节　耶洛和放射免疫测定技术

科学谜团

　　耶洛是20世纪最伟大科学家之一。她发现体内存在胰岛素抗体并进一步发明放射免疫测定技术，这些成就使她拥有一系列荣誉：美国临床化学联合会授予的范斯莱克奖（1968年）、迪克逊奖（1971年）、加拿大授予的加德纳基金会国际奖（1971年）、美国医学会授予的科学成就奖（1975年）、美国医学联合会科学成果奖、美国内科医师杰出医学科学贡献奖、美国糖尿病协会lEiILUy奖、退伍军人管理局第一届威廉·米德尔顿医学研究奖，以及1977年诺贝尔生理学或医学奖。

一、耶洛生平简介

　　1921年4月19日，罗莎琳·萨斯曼·耶洛（简称"耶洛"）出生于美国纽约市的布朗克斯，是家中唯一的女儿。父母都是未受过高等教育的犹太人，但他们非常重视对耶洛的科学教育和培养，这使得耶洛从小就向往成为一名科学家，在学习上表现出积极上进和极有主见，这些优良品质为将来成功奠定了基础。

　　1941年1月，耶洛以优异成绩从洪特学院毕业，并获得物理学和化学双学士学位。当时，父母认为耶洛成为一名小学教师的目标更为实际，但耶洛坚持继续物理学深造。由于普渡大学认为耶洛是来自纽约的犹太女性，不能保证毕业后找到一份工作，对她提出物理学研究生申请表示拒绝。不服输的耶洛不得不进入纽约的一家秘书学院学习，在那里她的打字速度练得很快，也因此她成为哥伦比亚大学临床学院著名生物化学家鲁道夫·舍恩海默的秘书。舍恩海默具有较高的国际声誉，是利用同位素标记生物分子进行代谢研究（如胆固醇代谢等）的权威之一，这些知识对耶洛后期工作具有重要指导意义。此外，耶洛还学习了速记法，因此成为哥伦比亚大学另一位生物化学家迈克尔·海德堡的秘书。海德堡被称为现代免疫学之父，其在免疫化学方面的研究对耶洛将来的工作也具有重要帮助。

1941年2月中旬，耶洛收到伊利诺伊大学的邀请函，并获得一份物理学助理工作。1941年9月，耶洛顺利进入伊利诺伊大学工程学院，是学院400名学生中唯一的女生，也是1917年建院以来第一位女生。就是在入学第一天，耶洛与进行物理学研究生教育的亚伦·雅洛相识，他们很快相爱，于1943年6月结婚并生有两个孩子。

耶洛在大学的成绩一直非常优异，1942年获得物理学硕士学位，1945年1月毕业，获得核物理学博士学位的她回到纽约，成为联邦电信实验室的助理工程师，是该实验室唯一一名女性工程师。1946年，耶洛回到洪特学院，担任物理学讲师和临时助理教授，在这里一直待到1950年春。

1947年12月，耶洛进入位于纽约布朗克斯的退伍军人管理局医院作为兼职顾问。在这里，借助自己在同位素研究方面的背景知识，耶洛协助组建了放射性同位素服务部。耶洛开始与服务部主任伯纳特·洛斯维特及不同临床科室的医生联合开展相关研究项目，充分挖掘放射性同位素在临床诊断、治疗和分析等方面的应用潜力。

1950年，耶洛离开洪特学院，正式全职加入退伍军人管理局医院，与本森展开富有成效的合作研究。1968年，耶洛成为退伍军人管理局医院放射性同位素服务部执行主任。1970—1980年，升任核医学服务部主任，此外还一直担任实验室主任。1968—1974年担任西奈山医学院研究教授。1974—1985年，耶洛先后获得37个学校的荣誉博士学位，包括哥伦比亚大学、洪特学院、约翰霍普金斯大学、纽约医学院、普林斯顿大学、伊利诺伊大学、华盛顿大学、叶史瓦大学和比利时根特大学等。1975年，耶洛当选美国科学院院士。1978—1979年，耶洛担任美国内分泌学会主席，成为该学会第一位女性主席。1979年又当选美国艺术与科学院院士。1981年获得法国医学科学院外籍院士。1979—1985年，耶洛还担任叶史瓦大学爱因斯坦医学院教授。1991年，耶洛从退伍军人管理局医院退休，但仍然利用自己业余时间和诺贝尔奖获得者声誉投入到科学教育和幼儿照顾等宣传中去，以引起社会对这些领域更多关注。2011年5月30日，耶洛在布朗克斯的家中去世，享年89岁。

二、放射免疫测定技术的发现

耶洛与她的搭档所罗门·亚伦·本森（简称"本森"）最早开始探索甲状腺和肾脏如何清除血液中的碘元素，为此开发了一种可辨别单位时间内甲状腺对碘血液清除率的方法。当时放射性同位素在医学中的应用还是一个全新领域，所获得的结果具有极大新颖性和创新性。应用放射性同位素^{131}I，他们很容易确定在设定的35分钟内清除率，从而可快速确定甲状腺的功能。他们还先后将放射性同位素应用于血容量测定、甲状腺疾病临床诊断和碘代谢动力学等研究。短短几年间，耶洛和本森合作在著名的《临床研究杂志》上发表论文多篇，逐渐确立在学术界的重要地位。

与此同时，耶洛和本森还将放射性同位素的应用拓展到更广范围，包括珠蛋白、小肽、血清蛋白和激素等在体内分布。当时最容易获得的高纯度激素是胰岛素，同时她的丈夫就是一位糖尿病人，因此他们决定重点研究胰岛素。正是对胰岛素的深入研究，耶洛和本森才最终发明放射免疫测定技术。

放射免疫测定技术的基本原理是：在试管中混有已知量的具有放射活性的胰岛素和已知量的针对胰岛素的抗体，两者能特异性结合。如果加入含有胰岛素的血标本，血标本中的胰岛素也能与相应的抗体结合。于是具有放射活性的胰岛素按一定比例与抗体分离。血标本中的胰岛素浓度越高，从相应抗体上分离的具有放射活性的胰岛素的量越大。测定分离的具有放射活性的胰岛素就能准确地计算血标本中胰岛素的含量。

放射免疫测定技术的发明是免疫学、同位素研究、数学和物理学等的一次完美结合，它提供了测量胰岛素含量的极佳方案，是第一个应用同位素研究抗原-抗体反应的技术，从而提供了一种以前观测不到的溶液中抗原-抗体反应的方式。在他们的方法以前，科学家的手段非常有限，主要借助观察沉淀或其他现象，如红细胞凝集等。因此放射免疫测定技术的开发激发了理论免疫学，甚至可拓展到整个生物学的一场革命，并最终影响到生物医学几乎每一个领域。

三、耶洛的深远影响

耶洛在医学研究中的成就是巨大的，如果再考虑到女性在科学研究领域中的障碍，她的成功就更显伟大。她是继1947年诺贝尔生理学或医学奖获得者科里夫人后第二位获得该项奖的女性科学家。曾经有人将耶洛与居里夫人作出比较，最后给出耶洛的评价是：像居里夫人一样——顽强的女核医学物理学家耶洛。她的成就不仅仅限于放射免疫测定技术的发明，还体现在后来研究中的许多发现，如阐明了多肽激素如ACTH和生长素等的生理作用，从而为这些激素异常引发疾病的病理学机制提供了全新认识。推动现代免疫学的发展具有重要意义，对其他学科包括免疫学、心血管病学、胃肠道学、肾病学和神经科学等也发挥了推动作用。她卓越的科学成就，直到今天还能够激励许多的后来者。

如果有人问耶洛成就的取得原因是什么呢？答案是她的智慧和她奋发上进的崇高的科学精神和顽强的毅力。耶洛与大多数科学家不同，美国政府对她从事的一些工程要提供金融资助，她拒绝了。她说"适当的钱是有利于科学实验的，但是钱太多会起腐蚀作用的。退一万步说，万一非要接受资助的话，那么我也会拒绝去全国最有声望的大学里工作，宁可去条件简陋的实验室工作。"耶洛从来没有考虑过为放射免疫测定技术申请专利，她认为专利是以赚取利益为目的而远离大众需求。对耶洛而言，希望更多人都可免费应用放射免疫测定技术，她首要关注的问题不是医学技术与赚钱之间的密切联系，而是技术本身对科学和人类带来的巨大价值。这与当今研究形成鲜明对比，一些研究以企业资助为主，追求知识产权及利益最大化。

在 20 世纪，女性在科学研究过程中受到种种限制，耶洛克服了学术界对女性科学家的偏见，证明科学领域女性较少成功的原因不是缘于任何的先天不足而是由于社会或文化等方面强加于她们的限制所致。她不仅是一位优秀妻子和母亲，也将自己的科学事业推上了巅峰，成为 20 世纪为数不多的著名女科学家之一，其科学精神和学术贡献值得大家了解并进一步向其学习。

学与教建议

本节内容对应的是《普通高中生物学课程标准（2017 年版 2020 年修订）》中课程内容中的选择性必修课程"概念 1 生命个体的结构与功能相适应，各结构协调统一共同完成复杂的生命活动，并通过一定的调节机制保持稳态"，"1.5 免疫系统能够抵御病原体的侵袭，识别并清楚机体内衰老、死亡或异常的细胞，实现机体稳态"。其主要内容主要是为学生拓展关于抗原-抗体融合时的检测技术的发现历程，为后续免疫调节奠定基础。并且在放射免疫测定技术发现的过程中运用到了物理学、化学、生物学的学科交叉思想，有利于培养学生的科学思维与理学思维。

耶洛和放射免疫测定技术内容主要涉及人教版《普通高中教科书 生物学 选择性必修 1 稳态与调节》第 4 章免疫调节的内容。放射免疫测定技术的发明是免疫学、同位素研究、数学和物理学等的一次完美结合，它提供了测量胰岛素含量的极佳方案，是第一个应用同位素研究抗原-抗体反应的技术，从而提供了一种以前观测不到的溶液中抗原-抗体反应的方式。

科学本质维度分析

表5-2-1 科学知识的本质维度分析

本质	维度分析	实例
认识性	世界是可以被认识的,科学是对客观世界的解释	放射免疫测定技术的发现,标志着人们掌握了一种以前观测不到的溶液中抗原-抗体反应的方式
相对性	科学知识不是绝对真理,是暂时性与持久性的统一	最早因为科学家的手段非常有限,观察抗原-抗体反应的方式只能借助观察沉淀或其他现象,而放射免疫测定技术的发现是第一个应用同位素研究抗原-抗体反应的技术
累积性	科学知识是长期积累的结果	耶洛与她的搭档本森最早开发了一种应用放射性同位^{131}I可辨别单位时间内甲状腺对碘血液清除率的方法 他们还先后将放射性同位素应用于血容量测定、甲状腺疾病临床诊断和碘代谢动力学等研究 耶洛和本森还将放射性同位素的应用拓展到更广范围,包括珠蛋白、小肽、血清蛋白和激素等在体内分布 放射免疫测定技术的发明是免疫学、同位素研究、数学和物理学等的一次完美结合,它提供了测量胰岛素含量的极佳方案,是第一个应用同位素研究抗原-抗体反应的技术,从而提供了一种以前观测不到的溶液中抗原-抗体反应的方式
重复性	科学理论的研究过程应该是可以重复的	放射性同位素的发现,最早是耶洛和本森用来探索甲状腺和肾脏如何清除血液中的,后续可以应用于血容量测定、甲状腺疾病临川诊断和碘代谢动力学等研究,与此同时,耶洛和本森还将放射性同位素的应用拓展到更广范围,包括珠蛋白、小肽、血清蛋白和激素等在体内分布
公开性	科学成果应公开,接受批判,并得到科学共同体的确认	每一位科学家都应该将自己的科学成果公开交流讨论,接受人们的评价、指正
局限性	科学不能为所有问题提供完美的解决方案	当今研究形成鲜明对比,一些研究以企业资助为主,追求知识产权及利益最大化成为主要导向,大众需求会受到限制

表 5-2-2　科学探究的本质维度分析

本质	维度分析	实例
实证性	科学的正确性决定于观察和实验的检验	放射免疫测定技术研究胰岛素正是通过:测定分离的具有放射活性的胰岛素就能准确地计算血标本中胰岛素的含量,这种实证性研究是免疫学、同位素研究、数学和物理学等的一次完美结合,它提供了测量胰岛素含量的极佳方案,是第一个应用同位素研究抗原-抗体反应的技术,从而提供了一种以前观测不到的溶液中抗原-抗体反应的方式
归纳性	科学始于观察,科学知识主要来自对观察的归纳	最早耶洛与她的搭档本森最早开始探索甲状腺和肾脏如何清除血液中的碘元素,为此开发了一种可辨别单位时间内甲状腺对碘血液清除率的方法。随着时间的推移并对多项研究进行总结归纳,反射性同位素应用到越来越广的范围,最终发明了放射免疫测定技术
创造性	科学是人类推理、想象和创造力的产物	最早因为科学家的手段非常有限,观察抗原-抗体反应的方式只能借助观察沉淀或其他现象,而放射免疫测定技术的发现是第一个应用同位素研究抗原-抗体反应的技术
预见性	科学具有预见性,可以根据观察和理论进行假说	—
非固定性	尽管科学研究的一些基本方法是相似的,但是学科知识背景和问题不完全固定,同一问题有不同的解决办法	在早期,科学技术发展没有很完善的阶段,人们主要借助观察沉淀或其他现象,如红细胞凝集等;现今有了放射免疫测定技术就可以借助放射性同位素更高效地观测抗原-抗体反应
非权威性	科学研究不依仗权威,没有一个科学家可以代表绝对真理,要有怀疑精神	—
非绝对客观性	科学受科学家文化背景、信仰和看待事物方式等的影响;科学观察依赖理论的指导,这都难保证观察和研究的客观性	—

表5-2-3 科学事业的本质维度分析

本质	维度分析	实例
科学与道德	科学研究中有普遍接受的道德规范	耶洛从来没有考虑过为放射免疫测定技术申请专利,她认为专利是以赚取利益为目的而远离大众需求。对耶洛而言,希望更多人都可免费应用放射免疫测定技术,她首要关注的问题不是医学技术与赚钱之间的密切联系,而是技术本身对科学和人类带来的巨大价值;耶洛克服了学术界对女性科学家的偏见,证明科学领域女性较少成功的原因不是缘于任何的先天不足而是由于社会或文化等方面强加于她们的限制所致
科学与技术	科学与技术是有区别的,科学与技术可以相互作用	放射免疫测定技术的发明是免疫学、同位素研究、数学和物理学等的一次完美结合,是不同学科不同技术的完美结合,它提供了测量胰岛素含量的极佳方案,是第一个应用同位素研究抗原-抗体反应的技术
科学与社会	科学与社会密切相关,总体上给人类带来了福音,但也会产生不良后果	放射免疫测定技术的发现为免疫学的发展具有重要意义,对人类疾病的治疗提供了重大帮助,并且耶洛在心血管病学、胃肠道学、肾病学和神经科学等也发挥了推动作用
科学家身份	科学家也是公民,会运用科学知识来解决公众事务问题	耶洛和本森将放射性同位素的应用拓展到更广范围,当时她的丈夫就是一位糖尿病人,因此他们决定重点研究胰岛素,正是对胰岛素的深入研究,耶洛和本森才最终发明放射免疫测定技术

思考与运用

1.放射免疫测定技术的基本原理是什么?

2.你认为耶洛获得成就的原因是什么?你能从她身上学到哪种品质?

主 要 参 考 文 献

[1]Bennett MR. The concept of transmitter receptors: 100 years on [J]. Neuropharmacology, 2000, 39 (4): 523-546.

[2]Bína D., Gardian Z., Herbstov M. et al. Novel type of red-shifted chlorophyll a antenna complex from Chromera velia: II.Biochemistry and spectroscopy [J].Biochimica and Biophysical Acta, 2014, 2728(14): 13-19.

[3]Bridges CB. Direct proof through non-disjunction that the sex-linked genes of Drosophila are borne on the X-chromosome[J]. Science. 1914,40(1020): 107-109.

[4]Briggs WR. Red light, auxin relationships, and the phototropic responses of corn and oat coleoptiles[J]. American Journal of Botany,1963,50(2):196-207.

[5]Brown GL. The actions of acetylcholine on denervated mammalian and frog's muscle [J]. The Journal of Physiology, 1937,89 (4): 438-461.

[6]Buonasera K., Lambreva M., Rea G.,et al. Technological applications of chlorophyll a fluorescence for the assessment of environmental pollutants[J]. Analytical and Bioanalytical Chemistry,2011,401(4):1139—1151.

[7]Chen M., Li Y., Birch D.,et al. A cyanobacterium that contains chlorophyll f-a red-absorbing photopigment[J]. FEBS Letters, 2012, 586(19): 3249-3254.

[8]Christopher J.,Boes. The history of examination of reflexes [J]. J Neurol, 2014,261(12) :2264 - 2274.

[9]Craig WW., Roger PH. Phototropism: Bending towards Enlightenment

[J]. The Plant Cell,2006,18(5):1110-1119.

[10]Dale HH. On the action of ergotoxine;with special reference to the existence of sympathetic vasodilators [J]. The Journal of Physiology, 1913, 46(3): 291-300.

[11]Dougherty TJ., Kaufman JE., Goldfarb A.,et al. Photoradistion Therapy for the Treatment of Malignant Tumors[J]. Cancer Research, 1978, 38(8): 2628-2635.

[12]Finger S. Minds behind the brain: a history of the pioneers and their discoveries [M]. Oxford:Oxford University Press,2000.

[13]Gall A., Henry S., Takaichi S., et al. Preferential incorporation of coloured-carotenoids occurs in the LH2 complexes from non-sulphur purple bacteria under carotenoid-limiting conditions[J]. Photosynthesis Research,2005, 86(1-2): 25-35.

[14]Harada ,Jiro,et al. A seventh bacterial chlorophyll driving a large light-harvesting antenna. [J]. Scientific reports, 2012, 2:671.

[15]Harper RM, Stowe-Evans EL, Luesse DR,et al. The NPH4 locus encodes the auxin response factor ARF7, a conditional regulator of differential growth in aerial Arabidopsis tissue[J].Plant Cell,2000,12(5):757-770.

[16]Hohm T, Preuten T, Fankhauser C, Phototropism: Translating light into directional growth[J].American Journal of Botany,2013,100(1):47-59.

[17]Jaenicke L. Centenary of the award of a Nobel Prize to Eduard Buchner ,the father of biochemistry in a test tube and thus of ex2perimental molecular bioscience [J] . Angew.chem. Int .Ed. Engl , 2007 ,46 (36):6776 - 6782.

[18] Kashiyama Y. Evidence of Global Chlorophyll d[J]. Science, 2008, 321 (5889) : 658-658.

[19]Kohler RE. The reception of Eduard Buchner's discovery of cell2f reefermentation[J] Hist.Biol.,1972,5 (2) :327 - 353.

[20]Lester S.,King. The human brain and spinal cord: a histori-cal study illustrated by writings from antiquity to the twenti-eth century[J]. JAMA, 1968,206

(6): 1309.

[21]Marie P. Lectures on diseases of the spinal cord[J]. J NervMent Dis, 1892, 17 (10) : 792 – 793.

[22]Morgan TH.Sex−limited inheritance in Drosophila[J].Science. 1910,32 (1):120−122.

[23]Morgan TH. The scientific work of Miss N. M. Stevens[J]. Science . 1912,36(928):468−470.

[24]Peer WA, Blakeslee JJ, Yang H,et al. Seven things we think we know about auxin transport[J].Molecule Plant,2011,4(3): 487−504.

[25]Rüdiger W. Biosynthesis of chlorophyll b and the chlorophyll cycle[J]. Photosynthesis Research, 2002,74(2): 187−193.

[26]Sakai T, Haga K. Molecular genetic analysis of phototropism in Arabidopsis[J].Plant Cell Physiology,2012,53(9):1517−1534.

[27]Sakuraba, Yasuhito, et al. Deregulated chlorophyll b synthesis reduces the energy transfer rate between photosynthetic pigments and induces photodamage in Arabidopsis thaliana.[J]. Plant & cell physiology, 2010, 51(6) : 1055−65.

[28]Sarter M, Lustig C, Howe WM, et al. Deterministic functions of cortical acetylcholine[J]. European Journal of Neuroscience.2014,39(11):1912−1920.

[29]Schiller F. The reflex hammer: In memoriam Robert War tenberg(1887−1956) [J]. Med Hist, 1967, 11(1): 75 – 85.

[30]Serpeloni JM., Batista BL., Angeli JP.,et al. Antigenotoxic properties of chlorophyll b against cisplatin−induced DNA damage and its relationship with distribution of platinum and magnesium in vivo[J]. Journal of Toxicology and Environmental Health, Part A, 2013,76(6): 345−353.

[31]Tansey EM. Henry Dale and the discovery of acetylcholine[J]. Comptes Rendus Biologies, 2006, 329(5): 419−425.

[32]Webster C. The recognition of plant sensitivity by English botanists in the seventeenth century[J].Isis,1966,57(1): 5−23.

[33]Zigmond MJ. Otto Loewi and the demonstration of chemical neurotrans-

mission [J]. Brain Research Bulletin, 1999,50 (5/6):347-348.

[34]房芳,韩菲,鲁亚平.艾克尔斯与中枢化学突触传递的实验验证[J].生命世界,2016(05):78-81.

[35]房芳,韩菲,鲁亚平.乙酰胆碱作为化学突触递质的发现简史[J].中学生物学,2016,32(09):3-4.

[36]高翼之.摩尔根与染色体遗传学说的建立[J].遗传,2002(04):459-462.

[37]郭晓强,DNA双螺旋发现的第三人[J].自然辩证法通讯,2007(29):81-89.

[38]胡文耕.发现DNA双螺旋结构的方法论问题[J].自然辩证法通讯,1981(02):16-26.

[39]李佩珊,DNA双螺旋结构的发现及其在科学史中的源流[J].自然辩证法讯,1979(04):62-69.

[40]孟继武,侯尚公,杨军,等.叶绿素C的光学性质[J].发光学报,1990(02):149-157.

[41]孟蕊,韩菲,鲁亚平.卡米洛·高尔基的科学故事及其在教学中的应用[J].中小学实验与装备,2018,28(3):8-10.

[42]潘瑞炽.植物生理学[M].5版.北京:高等教育出版社,2005:234-236.

[43]饶毅.摩尔根与遗传学:研究与教育[J].中国科学:生命科学,2013,43(05):440-446.

[44]吴志强.毕希纳与无细胞酵解实验[J].生命世界,2014(09):84-87.

[45]吴志强.超级科学家罗莎琳·耶洛[J].生命世界,2014(12):88-91.

[46]吴志强.DNA双螺旋结构的多态性与里奇的科学发现[J].生命世界,2018(03):70-77.

[47]吴志强.发现雌激素受体的埃尔伍德·詹森[J].生命世界,2017(03):82-85.

[48]吴志强.渐被遗忘的蒌草及蒌草工艺[J].生命世界,2019(03):78-85.

[49]吴志强.科学传奇女巨匠：蒙塔尔奇尼[J].生命世界，2015（07）：70-73.

[50]吴志强.科学领域的跨界大咖：克里克[J].生命世界，2017（05）：72-75.

[51]吴志强.历史里的稳态[J].生命世界，2017（09）：84-87.

[52]吴志强.人类对脑认知的历程——从自然哲学理论时期说起[J].生命世界，2017（08）：62-69.

[53]吴志强.诺贝尔奖的遗憾：艾弗里和肺炎球菌的转化实验[J].生命世界，2017（06）：72-75.

[54]吴志强.肾移植的开辟者：约瑟夫·默里[J].生命世界，2016（02）：88-93.

[55]吴志强.生命科学新革命：基因编辑遇上克隆[J].生命世界，2018（01）：40-43.

[56]吴志强.瘦素成就传奇的科曼和弗里德曼[J].生命世界，2016（04）：80-83.

[57]吴志强.亚细胞世界的"三剑客"：克劳德、德迪夫和帕拉德[J].生命世界，2015（04）：64-67.

[58]吴志强.造就诺贝尔奖神话的科学巨人：弗雷德里克·桑格[J].生命世界，2015（09）：86-93.

[59]吴志强，周韦.叶绿素的类别概述[J].生物学通报，2014，49（09）：12-14.

[60]吴志强，周韦，郭兰兰，等.贝纳塞拉夫：独特的人生解密人生的独特[J].生命世界，2015（06）：78-81.

[61]王镜岩，朱圣庚，徐长法.生物化学[M].3版.北京：高等教育出版社，2002：1-218.

[62]王曼，季峻峰，陈骏，等.沉积物中细菌叶绿素的环境指示意义[J].高校地质学报，2007（01）：23-29.

[63]肖玲，吴志强，宋树宿，等.遗传学巨星——摩尔根[J].生命世界，2018（12）：76-81.

[64]谢仁荣,申定健,吴志强.基因位于染色体上的发现简史[J].中学生物教学,2021(4):43-46.

[65]许梅,韩菲,钟能政,等.神经反射的发现及其意义[J].中学生物教学,2018(6):34-36.

[66]赵保国.染色体决定遗传性的事实是如何建立起来的[J].生物学通报,1957(08):45-49.

[67]郑经纬,彭蕴彬.沃森-克里克DNA结构模型的成功,看自然科学方法论对科技工作者的作用[J].自然辩证法研究,1991(7):56-61.